本书系 2021 年度福建省基础教育课程教学研究课题"基于历 ~
评价方案研究"（课题编号：MJYKT2021-086）、2020 年度福建省教育科学"十三五"规划
课题"基于高考评价体系的高中历史深度学习的目标和评价体系构建研究"（课题编号：
FJJKXB20-1201）的研究成果。

指向深度学习的史料研习

纪 业　刘新明　著

北京出版集团

北京教育出版社

图书在版编目（CIP）数据

指向深度学习的史料研习 / 纪业，刘新明著．

北京：北京教育出版社，2024. 10. -- ISBN 978-7
-5704-7441-7

Ⅰ. G633.512

中国国家版本馆 CIP 数据核字第 2025ZN3460 号

指向深度学习的史料研习

ZHIXIANG SHENDU XUEXI DE SHILIAO YANXI

纪　业　刘新明　著

*

北京出版集团　出版
北京教育出版社

（北京北三环中路 6 号）

邮政编码：100120

网址：www.bph.com.cn

京版北教文化传媒股份有限公司总发行

全国各地书店经销

河北宝昌佳彩印刷有限公司印刷

*

710 mm×1 000 mm　16 开本　16 印张　252 千字
2024 年 10 月第 1 版　2024 年 10 月第 1 次印刷
ISBN 978-7-5704-7441-7

定价：88.00 元

质量监督电话：(010)58572525　58572393
购书电话：18133833353

序

在教育改革的浪潮中，深度学习作为一种富有前瞻性和变革性的理念，深刻影响着中学教学实践。它强调学生在学习过程中的主动探究、批判性思考以及对知识的深度理解与迁移应用，旨在培养能够适应未来社会发展的创新型人才。史料作为历史的见证者，承载着过去的记忆，蕴含着丰富的时代信息和文化基因。通过对史料的研习，人们能够触摸历史的真实脉络，感受先辈的智慧与情感。然而，传统的史料教学往往停留在知识传递的层面上，即教师将史料作为历史结论的注脚，学生被动接受既定的历史解释，难以真正深入探究历史的内核。这种教学方式忽视了学生的主体地位，难以有效地激发学生探究历史的兴趣和热情。正是在这样的背景下，纪业与刘新明两位老师凭借其丰富的教学经验与深厚的史学素养，对当下的中学史料研习进行了积极、有益的探索，并将其思考付诸文字，撰写了《指向深度学习的史料研习》一书。该书以深度学习理论为指导，系统探讨了中学史料研习的教学策略和实践方法。通览全书，该书具有以下三个突出特点。

第一，高价值性。该书将深度学习理论与史料研习相结合，提出了新的教学与研究框架，为历史教育提供了新的理论支持。在第一章至第三章的相关内容中，笔者对《普通高中历史课程标准（2017 年版 2020 年修订）》中的深度学习的内涵与价值进行了详细阐述，强调了深度学习是基于网络的学习方式之一，对史料研习具有重要作用。面对信息技术的不断发展，如何更好地让学生在研习史料的过程中自觉运用所学的知识、习得的能力、涵养的素养来解决现实问题，服务社会发展，成为教师要解决的关键问题。而指向深度学习的史料研习，对引导学生运用历史思维和历史学习方式，把握历史学科本质、逻辑、思想和方法，提升历史学科核心素养具有极其重要的作用。

第二，强实践性。笔者通过几十年的教学实践和探索，不仅在理论上阐述了"深度学习"这一核心理念的价值取向，更重要的是以具体的教学课例展示了这一理念的应用，具有很强的实践性。例如，本书的第四章至第六章汇集了丰富的史料研习案例和具体操作方法。在每个案例中，通过创设问题情境，引导学生提出问题、分析问题、解决问题。从史料的来源、真实性判断到信息的提取与解读，从不同史料之间的对比分析到对历史事件的深度剖析，鼓励学生像历史学家一样思考，以培养他们的批判性思维与历史意识。这些教学案例为一线中学历史教师提供了宝贵的参考和借鉴，有助于他们在史料教学中更好地掌握各种教学方法的精髓，用好用活，实现历史学科核心素养的落地。

第三，强思辨性。在史料研习的过程中，学生不仅要掌握历史知识，更要提高历史思辨能力。历史思辨是历史学习的必备品格，思辨强调批判性思维，强调独立探究，强调在史料基础上独立提出观点，从而让历史接近真实，促成深度学习发生。如何才能提升历史课堂的思维品质，培养学生的批判性思维？该书第五章的第五节、第六节以具体的教学案例为例，说明在面对各种史料时需要保持一种批判性的态度，不盲目相信所看到的一切，必须以正确的价值导向引领学生的理性质疑，以唯物史观作为指导，坚持"论从史出，史论结合"的原则，对史料进行客观的分析和评价，从而得出更为准确的结论。

总之，该书不仅具有重要的理论价值，还在实践层面为一线历史教师提供了一个全面、系统的史料研习框架，能够帮助他们在深度学习中不断提高自己的研究能力和教学水平。相信该书的出版，将推动中学历史教学向更高层次、更广阔领域发展。

是为序。

福建教育学院文科研修部教授、国家级培训计划专家

陈　超

前　言

　　《普通高中历史课程标准（2017 年版 2020 年修订）》明确指出："学生对历史学习问题的真正解决，不是简单地接受现成的答案，而是通过自己对相关史事的了解，尤其是对有价值的史料进行分析，用实证的方式对问题的要点逐一探讨，以可靠的史料作为证据来说明自己对问题的看法。因此，教师在进行教学设计时，要考虑如何构建基于史料研习的教学方式，在教学过程中如何运用史料引导学生进行探究。"深度学习理论强调学习者在理解复杂概念、批判性思维、知识迁移与创新能力等方面的全面发展。这一理论不仅符合信息时代对人才素养提出的新要求，还为中学历史教学改革提供了新的视角与思路。在历史学科中，史料研习不仅是培养学生历史学科核心素养的关键途径，还是实现深度学习的重要载体。然而，传统的史料教学方式往往侧重于史料的简单罗列与知识点的记忆，忽视了对学生主动探究、深度解析能力的培养，难以满足新时代对人才培养的要求。因此，将深度学习的理念融入史料研习中，不仅有助于提高学生的历史学习质量，还有助于学生的全面发展，为其未来的学习与生活奠定坚实的基础。本书围绕"指向深度学习的史料研习"这一主题，从理论与实践两个维度展开深入探讨，旨在为中学历史教学提供一套参考性和可操作性均较强的指导方案。

　　本书共六章：第一章在历史课程标准视域下对深度学习理论进行了阐述；第二章介绍了历史学习与史料研习的相关概念；第三章对基于高中历史教学实践的史料深度研习做了研究；第四章对指向历史学科深度学习的实践路径进行

了探讨；第五章讨论了深度学习的史料研习教学设计；第六章对史料研习的作业设计进行了分析。

　　本书的史料主要来自现行的高中历史课程标准、教材、教学实践数据、学生档案资料，以及教育专家、史学专家等的专著、论文等。笔者以深度学习理论为指导，结合自己多年从事高中历史教学的实践，从不同方面对史料研习进行了探讨。其中，第一、三、四章的内容由福建省三明市第二中学的刘新明撰写，约12万字；第二、五、六章的内容由福建省福州高级中学的纪业撰写，约13万字。由于笔者水平和精力有限，书中难免存在不足之处，恳请广大读者予以指正。

著　者

2024 年 9 月

目　录

第一章　历史课程标准视域下的深度学习

"深度学习"一词源自计算机科学、人工神经网络和人工智能领域。随着教育科学和脑神经学科的快速发展，深度学习逐渐进入历史教育教学领域。《普通高中历史课程标准（2017 年版 2020 年修订）》（以下简称《新课标》）明确提出要引导学生深度学习，并将深度教学与主题教学、问题教学、结构—联系教学并列为四大教学模式。一线历史教师，需要认真研读《新课标》中关于深度学习和深度教学的表述，厘清深度学习和深度教学的内涵与外延，只有这样，才能领悟深度学习和深度教学的精髓，制定深度教学的实施策略，引导学生深度学习，提升学生的历史学科核心素养。

第一节 历史学科深度学习的概念解析

《新课标》中的深度学习及其解读如表 1-1 所示。

表 1-1 《新课标》中的深度学习及其解读

目 录	内 容	解 读
必修课程"中外历史纲要"	建议通过对课程内容的整合，引导学生深度学习，促进学生带着问题意识和证据意识在新情境下对历史进行探索，拓展其历史认识的广度和深度	强调了"两个意识"和"两个拓展"，即问题意识和证据意识，历史认识的广度和深度拓展
"编制历史人物年表"活动说明	在活动过程中，学生不仅需要搜集、阅读相关材料，而且需要动脑、动笔，完成历史人物年表的制作，并对自己的制作阐释说明。这一有深度学习特色的活动，可以提高学生的时空观念和史料实证的素养	提供了具有深度学习特色的活动设计样例，展示了基于深度学习的学习活动设计，让教师明白深度学习具有可操作性
教学与评价建议：深入分析课程结构，合理整合教学内容	这一探究活动对于学生来说，既有深度学习、拓展学习的意义，又有复习、巩固的作用。尤其是这一活动将问题探究与历史学科五个方面核心素养的培养有机地结合起来，有利于促进学生历史学科核心素养的发展	突出了深度学习的意义，倡导合理整合教学内容，引导学生深度学习，核心意义在于促进学生历史学科核心素养的发展

目　录	内　容	解　读
教学与评价建议：树立指向学生历史学科核心素养的教学理念，有效设计教学过程，充分运用现代信息技术，提高教学手段的多样化和信息化水平	高中历史教学多采用专题教学的方式，而专题教学可以采用多种基于网络的学习方式，如深度学习、项目学习、微课学习、翻转课堂，以及课下自主学习等	清晰了深度学习的定位，是基于网络的一种学习方式
	为了使学生全面把握、深入理解这些内容，除教师的课堂讲授之外，还可运用网络环境下的深度学习方式，引导学生充分运用网络技术及资源，进行自主探究学习，使学习活动从表层走向深层，使学习过程从封闭走向开放，并由此促进学生多方面的素养得到发展	厘清了深度学习的外延，可以延伸到课堂教学之外，倡导学生基于网络在课堂之外开展自主探究
教材编写建议	历史教科书的内容选择，既要注意所选知识的科学性和思想性，又要精选具有基础性、关键性、典型性的史事，使教科书呈现的历史知识既有认识价值，又有助于学生在学习过程中重点理解、以点带面、举一反三，有助于学生的深度学习和拓展学习	明确了深度学习的前提是历史教材的呈现方式和内容选择。倡导编制有利于深度学习的教材
设计新的综合性的学习主题	对历史教学内容的整合，还可以根据学生的学习情况，运用主题教学、问题教学、深度教学、结构—联系教学等教学模式，对教科书的顺序、结构进行适当的调整，将教学内容进行有跨度、有深度的重新整合，也可以对必修、选择性必修、选修的不同模块进行整合，设计更具有探究意义的综合性学习主题	提出了基于深度学习的教学模式：深度教学。深度学习侧重于学生层面，深度教学侧重于教师层面

　　徐蓝教授在《普通高中课程标准（2017 年版 2020 年修订）教师指导：历史》中提出，因为所有历史问题的解决，都不是终极性的，在解决问题的过程中还可能出现新的问题，所以需要进一步深度学习与探究。①

　　深度学习强调积极创新教学设计，合理整合教学内容，在历史知识和思维

① 徐蓝．普通高中课程标准（2017 年版 2020 年修订）教师指导：历史 [M]．上海：上海教育出版社，2020.

第一章　历史课程标准视域下的深度学习

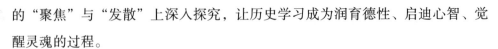

的"聚焦"与"发散"上深入探究，让历史学习成为润育德性、启迪心智、觉醒灵魂的过程。

除深度学习之外，《新课标》中还出现了两个与深度学习关联度非常高的概念，即深度教学与深度阅读。

深度教学与深度学习是教学模式与学习模式辩证统一的体现。《新课标》强调史料研读的教学应以开展学生历史阅读活动为主，倡导学生深度阅读。这里的深度阅读可以解读为历史阅读的模式，强调的是阅读的深度。

认真研读《新课标》、厘清历史学科深度学习的内涵与外延，是中学历史教师推进教学改革、提升历史教学质量的时代选择。

第二节　历史学科深度学习的典型示例

《新课标》中呈现了两个历史学科深度学习的典型示例。一个典型示例是具有深度学习特色的教学活动——编制历史人物年表。首先，这是一项有明确主题的教学活动，即编制历史人物年表。其次，这项教学活动制定了有层次递进关系的活动目标：从学会编制历史人物年表到尝试运用唯物史观正确评价历史人物，再到运用年表阐释历史人物与其所处时代的关系，最后通过对历史人物进行全面评价，加深学生对历史人物作用的认识，既积极评价个人在历史发展进程中的重要性，也认识到历史人物受时代的限制。再次，这项教学活动有明确的活动流程。一是选定一位历史人物。二是搜集历史人物的材料并进行梳理，尝试对相关史事进行考证。三是编制历史人物年表，要求结合时代大事凸显历史人物的主要事迹。四是公开展示学生制作的历史人物年表并对年表进行解说。五是将学生编制的历史人物年表分类编辑，汇集成册。最后，活动说明再次强调，学生不仅要搜集、阅读相关材料，而且要通过动脑、动笔完成历史人物年表的制作，并对自己的制作成果进行阐释说明。通过解析这一学习活动会发现，历史学科深度学习具有的一些特征：明确的学习主题，明晰的学习目标，搜集考证史料，独立提出历史解释，历史研究成果编辑成册。

另一个典型示例是具有深度学习意义的探究学习活动——以"中国历代疆域的变迁"为主题的探究活动。同编制历史人物年表活动一样，该活动也设计了活动主题、活动目标、活动过程和活动说明。不同的是，该活动主题拓展为多项探究活动，分别是从历史地图中看统一多民族国家的发展、从历史角度认识西藏和新疆等重要地区是中国不可分割的领土、从中国历代都城的变迁分析建都的多方面因素、从地图中探寻家乡的历史变迁等。

两个深度学习典型示例从不同维度解析了历史学科深度学习。"编制历史人物年表"活动是从具有层次递进关系的历史研究整体流程来呈现历史学科深度学习。历史研究的整体流程主要由确定主题、制定目标、搜集史料、考证史料、梳理史事、解读史事、表述成文、展现成果等环节构成，这是一般意义上的历史研究都要经历的研究环节，符合历史学科的特征。"中国历代疆域的变迁"活动是从历史学习领域对历史学习活动进行分解，聚焦历史学习主题，构建历史学习结构，从学习内容的维度挖掘历史学习深度的。以历史地图为媒介，以统一多民族国家的疆域变迁为主题，以重要地区、都城、家乡等子主题为学习内涵，尝试构建深度学习的结构模式。

第三节　历史学科深度学习的水平划分

深度学习是相对浅层学习而言的概念，历史学科深度学习的"深"怎么体现？怎么划分深度的水平层次？如何评价是否达到深度学习？怎么考核与测量学习达到的深度？历史学科深度学习要落地，就要解决这些问题。《新课标》是纲领性教学文件，中学历史教师要解决教学中面临的困惑可以从中寻找答案。依据《新课标》可以对历史学科深度学习进行历史学科领域上的水平划分和学习质量层次上的水平划分。

从历史学科学习深度要求的角度看，历史学科学习的深度可以按照"历史学科知识—历史学科能力—历史学科核心素养"三级水平进行划分。从中学历史教学理念发展的时序看，历史学科深度水平划分的依据经历了从历史学科知识掌握的多少到历史学科能力的高低再到历史学科核心素养的高低的转变。从中学历史教学质量要求的内涵看，掌握历史学科知识是历史学科学习深度的基础层次，培养历史学科能力是历史学科学习深度的关键层次，培育历史学科核心素养是历史学科学习深度的核心层次。"知识—能力—素养"的学习水平划分可以被视为历史学科深度学习水平划分的 1.0 版。

历史学科深度学习水平划分的 2.0 版：《新课标》明确提出历史学科核心素养包括唯物史观、时空观念、史料实证、历史解释、家国情怀五个方面。从学习领域的角度看，历史学科核心素养的五个方面比之前关于历史学科的学习要求更具有深度，之前关于历史学科的学习要求大多是基础知识、知识体系、历史思维和历史学科能力等方面的，经常表述为"基础知识—过程与方法—情感、态度与价值观"的三维目标。从三维走向五维，历史学科的学业质量要求更有深度，可以将其视为历史学科深度学习的视角之一。

历史学科核心素养的五个方面之间具有梯度递进的逻辑关系。唯物史观是历史学科素养的理论保证，可以视为历史学科核心素养的理论深度；时空观念是历史学科的本质体现，可以视为历史学科核心素养的基础深度；史料实证是历史学科素养达成的必要途径，可以视为历史学科核心素养的基本深度；历史解释是历史学科素养的呈现表达，可以视为历史学科核心素养的中阶深度；家国情怀是历史学科素养追求的价值目标，可以视为历史学科核心素养的高阶深度。因此，中学历史教师可以根据历史学科核心素养五个方面之间的逻辑关系和深度要求，进行历史学科深度学习的教学设计，助力学生由表层学习走向深度学习。

《新课标》还对历史学科核心素养进行了水平划分。核心素养的五个方面分别划分为四个水平。

唯物史观的水平 1 和水平 2 均是能够了解和掌握唯物史观的基本观点和方法，理解唯物史观是科学的历史观。唯物史观是一套博大精深的理论体系，科学揭示了人类社会形态由低级到高级的发展，揭示了社会结构中生产力与生产关系、经济基础与上层建筑的辩证关系。《新课标》要求高中生应了解唯物史观的基本观点和方法，而非全面、深入地掌握博大精深的唯物史观。水平3和水平4均是能够将唯物史观运用于历史学习、探究中，并将其作为认识和解决现实问题的指导思想。学习深度从知识层面提升到了运用层面。

时空观念素养的水平1是能够辨识历史叙述中不同的时间与空间表达方式；能够理解它们的意义；在叙述个别史事时能够运用恰当的时间和空间表达方式。水平2是能够将某一史事定位在特定的时间和空间框架下；能够利用历史年表、历史地图等方式对相关史事加以描述；能够认识事物发生的来龙去脉，理解空间和环境因素对认识历史与现实的重要性。对比水平1，水平2在学习深度上有递进，表现为从辨识时空的表达方式到对单一史事进行时空定位，从掌握时空表达方式到运用时空表达方式描述史事，从叙述个别史事到认识整个史事的来龙去脉。水平3是能够把握相关史事的时间、空间联系，并用特定的时间和空间术语对较长时段的史事加以概括和说明。对比水平2，水平3在学习深度上又有加深，表现为从对单一史事的整体描述到用时间与空间术语概括和说明较长时段的史事。水平4是在对历史和现实问题进行独立探究的过程中，能将其置于具体的时空框架下，能够选择恰当的时空尺度对其进行分析、综合、比较，在此基础上做出合理的论述。对比水平3，水平4在学习深度上进一步加深，表现为强调独立探究历史和现实问题，而非学习掌握和运用。

史料实证素养的水平1是能够区分史料的不同类型；在解答某一历史问题时，能够尝试从多种渠道获取与该问题相关的史料；能够从所获得的材料中提取有关的信息。水平2是能够认识不同类型的史料所具有的不同价值；明了史料在历史叙述中的基础作用；在对史事与现实问题进行论述的过程中，能够尝试运用史料作为证据论证自己的观点。对比水平1，水平2在学习深度要求上更进一步，表现为从认识史料到认识不同史料的价值，从获取史料到明了史料的基础作用，从提取史料有效信息到运用史料论证观点。水平3是在探究特定历史问题时，能够对史料进行整理和辨析；能够利用不同类型史料，对所探究的问题进行互证，形成对该问题更全面、丰富的解释。对比水平2，水平3在学习深度要求上又有加深，表现为强调整理和辨析史料，利用不同类型的史料进行互证。这是历史学科核心素养明确提出史料互证的学习深度要求。水平4是能够比较、分析不同来源、不同观点的史料；能够在辨别史料作者意图的基础上利用史料；在对历史和现实问题进行独立探究的过程中，能够恰当地运用史料对所探究的问题进行论述。对比水平3，水平4在学习深度要求上进一步加深，表现为在独立探究问题时要能辨别和运用史料进行论述。

历史解释素养的水平1是能够辨别教科书和教学中的历史解释；能够发现这些历史解释与以往所知历史解释的异同；能够对所学内容中的历史结论加以分析。水平2是能够选择、组织和运用相关材料并使用相关历史术语，对个别或系列史事提出自己的解释；能够在历史叙述中将史实描述与历史解释结合起来；能够尝试从历史的角度解释现实问题。对比水平1，水平2对学习深度提出了更高的要求，表现为从辨别、比较和分析教材中的历史解释到提出自己的历史解释。对于历史学习者而言，这是一个质的进步。同时还要求学以致用，从历史的角度解释现实问题，折射出历史的社会价值。水平3是能够分辨不同的历史解释；尝试从来源、性质和目的等多方面，说明导致这些不同解释的原因并加以评析。对比水平2，水平3对学习深度的要求进一步加深，表现为能够辨别与教材不同的历史解释，探究其不同的原因，评析不同的历史解释。水平4是能够在独立探究历史问题时，在尽可能占有史料的基础上，尝试验证以往的说法或提出新的解释，在正确的历史观和方法论的指导下，全面、客观地论述历史和现实问题。对比水平3，水平4更强调学生能够独立提出自己的历史解释，体现了历史学科的人文素养价值。每一个人都可以有自己独到的历史解释，但每一个历史解释都要有相对充分的史料为依据。历史解释4个水平划分之间的递进性与逻辑性，体现了历史学科深度学习的内在要求与逻辑层次。

家国情怀素养的水平1和水平2是能够具有对家乡、民族、国家的认同感，理解并认同社会主义核心价值观和中华优秀传统文化，具有对祖国和人民的深情大爱；能够理解和尊重世界各国优秀文化传统。学习深度要求主要体现在"认同"与"尊重"上，认同家乡、民族和国家的价值观和文化传统，这主要与"己"相关；尊重世界各国优秀文化传统，这主要与"他"相关。水平3

和水平 4 是能够把握中华民族多元一体的发展趋势，以及世界历史发展的进步历程，形成正确的世界观、人生观、价值观和历史观；能够表现出对历史的反思，从历史中汲取经验教训，更全面、客观地认识历史和现实社会问题；能够将历史学习所得与家乡、民族和国家的发展繁荣结合起来，立志为新时代中国特色社会主义建设、中华民族伟大复兴做出自己的贡献。相比水平 1 和水平 2，水平 3 和水平 4 在学习深度要求上的提高主要体现在"正确""认识""立志"上，即世界观、人生观、价值观和历史观要正确，学会从历史的维度认清现实社会问题，立志为国家建设和民族复兴贡献力量。

《新课标》不仅对历史学科核心素养进行了水平划分，还制定了学业质量标准，由低到高分为四级。学业质量水平实际上是将五大核心素养的同一水平层次整合在一块，每一级的学业质量水平都是由对应的历史学科核心素养水平要求构成。比如，一级学业质量水平如下。

1-1 能够知道人类物质生活资料的生产是社会生活的基础，知道生产力是历史发展的决定因素，知道经济基础与上层建筑之间的辩证关系，了解人类社会形态从低级到高级发展的规律；能够理解唯物史观是科学的历史观。

1-2 能够了解所学内容的历史分期方式，理解历史时期是按时序划分的；能够知道认识史事要考虑到历史地理的状况；能够识别历史地图中的相关信息，知道古今地名的区别。

1-3 能够知道史料分为文献史料、图像史料、实物史料、口述史料等多种类型；能够在解答某一历史问题时，尝试从多种渠道获取与其有关的材料；能够从所获得的史料中提取有关的信息。

1-4 能够有条理地讲述历史上的事情，概述历史发展的基本进程；能够说出重要历史事件的经过及结果、重要历史人物的事略、重要历史现象的基本状况。

1-5 能够发现历史上认同家乡、民族、国家的事例，知道中外优秀文化遗产的主要内容，认识社会主义核心价值观的历史依据，具有对祖国和人民的深情大爱。

四个层级的学业质量水平的划分，使历史学科深度学习有了清晰的深度层次的划分，便于历史教师开展历史学科深度学习活动。

第四节 历史学科深度学习的学习指向

一、深度学习是基于网络环境的学习方式之一

《新课标》在"树立指向学生历史学科核心素养的教学理念，有效设计教学过程"的建议中，提出教师在设计教学过程时，需要重点考虑四个方面：创设历史情境；以问题为引领；开展基于史料研习的教学活动；充分运用现代信息技术，提高教学手段的多样化和信息化水平。其中，在第四个方面中，"深度学习"出现两次：第一次是阐释高中历史教学采用专题教学的方式时，将深度学习与微课学习、项目学习、翻转课堂等并列为基于网络的学习方式；第二次是在以"马克思主义的诞生"为学习专题设计示例中，提出除教师的课堂讲授之外，还可运用网络环境下的深度学习方式。

基于网络的深度学习该如何进行是一线历史教师非常关心的问题。认真研读《新课标》提供的"马克思主义的诞生"学习专题设计示例，可以为一线历史教师提供一定的启示和参考。"马克思主义的诞生"学习专题设计示例中的深度学习流程分为五个步骤。步骤一：师生共同讨论并拟定本专题学习内容的具体项目；步骤二：学生分组，每组负责研究一个学习主题；步骤三：各组分头活动，运用网络收集资源，创建资源库，制作学习项目网页；步骤四：各组将本组网页的核心内容制作成微课或演示文稿，在课堂上演示和解说，然后师生互动讨论解惑；步骤五：课下继续开展学习活动，如各组开展跨组别的网页学习等。在学习活动中，教师可以通过反馈系统软件对学生的学习过程进行动态评价，运用现代信息技术增强学习的个性化、交互性、拓展性，为历史教学增添新活力。

二、学生体验完整的历史研究流程是深度学习的特色

《新课标》将"编制历史人物年表"的活动视为具有深度学习特色的活动。认真研读这份主题教学活动示例的设计，历史教师会对具有深度学习特色的学习活动有更深入的认识。表面上，《新课标》将动脑动笔、完成历史人物年表制作、进行展示、阐释和说明作为深度学习的特色。实际上，深度学习强调的是学生独立体验历史研究的完整过程，即"选择人物—收集资料—梳理资料—考证史事—编制年表—制作说明—展示交流—解说评价—汇集成册"。这样的历史教学活动与一般意义上的历史教学活动的差别表现在，学生的学习从表层走向深层，从被动学习走向主动学习，从记忆历史知识到独立探究史实，从考证史事到独立评价。因此，让学生体验完整的历史研究流程，正是深度学习的鲜明特色。

三、学生历史学科核心素养的发展是深度学习的核心要义

《新课标》提出，教师需要对教学内容进行更为有效的整合，其中包括设计新的综合性的学习主题。这可以通过两种方式实现：一是加强历史横向联系的整合，即将同一历史时期的中外史事整合在一起，使学生以更为开阔的历史视野进行认识；二是凸显历史纵向联系的整合，即对历史发展中有前后关联的内容加以梳理，将分散在各专题中的相关内容整合在一起。《新课标》以"中国历代疆域的变迁"为示例，为一线历史教师展示了具有深度学习意义的主题活动设计。这一活动将问题探究与历史学科核心素养五个方面的培养有机地结合起来，有利于促进学生历史学科核心素养的发展。

综合《新课标》关于深度学习的相关表述，能够为一线教师通过深度学习促进学生历史学科核心素养发展的实现路径提供一定启示：首先是编好教科书，历史教科书的内容选择要有助于深度学习，要精选具有基础性、关键性、典型性的史事，注意历史知识的科学性和思想性，教科书呈现的历史知识要有助于学生的深度学习。其次是有效设计教学主题，运用现代信息技术，使学习活动从表层走向深层，使学习过程从封闭走向开放。再次是整合教学资源，创

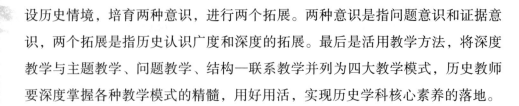

设历史情境，培育两种意识，进行两个拓展。两种意识是指问题意识和证据意识，两个拓展是指历史认识广度和深度的拓展。最后是活用教学方法，将深度教学与主题教学、问题教学、结构—联系教学并列为四大教学模式，历史教师要深度掌握各种教学模式的精髓，用好用活，实现历史学科核心素养的落地。

第五节　历史学科深度学习的呈现策略

什么样的历史学科学习才能称为深度学习？历史学科深度学习应以怎样的方式呈现？笔者以为，高中历史学科深度学习应该是基于高中生心智水平，以脑神经科学和学习科学为基础，以人文素养为价值取向，从理解学习到深层学习，从必备知识到关键能力，从学科思维到核心素养，呈现出高质量的、深层次的历史学习策略。

一、夯实高中历史学科深度学习呈现之基

（一）基于学习科学，关注学习情绪

与人工智能领域的深度学习不同，学习科学视域下的深度学习是基于脑神经科学的深层次学习。脑神经科学的相关研究表明，在脑结构中，对巩固学习成果起关键作用的是海马体，对学习和记忆有重大影响的是神经生成，对情绪起重要作用的是杏仁核，脑中主管长时间记忆的两个结构体位于脑中的情绪区域。显然，从脑神经科学的角度来看，情绪在学习中扮演着重要角色。高中历史学科深度学习要从学习情绪切入，与高中生的身心发展水平相适应，转变历史学习方法，侧重从历史思维、思想价值和家国情怀方面调动学生的学习情绪。

（二）塑造学科形象，汲取历史智慧

高中历史学科的学习强调博闻强记。因此，高中历史教师要基于高中生心智水平塑造学科形象，以脑神经科学和学习科学为依据制定历史学习策略和方法，助力学生从表层学习走向深层学习，为学生呈现史学之美，通过从历史长

河中汲取治国方略、人生哲理等历史智慧，彰显高中历史深度学习的价值。在学习方法上，教师要助力学生从简单记忆和刷题中解放出来，鼓励学生主动探究历史，以史为鉴，以古通今，传承文明，弘扬文化，凸显历史学科的人文价值和人类文明智慧结晶的学科形象。

（三）领略史学美感，呈现深度学习

历史学科的深度学习与脑神经科学高度关联。历史学科学习需要一定的合理想象，并以可靠的史料为基础，理解具体的史实，对历史情境展开合理的想象。正如尤瓦尔·赫拉利认为的那样："人类之所以能征服世界，是因为人类有独特的语言，而人类的语言强于其他动物的语言在于能虚构故事，虚构故事又能让亿万个陌生人共同合作。"[①] 笔者认为这里的"虚构故事"指宗教信仰、国家意志、民族精神等精神力量，而这些都是基于脑神经科学的合理想象。黄仁宇认为，历史的美感是由想象中历史之形成和理想主义之倾向，以及与这种倾向作对的有向心的力量总和构成。[②] 引领学生在历史学习中感受历史学科的美感，是高中历史深度学习呈现的基础。

二、探寻高中历史学科深度学习呈现之钥

什么样的高中历史学科学习才能称为深度学习？张胜平认为深度学习具有六大表征：①基于有限史料展开合理想象；②基于零散史实构建知识结构；③基于历史情境形成内在体验；④基于表象把握问题本质；⑤基于历史智慧解决现实问题；⑥基于学科知识实现"人"的成长。认真研读《新课标》、探寻高中历史深度学习如何呈现，是高中历史教师的必修课。[③]

高中历史学科深度学习的鲜明特色是让学生体验历史研究全流程，领悟史学求真之神韵，能解决当前高中历史学科学习的一些痛点。一是基于网络收集史料，解决高中生史料收集方法和能力不足的痛点。历史学习与研究的基础是史

① 赫拉利.人类简史：从动物到上帝 [M].林俊宏，译.北京：中信出版社，2017.
② 黄仁宇.中国大历史 [M].北京：生活·读书·新知三联书店，2007.
③ 张胜平.历史课堂中深度学习的六大表征[J].历史教学（上半月刊），2018（6）：25-30.

料收集，历史学习的深度与史料收集高度相关，网络为学生收集史料提供了便利，为深度学习提供了可能。二是倡导自主探究，聚焦发现问题，解决高中生侧重解答历史问题而不是发现历史问题的痛点。发现历史问题往往是历史研究的起点，让学生发现历史问题，进而开展高中生水平的历史研究，呈现具有深度学习特征的历史学习。三是独立提出观点，聚焦思维深度，解决高中生学习以记忆和刷题为主要特征的痛点。在研究中，基于唯物史观，独立提出观点，进而收集史料进行论证，展示交流成果，是打开高中历史学科深度学习之门的钥匙。

三、探索高中历史学科深度学习呈现之道

高中历史学科深度学习以怎样的方式呈现？以历史学科核心素养落地为核心任务，改进教学方法，探寻高中历史学科深度学习的呈现之道。

（一）深度学习的主题式呈现，考量课堂的广度、深度、效度

深度学习的主题式呈现是指有跨度、有深度地重新整合历史学习内容，加强历史横向联系和凸显历史纵向联系，设计新的具有深度学习价值的主题，包括确定主题、资料收集、史料辨析、思维聚焦、教学设计、成果呈现、分享交流等环节，让学生的学习从表层走向深层，主要考量的是课堂的广度、深度和效度。《新课标》中呈现了"世界视野下的中国航海活动与海上贸易"等 11 个主题教学活动。

深度学习的主题式呈现可以从学校层面进行。学校可以根据不同年级学生的情况进行整体主题设计：高一的教学设计突出"有趣"，改变预设性教学的无趣，提升历史学科的课堂思维品质；高二的教学设计突出"有料"，在学生获取史料困难的情况下，教师投入时间收集、梳理更多的史料，设计高品质的教学，这样学生的深度学习才能成为可能；高三的教学设计突出"有效"，高三学生的学习情绪、时间投入、知识储备、思维水平等更适合开展深度学习。

深度学习的主题式呈现也可以从课堂层面进行。高中历史课堂教学应树立"一课一主题"的理念，聚焦主题进行教学设计，创造性地整合教材和史料，

聚焦主题设计新颖问题，层层推进主题，结合实际设计教学方法。以"第二次世界大战后资本主义世界经济体系的形成"一课为例，历史教师可以"经济全球化从无序走向有序"进行主题教学设计，以"总—分—总"的方法构建第二次世界大战后资本主义经济体系，以经济秩序的构建为核心引导学生进行深度的历史学习。这种在教材设定的一节课中围绕主题进行新的整合设计，可以称为深度学习主题式呈现的 1.0 版。

深度学习主题式呈现的 2.0 版是完全打破教材结构和学习模块，聚焦核心素养设计全新学习主题，适合高三复习课。例如，在电影《流浪地球》热播、学生高度关注生态文明的背景下，历史教师可以"燃料的演变进程和启示：科技进步和生态文明的辩证关系"为主题，设计高考主题复习课。以燃料为主题重构历史知识，探讨科技进步与生态文明的辩证关系，让学生提出应对生态危机的解决方案。围绕两条线索聚焦主题：一条是燃料演进历程，从农业文明时代以木柴、木炭为主到工业文明时代以煤炭、石油、天然气为主，再到生态文明时代倡导绿色能源；另一条是人与自然的关系，农业文明时代人类在自然中求生存，工业文明时代人类在万物中谋主宰，生态文明时代倡导人类与自然和谐共生。这样的主题呈现能够帮助学生梳理知识体系，拓展思维角度，聚焦思维深度，具备深度学习的表征。

（二）深度学习的沉浸式呈现，促进学生感悟、领悟、明悟

深度学习的沉浸式呈现主要指学生在历史课堂学习中，能够合理想象，深度投入，沉浸在历史情境中，促进感悟、领悟和明悟。深度学习的知识论认为，知识是精神的种子，作为人文学科的历史知识更应该是精神的种子。深度学习的学习观认为，知识对人应该具有生命启发的意义，历史是关于人类演进的学科，学习历史的核心价值或许是对生命的感悟、领悟和明悟，历史学科的特质让沉浸式深度学习显得非常重要。

什么历史知识最有价值？历史课的价值追求不应该只是掌握和运用历史知识，获取历史学科考试的高分，更应该注重品格涵养和精神培育。因此，历史课堂应该注重让学生沉浸于历史情境中，如在"伟大的抗日战争"一课中，围

绕梅汝璈在远东国际军事法庭上据理力争的历史事件，设计"梅汝璈之怒"的问题链：材料的可信度高吗？为什么日本投降签字的国家顺序，中国排第二？梅汝璈为什么会争取法官次序排位，为什么能成功？为什么美国排法官次序第一位？国家尊严靠什么？其中，梅汝璈为什么会争取的设问，就是让学生沉浸式深度学习的尝试，以"假如你是梅汝璈，你会争取法官次序与排位吗"为题。在课堂上，当教师没有进行铺垫解读时，学生对梅汝璈为什么会争取席位并不太理解。但当教师问学生如果是你，你会争取吗？你敢争取吗？面对这样的问题，很多学生做出了不同的选择。当教师深入分析梅汝璈这么做的原因，特别是席位顺序安排涉及国家与民族的尊严时，学生才发自内心地理解梅汝璈的做法，学生的民族自信心、自豪感油然而生，这就是历史课的魅力，也是历史教师的魅力所在。

（三）深度学习的层进式呈现，聚焦历史思考、思辨、思想

一堂历史课到底要达到什么样的深度，并没有十分明确的依据。但《新课标》对学业质量水平和历史学科核心素养水平都进行了层次上的划分。高中历史课堂的层进式深度学习，是依据历史学科核心素养水平划分的、逐层深化的学习过程。在高中历史教学实践中，分层培育历史学科核心素养考验着历史教师的教学智慧。

层进式深度学习的高中历史课堂可以按照三个层次递进：第一个层次是能引发学生历史思考；第二个层次是能激发学生历史思辨；第三个层次是能涵养学生历史思想。历史思考是深度学习的起点，不能引发学生思考的历史课是无趣的，没有历史思考，就没有深度学习。当前，一些历史教师更多关注提高学生高质量记忆历史知识的方法与策略，对引发学生思考的策略关注较少，深度学习力图改变这一点。历史思辨是历史学习的必备品格。历史思辨是在特定的历史条件下辩证看待历史人物与历史事件，思辨强调批判性思维，强调独立探究，强调在史料基础上独立提出观点。历史思想是历史学科深度学习的价值追求，对应家国情怀的核心素养。历史学习不能成为对历史知识的简单记忆，还应该挖掘历史知识深处的思想价值、历史智慧和道德情怀，这是历史学科的社会价值。

高中历史课堂的深度学习，要实现历史思考、思辨和思想的层次递进和深度融合，其中高质量的问题链设计是关键。高质量的历史问题链具有连续性和挑战性，能引发学生思考。设计问题链应该是历史教师努力的方向，不断提升问题链设计水平是历史教师提高教育教学质量的最优选择。笔者在"伟大的抗日战争"一课中围绕"九一八"事变，设计了五个连续的小问题：为什么是日本？为什么是 1931 年？为什么是东北？为什么东北会迅速沦陷？为什么 1931 年是抗日战争的开始？设计的意图主要有三。一是以具体的小问题取代笼统的大问题，引发学生思考，让深度学习有起点。二是以历史时空素养为基础，设计具有思辨性的问题，如"为什么是日本"的问题隐含"为什么不是别的国家"的问题，"为什么是东北"的问题隐含"为什么不是山东等地"的问题，两个问题都有利于空间素养的培育。三是在连续追问的过程中，让学生更深刻地感受到中国被侵略的屈辱，从而更好地弘扬民族精神，涵养历史思想。

第六节　历史学科深度学习的实践特征

以往，博闻强记是历史学科的经典标签，随着教育科学和脑神经学科的快速发展，增强历史教学的效度成为历史教育工作者的重要课题，由此，深度学习得到高度关注。

人工智能领域深度学习的核心是计算机模拟人脑思维进行学习，人类智力运动代表之一的围棋已经被人工智能征服，可以预见未来一定会有更多的领域被人工智能征服，历史教育领域同样面临人工智能的威胁。计算机储存的历史知识远超任何一位历史教师，基础历史知识的获取渠道更加方便快捷，由此，历史教师面临什么样的历史课更有价值的拷问。

学习是一门科学，学习科学是综合脑科学、心理学、教育技术等学科，研究人学习的科学。深度学习是学习科学的一部分，同时是基于脑神经科学的深层次学习。脑神经科学与学习科学关于人脑的三个主要观点：一是认为在人类历史进程中，人脑本身是不断发展的，如直立行走、用火烹饪等都促进了人脑的进化与发展；二是认为人脑具有可塑性；三是认为人脑的开发还远远不够。只有认真研究学习科学，才能更深刻地领悟深度学习。

深度学习的实践特征可以概括为"一核""二实""三思"。

一、"一核"：深度学习的核心理念是基于脑神经科学的深层次学习

深度学习以脑神经科学为基础，这是深度教学模式与其他历史教学模式的不同之一。人工智能视野下的深度学习是机器学习人脑的过程，历史教育学视域下的深度学习是基于脑神经科学的深层次学习。面对人工智能的迅猛发展，人类培养怎样的下一代和怎样培养下一代成为难题，教育领域迫切需要深度学习，真正建立在脑神经科学基础上的深度学习。

历史教育领域对脑神经科学的发展重视不够，历史教学理念侧重历史知识本身的广度与深度，重视研究如何高质量地让学生掌握历史知识，而非从脑神经科学的角度研制学习策略和方法，这正是深度学习所要改变的。基于脑神经科学的深度学习侧重从学习情绪切入，增强学生学习探究的意愿，不断设计出能激发学生学习意愿的教学活动，促使学生从表层学习走向深层学习。深度学习强调学生主动探究问题，独立思考形成具有个性的观点，倡导促进深思的开放性教学，重视生成资源建设。

二、"二实"：深度学习的现实基础是尊重实情和追求实效

教学方法的创新和改革常会出现跟风现象，深度学习要避免跟风现象，就要夯实尊重实情和追求实效的现实基础。

（一）尊重实情

深度学习在现实推进中面临一些难点。一是网络使用问题。深度学习是基于网络的学习方式，但高中一般不给学生提供网络，只有上课时有网络可用。二是史料占有问题。高中生获取史料的途径有限，获取史料的方法单一，但史料实证素养需要从大量练习中选择史料进行解读来培养。三是时间投入问题。内容多、时间紧是历史教师面临的难题，课堂教学内容的完成已占据大部分课

堂时间，让学生独立思考、讨论、探究、展示就显得更奢侈了。

（二）追求实效

深度学习的关键在于增强思维的深刻性，反映到课堂上，有两方面的考量：一是课堂效度问题，涉及教学内容的选择与问题设计；二是课堂深度问题，涉及学科素养水平的划分。

课堂效度问题和课堂深度问题都涉及课堂的三个基本要素：重点内容、核心概念、关键问题。课堂效度问题关注重点内容的确定和核心概念的解读。

课堂深度问题侧重突破关键问题。深度学习的深度由问题的深度决定。笔者在高三主题复习课"科技进步和生态文明辩证关系"中，尝试设计了一道开放性试题。笔者选取了两则材料：一则是摘编自彭慕兰的《大分流：欧洲、中国及现代世界经济的发展》的材料，主要观点是18世纪中叶以前，中国与西欧国家的发展水平没有实质区别，煤的广泛使用和新大陆的发现才使西欧国家胜出；另一则是摘编自本特利和齐格勒的《新全球史》的材料，主要观点是煤炭是影响中英两国工业化进程的关键因素。设计的问题是，从材料中提取一个关于中国与英国比较方面的信息，并结合所学知识进行评析（要求：史论结合、史实准确）。该问题的深度表现在评析题的题型上，有助于学生灵活应对不同的问题，并从横向及纵向上挖掘相关知识点。

三、"三思"：深度学习的评价维度是历史思考、历史思辨和历史思想

历史思考是历史学科深度学习的思维起点。预设性教学下的惯性思维认为历史学科只是记忆学科，导致一些学生在选科时不选历史。历史思辨是历史学科深度学习的学科品质。在特定的历史条件下辩证看待人与事是具有历史学科思维的特质，思辨让学习有深度，思辨是层进式学习和沉浸式学习的必备品格。历史思想是历史学科深度学习的价值追求。在人工智能时代，仅掌握大量知识而没有文化涵养和道德修养，是没有竞争力的。深度学习强调挖掘知识的思想要素、智慧成分，让知识成为"精神的种子"。深度学习不仅强调挖掘知

识的深度，还强调探寻思想的高度。

深度学习要实现思考、思辨和思想的融合，高质量的问题链设计是关键。前文围绕"九一八"事变和"梅汝璈之怒"设计的问题链便是典型示例。随着问题的深入，学生可以进一步从具体知识的学习升华为思想上的动容。

随着部编版历史新教材在全国范围内的推广，如何改进教学方式打造高效课堂是历史教师面临的新课题，深度学习不失为一种好的选择。一份有深度的教学设计、一份能深究的问题设计、一堂引人深思的课堂教学、一份值得深耕的师生情谊、一种深厚的教师情怀、一份促人深省的校本作业、一个能深化的教学评价、一支真挚的教师团队，具备这"八个一"，深度学习的实施就有保障了。

第二章　历史学习与史料研习

第一节 历史学习的相关概念阐释

一、历史学习的概念解读

历史学习是学习者借助与历史内容之间的意义联系，产生历史学习的意义感，并借此获得历史事实确认与历史价值认同的一种思维活动。历史学习包括历史学习的心理要素和历史学习的学科维度，具体表现为具有一定历史学科内容的实践活动。历史学习不仅指向历史知识的学习，也指向思维能力的发展，还指向历史意义的构建与价值观的形成。

二、历史学习的心理表现

历史学习的心理表现包括历史想象、历史神入、历史思维、历史意识、历史感。

（一）历史想象

历史想象是历史学习过程中特有的一种心理活动。由于史料不能完全对过往历史进行还原，对于缺乏史料支撑的历史环节就需要进行推理与想象。即使掌握了较为充分的史料，在对历史事件进行还原时，也是需要历史想象的。历史想象的特点主要有以下几点：第一，每一件事物都与其他事物处于某种关系之中；第二，必须以一定的时空尺度对历史事件进行定位；第三，历史想象与文学艺术的想象存在差异，历史想象不能任意幻想，而要以证据为基础来进行合理推测与想象。

历史想象带有历史学科的特征，可以视作历史思维的构成部分。历史想象具有一定的主动性、目的性与组织性。历史想象既可以是对已知历史事件与未知事件的关系推测，也可以是对具体历史事实的创造性构建，还可以是针对特定历史情境的推测与联想。

（二）历史神入

"神入"属于一种特定的历史想象。神入既是有条件地、恰当地认识动机、境况和行为之间的关联，以及认识在特定境况下的特定观点怎样影响行为，也是从历史人物的角度思考当时的历史情境。神入在历史学习中强调个体心理态度的设身处地，强调站在历史人物的立场上体验历史、感受历史。因此，与其他学科知识相比，历史知识具有更多的具体性、境域性，这就要求学习者将对历史知识的学习和把握放在特定的历史时空条件下、特定的历史情境中进行研究，使历史课程的教学活动伴随一定程度的神入。

（三）历史思维

历史思维是历史学习中个体心理活动的能动体现。历史思维涉及思维能力、思维准则与思维价值，具有不同层次、维度的能力区分或思维趋向。

历史思维可分为不同时代人们对历史事件的思维时态。对同一事件或人物，不同时代的人会有不同的看法。这种看法大致可分为三个时态：第一个时态是同时代人的看法，可称之为共时态思维；第二个时态是过去人的看法，可称之为昔时态思维；第三个时态是现代人的看法，可称之为即时态思维。对历史问题的这么多看法，是由观念、价值标准、习惯、思维视野和思维方法等因素的差异所决定的。历史思维的不同时态反映了思维主体的历史性。

从一般性思维角度来看，历史思维可分为形象思维与逻辑思维。其中，历史形象思维涉及对历史的感知、联想、想象与神入等，它以史料证据为基础，可以将已经消失的或没有直接亲历过的历史事实在头脑中形象地再现，它是重构历史表象的必要条件。历史逻辑思维包含逻辑思维活动的分析与综合、归纳与演绎、比较与分类、抽象与概括等。从能力目标的角度来看，历史思维可分为时序思维能力、历史理解能力、历史推理能力、历史解释能力等。

（四）历史意识

意识是主观的，与客观相对。依据传统的客观实在论，历史是过去发生的客观存在，历史意识则是对过去发生的客观存在的主观反映。然而，历史意识不仅指向过去发生的客观存在，还指向主体的意识，包含对现在、未来的筹划与思考。

历史意识既是人们由历史知识凝聚、升华而成的经验性心理、思维、观念和精神状态，也是将时间经验通过回忆转化为生活实践导向的精神（包括情感和认知的、审美的、道德的、无意识的和有意识的）活动的总和。历史意识的价值在于形成维系、增强群体组织的内聚力，建立起文化上、种族上的归属感，塑造民族的文化性格、民族意识，提高国民素质，培养历史思维能力和批判精神，激发探索与发现的学术动力，加深对现实社会活动的理解与把握。从史学研究的角度看，历史意识是史学研究者关于过去的感知、态度与自觉。历史意识涉及知识、心理与经验，更重要的是它超越了对过去的回忆，将当前实践的经验、对现实社会的期望等纳入主体意识对过去的审视中。

对学习者而言，历史意识不仅与过去、现在相关，还与未来相关，是将自己对历史所记述的过去、自己的现在与将来相联系，形成的一种内在关联。从本质上看，历史意识中的历史内容，不但包含过去发生的客观事件，而且包含事件的影响以及现实主体对它的反应。历史意识虽然表征过去，但立足现在，沟通未来。历史意识既是回望、认识、体验的，也是思考、诠释、谋划与前瞻的。

（五）历史感

历史感与历史意识既有联系，也有区别。通俗地讲，历史感是对历史的感觉与体验。这里的"历史"既可以是具体的历史事件、历史人物，也可以是历史条件、历史环境、历史氛围等。

从史学研究来看，历史感是一个历史时代整个社会风貌、心理习俗、意识形态、生存条件等汇成的时代气息传送到历史学家头脑中的一个综合信息。它不是一种具体的意念，而是一种综合的、模糊的但似乎又能触摸得到的东西，是历史学家从广泛的历史资料中获得的一种特有的意境。历史感是因历史刺激引起的情绪状态。换句话说，历史感是人对历史的情感，是对过去事物的感悟和对未来事物的希冀和忧虑。历史感并不属于文学范畴，也不属于哲学范畴，而属于生命范畴，它与历史学家的生命状态和生存境遇直接联系在一起。甚至可以说，历史感是把历史学家的生命状态同他的历史研究联系起来的深刻结构。在史学研究领域里，史学研究者从不同角度、不同层次对历史感的内涵进行了解读，尽管有不同，但也达成了共识，即历史感是个体的一种心理活动，涉及个体对历史的主动的、有意识的体验与感悟。

对学生而言，历史感是历史学习过程中对历史内容的情绪状态，根据学习的情绪程度可分为三种类型。一是处于感知层面的历史感，指学生对具体历史内容的刺激或定向注意的瞬时性情绪状态。二是处于理智层面的历史感，指学生对历史上的某种历史现象、时代风貌或地域特色的领悟或体验，它比感知层面的历史感多了一分理性、论证或执着。三是处于深层的共通性历史感，指学生对历史共性内容的通感，相对于前两种历史感而言，它蕴含于心理活动的较深层面，更为稳定和持久。历史感作为一种心理活动，既是对历史内容的感知性体验，也反映了深层次的心理定式或心理认同感。

三、历史学习的学科表现

历史学习是学生基于历史内容展开的建构性思维活动，其在中学历史学科中的表现，主要是实证意识、历史发展、时空观念与因果关联。

（一）实证意识

学生对历史的感受与理解是分阶段发展的。相关研究表明，一些学生并没有想过人们是如何了解过去的这个问题，尤其是更小的学生，他们认为历史是已知的，就像百科全书那样的权威书籍中的信息。

史料是史学研究的基础，更是学生感受、确证历史的证据来源。从历史本体意义上看，历史绝不是用叙述写成的，而是用凭证或变成了凭证并被当作凭证使用的叙述写成的。在学生的认知世界里，史料恰恰充当着学生重构历史的证据。历史学讲究实证，实证意识要求学生能辨析史料真伪，能从不同类型史料中提取有效信息，能够理解史料作者的意图，重构历史与现实的相关问题。实证意识不仅包含必要的逻辑推理、分析与比较等能力，还蕴含更深层的求真、科学精神与态度。

（二）历史发展

历史是变化的、发展的，对历史发展的认识，是历史学习过程中的重要学科维度。学习历史的"发展"时，学生不仅需要对基本的时间次序有所理解，还需要清楚明白历史时期划分的意义：时期是研究者设定的架构，而不是过去的事实。学生对历史发展的理解，最终决定着学生会形成什么样的历史观与价值观。当然，在历史学习过程中，学生对历史发展的理解是有误区的。如果学生想象"发展"即"发生变化"，那么在他们眼中，发展多半如同一次次"偶然的崩裂"或一个个"插曲"。学生对历史发展的理解，是随着心理年龄、历史体验的丰富而不断发展的。

（三）时空观念

时间与空间是历史的两个最基本要素。《新课标》要求学生能够知道特定的史事是与特定的时间和空间相联系的；知道划分历史时间与空间的多种方式，并能够运用这些方式叙述过去；能够按照时间顺序和空间要素，建构历史事件、历史人物、历史现象之间的相互关联；能够在不同的时空框架下对史事做出合理解释；在认识现实社会时，能够将认识的对象置于具体的时空条件下进行考察。历史的本质是变迁与发展的，为了确切地显示人和物所发生的变迁，必须将这种变迁置于一种时间框架中，时间观念是感知、理解历史的首要认知性前提。同时，时间观念又依附于空间观念，人类需要借助空间给时间定位，时间和空间，不管它是存在，还是只是人的思考中错觉的范畴，都是不可分割的统一体。时空观念既是学生认识过去，感知特定历史人物、事件的必要前提，又是理解历史变迁、把握历史与现实联系的框架性认知依托。

（四）因果关联

历史中的因果关系是复杂的，表现形式也多种多样，因为它不只呈现为简单的一因一果，还可能是比较复杂的一因多果、多因一果、多因多果，甚至互为因果。正如恩格斯说："原因和结果这两个概念，只有应用于个别场合时才有其本来的意义；可是，只要我们把这种个别的场合放到它同宇宙的总联系中来考察，这两个概念就交汇起来，融合在普遍相互作用的看法中，而在这种相互作用中，原因和结果经常交换位置；在此时或此地是结果，在彼时或彼地就成了原因，反之亦然。"① 因此，要对历史中的因果关系作具体分析。历史学习中的因果关系也是复杂的，所谓因果解释，乃是去解释由事件、过程、事物状态交织成的一大片关系，而非引介一系列前后接续而来的发生之事，以及最后如何得出一个单一的结果。需要注意的是，进行历史分析时，各因素之间的关系与因素本身同等重要。也就是说，历史学习中的因果分析是多维的，不能作机械的简单分析。

第二节　史料与史料研究

一、史料的概念与分类

（一）史料的概念

历史是现实的前身，现实是历史的延续。现实的运动规律与它的前身的运动规律在根本方面上是一致的，现实中总会带有历史的痕迹。因此，历史学家对现实的了解，为追溯它的前身的运动过程提供了基本的指导线索。探究历史，需要明白这样一个事实：如果我们想了解和研究过去，只能凭借前人留下的各种痕迹。只有凭借这些"痕迹"，才可以追溯祖先的足迹，认识人类社会的各个发展阶段，进而探讨其发生、发展的规律。人们通常说的史料，就指人类在发展过程中所遗留下来的，能帮助后人认识、解释和重构历史过程的痕迹。因此，人类对历史的认识和研究离不开史料。

（二）史料的分类

根据史料的存在形式，一般可将其分为实物史料和文献史料两大类。

① 中共中央马克思恩格斯列宁斯大林著作编译局．马克思恩格斯选集：第 4 卷 [M]．北京：人民出版社，2013．

1. 实物史料

实物史料是人类在发展过程中遗留下来的活动场所和用过的有形物品。实物史料大体上可分为两种：一种是遗址，即活动场所，如居址、村落等。中国的河姆渡文化遗址、龙山文化遗址和意大利的庞贝古城遗址等都属此类。另一种是墓葬，即古人的墓穴。墓葬作为实物史料，有它特殊的意义。一座保存良好的墓葬，其中的随葬物品能生动地再现当时的社会生产生活面貌。

2. 文献史料

文献史料包括口述资料和文字资料两大部分。口述资料是指历代口耳相传得以保存下来的史料。"十口相传为古""路上行人口似碑""有口皆碑"等，都说明口述资料具有重要的史料价值。在文字被发明之前，口耳相传是保留史料的重要形式。但是，相比口述资料，文字资料更加丰富且完备，因而更被看重。文字资料可分为史部类（经、子、集类）、档案类（地方志类）、报刊类、甲骨和金石铭文类等。

总的说来，文献史料以内容繁复、完备、连续和系统见长，所以成为重要的史料来源。但由于主客观条件的限制，记载者不可能完整无缺地将历史记载下来，记载内容也不可避免会受个人的立场、观点和感情好恶的影响，因此，记载中存在错误也就在所难免。

比起文献史料，实物史料不仅数量少，而且相对零散，在连续性和系统性方面显得不足。但是，实物史料也有其明显的优势，即比较真实可靠，作为史学认识成果的检验形式和依据，它的发掘不仅可以补充文献史料的不足，而且有助于纠正文献史料记载中的错误，增强人们对历史的真实感。因此，实物史料对人们了解和研究历史，特别是没有文字记载的历史，同样具有不可替代的价值。所以，实物史料和文献史料各有特点，各有所长，两者可以相互补充。

二、史料的研究路径

（一）史料的搜集

1. 阅读专著、报刊等

专著往往包含大量原始资料、研究成果及学术争鸣，是史料搜集的重要来源。报刊则记录了当时社会的动态与舆论，具有时效性为理解特定历史时期的社会风貌提供了直接证据。在阅读时，需要运用批判性思维辨析史料的真伪与价值。

2. 追踪搜寻法

追踪搜寻法指针对某一具体问题或线索，通过连续追踪相关文献、引用关系，逐步深入挖掘，形成史料链。此方法适用于探究历史事件的前因后果、演变过程，有助于揭示历史现象的深层次联系。

3. 分类搜集法

分类搜集法指根据研究主题，将史料按时间、地域、人物、事件等维度进行分类搜集，有助于构建清晰的研究框架，便于后续分析与综合。此方法要求研究者具备扎实的史学理论基础与良好的资料整理能力。梁启超在考察古代中西交通的道路和学术文化相互影响时，从许多记载传说中搜集出中国僧人西去印度的姓名有考者 107 人，姓名失考者 80 人。再将这 187 人分时代、籍贯、学业成就、经行路线做种种统计，最后得出"六朝唐时中国人留学印度之风甚盛"的结论。

4. 利用各种工具书

工具书是快速定位关键信息、拓宽史料来源的有效工具，它能够帮助研究者迅速锁定研究主题相关的文献线索，提高史料搜集的效率与准确性。文中工具书种类繁多，按其功用，大致可分为以下几类。第一类是用于解答疑难的百科全书类、词典类，如《中国大百科全书》《中国历史大辞典》《世界历史词典》《康熙字典》等。第二类是为搜集史料指引线索的目录、索引类。目录是目和录的合称。其中，目指篇名或书名；录指叙录，是对目的说明和编次。把篇

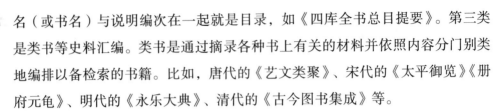

名（或书名）与说明编次在一起就是目录，如《四库全书总目提要》。第三类是类书等史料汇编。类书是通过摘录各种书上有关的材料并依照内容分门别类地编排以备检索的书籍。比如，唐代的《艺文类聚》、宋代的《太平御览》《册府元龟》、明代的《永乐大典》、清代的《古今图书集成》等。

5.口述史料的搜集

口述史料作为历史记忆的直接载体，对填补文献记录的空白、丰富历史叙事具有重要意义。通过调查与采访，研究者可以直接从亲历者或其后代口中获取第一手资料。需要注意的是，在这一过程中，应确保访谈的严谨性，尊重受访者的隐私，并运用录音、录像等技术手段确保资料的完整保存以便后续分析。

6.数字化时代的史料搜集

随着互联网与大数据技术的发展，数字化史料库、在线图书馆、电子期刊等成为史料搜集的新阵地。这些资源不仅能极大地拓宽史料的获取渠道，而且通过关键词搜索、数据可视化等手段，能提高史料检索与分析的效率。同时，数字人文等新兴领域的兴起，为史料的量化研究、跨学科整合提供了可能。

（二）史料的辨伪

历史作为人类过往经验与智慧的积淀，对其的研究离不开准确、可靠的史料支撑。然而，在漫长的历史长河中，伪书作为一种特殊的史料形态，不仅混淆了历史真相，还严重干扰了历史研究的进程。因此，史料的辨伪，尤其是伪书的辨伪，成为历史学研究中不可或缺的一环。

1.伪书出现的原因

伪书的出现，往往与特定的社会文化背景和历史条件密切相关。具体而言，伪书的产生主要有以下原因。

（1）尚古观念：封建社会普遍存在厚古薄今、崇拜圣贤的心态，一些人为了宣扬自己的学说或达到某种目的，便托古制伪，伪造古代经典或圣贤著作。

（2）文献亡佚：由于朝代更迭、战乱、自然灾害等原因，大量古籍亡佚。后人为了弥补遗憾，常有寻求遗书之举，伪书便应运而生。

（3）政治相争：阶级派系斗争激烈，为了陷害对手或维护自身利益，不惜伪造书籍作为证据或武器。

（4）学术相争：为维护学派学说，争胜对方，一些学者伪造书籍以打击竞争对手。

2.伪书的种类

伪书种类繁多，按不同标准可分为不同类型。根据伪书的产生原因和表现形式，可将其大致分为以下几类。

（1）托古伪书：伪造古代经典或圣贤著作，以宣扬某种学说或思想。比如，通过伪造《尚书》来支持自己的政治或学术观点。

（2）伪托作者：将某部书籍伪托为某位古代名人所著，以增强书的权威性和可信度。比如，将某部不知名的著作伪托为孔子或孟子所著。

（3）篡改伪书：在原有书籍的基础上进行修改、删减或增加内容，以改变其原意或适应某种需要。比如，将某部历史著作中的某些事件或人物进行篡改，以符合特定的政治或学术观点。

（4）盗名伪书：盗用已有影响或畅销的图书名及相关信息。这类伪书主要集中在经营管理、励志及心理自助类等方面。

3.辨伪的方法

面对纷繁复杂的伪书，历史学者需要掌握一系列科学、系统的辨伪方法，以确保史料的真实性和可靠性。以下是一些常用的辨伪方法。

（1）来源考证：考察书籍的出处、作者及其背景，了解其权威性和可信度。通过查阅相关史书、目录、传记等资料，验证书籍的作者、成书年代及流传情况。

（2）内容逻辑性：分析书籍内容是否符合逻辑，有无自相矛盾之处，如书籍中的历史事件、人物关系、时间线索等是否清晰、连贯，有无明显错误或矛盾。

（3）与其他史料进行对比：将书籍中的内容与已知可靠的其他史料进行对比，看是否存在冲突。通过对比不同史料中的记载，可以相互印证或揭示伪书的真相。

（4）时代背景契合度：判断书籍所反映的情况是否与当时的社会背景相符，如书籍中涉及的政治制度、社会习俗、文化特征等是否与相应历史时期的吻合。

（5）语言风格和用词：研究书籍的语言特点是否符合特定时代的特征，如古代文献中的用词、句式、修辞等是否与当时的语言习惯相符。

（6）版本流传：了解书籍的版本流传情况，是否存在篡改或讹误。通过查阅不同版本的书籍，比较其内容的异同，可以揭示伪书的真相。

（7）实物证据支持：看是否能得到相关实物史料的支持，如通过考古发掘、文物鉴定等手段，获取与书籍内容相关的实物证据，以验证其真实性。

辨伪方法应用的典型例子：清代学者阎若璩通过对《尚书古文》中的文字、语法、音韵等方面的分析，发现其存在多处错误和矛盾，最终确定其为伪书。这体现了来源考证和内容逻辑性在辨伪中的重要作用。

4. 辨伪的成果运用

辨伪工作不仅在于揭示伪书的真相，更在于为历史学研究提供准确、可靠的史料支撑。具体而言，辨伪的成果可以运用在以下几个方面。

（1）修正历史认知：通过辨伪工作，可以揭示伪书中所包含的错误信息和误导性内容，从而修正人们对历史的认知和理解。

（2）提高研究质量：辨伪工作为历史学者提供了准确、可靠的史料支撑，有助于提高历史研究的质量和水平。

（3）促进学术交流：辨伪工作可以促进历史学者之间的学术交流和合作，共同推动历史学研究的进步和发展。

（4）维护学术诚信：辨伪工作有助于维护学术诚信和学术规范，防止虚假信息的传播和扩散。

辨别伪书的目的不是摒弃它，而是要正确地利用它。历史学家陈寅恪说："盖伪材料亦有时与真材料同一可贵，如某种伪材料，若径认为其所依托之时代及作者之真产物，固不可也；但能考出其作伪时代及作者，即据以说明此时代及作者之思想，则变为一真材料矣。"[1] 比如，即使辨清楚《黄帝内经》不是黄帝所作，而是成书于战国至秦汉时期的一部总结中国古代医学成就的著作，其学术价值依旧极高。

历史研究者在面对纷繁复杂的史料时，要通过对史料的辨伪还原历史真相，这是历史研究者保持严谨态度和科学方法的体现。以上辨伪方法和辨伪成果的利用可供相应主体在进行史料研习时借鉴。

第三节　深度学习与史料研习

在信息论视角下，学习的实质是获得和使用信息，而教学是信息传递和接收的过程。"教"是发送信息的过程，"学"是接收信息的过程。在传统课堂教学中，教师的教学设计重点是解决"教什么""如何教"的问题，即教师更关注"发送"，而对学生是否"接收到"关注较少，这在一定程度上造成了教学效率低下，学生重复训练、死记硬背等问题。在新课程改革背景下，教师的角色开始转变，更多思考学生"如何学"的问题，实现了从"教师为本"向"学生为本"的转变。从"教"到"学"，实现了信息的人际转换（从教师到学生），这是信息传递的第一次转换。在"学生为本"的视角下开展史料研习，教师进一步思考学生"是否学会了""是否会学了"等问题，即学生是否能够将所学知识与原有知识体系进行关联，并进行知识结构化，形成新知识。在这一过程中，学生对史料进行深度加工、内化，实现了信息的第二次转换，即信息的自我转换。随着"输出文本"教育教学理念的提出，教师在进行史料研习教学设计时，除关注学生"会学""学会"外，还关注学生"会用"，即学生能够自觉运用所学知识、习得的能力、涵养的素养来解决现实问题，服务人类社会。学生从"学会""会学"到"会用"的过程，正是深度学习发生的过程，也是学生核心素养的形成过程。由此来看，教师关注的重心经历了从"教"到"学"

---

① 陈寅恪.陈寅恪集：金明馆丛稿二编[M].北京：读书·生活·新知三联书店，2001.

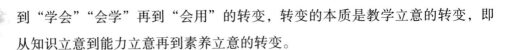
到"学会""会学"再到"会用"的转变，转变的本质是教学立意的转变，即从知识立意到能力立意再到素养立意的转变。

在以素养立意的课堂教学中，教师重点关注学生对信息的深度加工，促使学生通过联想与结构、活动与体验、本质与变式、迁移与运用、价值与评价，实现深度学习。在这个过程中，学生在素养导向学习目标的引领下，聚焦引领性学习主题，开展有挑战性的学习任务与活动，掌握学科基础知识与基本方法，体会学科基本思想，建构知识结构，理解并评判学习内容与过程；能够综合运用知识和方法创造性地解决问题，形成积极的内在学习动机、高级的社会性情感和正确的价值观，成为既有扎实学识基础，又有独立思考能力，善于合作，具备社会责任感、创新精神和实践能力，能够创造美好未来的社会实践的主人。

史料是学生感受、确证历史的知识来源。《新课标》提出，学生要以可靠的史料作为证据来说明自己对问题的看法。因此，教师在进行教学设计时，要考虑如何构建基于史料研习的教学方式，在教学过程中如何运用史料引导学生进行探究。史料研习是一个涉及历史学习和研究的重要概念，主要指通过对史料的搜集、整理、阅读、理解、分析以及运用等过程，形成对历史的正确、客观认识。史料是高中历史教学的重要基础，如何更好地让学生在研习史料的过程中掌握知识和培养关键能力是历史教学需要深入思考的问题。基于深度学习的史料研习，是在历史教师的引领下，学生基于史料，围绕中外重大历史事件、历史人物和历史现象中的学习主题，运用历史思维和历史学习方式，把握历史学科本质、逻辑、思想和方法，形成具有学科核心素养的学习过程。

史料研习是培养学生逻辑推理与分析能力、证据素养、求真意识的重要手段。从本体意义上看，史料在学生的认知世界里还充当证据。以下从培养学生证据素养的角度，对史料研习进行阐释。

一、为何将史料引入教学——用证据说话

让学生懂得历史需要用证据说话，这是历史教学的基础，也是将史料引入教学的深层原因。将史料作为证据引入教学，至少可起到以下作用。

（1）与学生的日常观念相区分。学生理解历史人物、事件通常以已有知识、日常观念为基础，而日常观念具有时代局限性，就像有些学生不能理解古人的一些行为，这就需要考虑如何有效地以史料为证据来解释过去的人们是如何看待事物的。

（2）与社会上的某种"戏说"、偏见相区分。随着互联网的发展，海量信息通过不同途径影响着学生对历史的认知，其中既有基于史实的"戏说"，也有非史实的偏见，甚至是历史虚无主义，这就需要教师开展史料研习加以纠正。

（3）知晓历史知识的来源。学生接受历史知识的途径主要为历史教材，但历史教材限于篇幅，以对历史的叙述、记载为主要形式，这导致一些学生误将"历史叙述""历史记载"作为历史知识的来源。引入史料，可以纠正这种认知偏差。

当然，从根本上讲，将史料作为证据引入教学，终归是要学生树立"通过史料推论重塑过去"的观念。发生的是"过去"，写出来的是"历史"。历史是人类对"过去"的梳理与重新认识，是人类对"过去"的挑选与判别，体现着每一代人对"过去"的不断理解与不断思考。史学研究需要借助史料"写历史"，历史教学更需要借助史料，让学生体验"写历史"是一个对史料不断鉴别、判断、解读乃至智慧参与的创造过程。比如，夏商周文明尽管上下纵贯了1800 多年，但遗留文献甚少，且夹杂着神话成分。这一时段的历史空白、疑问较多。学习此段历史时，历史教师就不宜只向学生简单地陈述历史知识或研究成果，而应该借助文献记载，参照历史遗址、青铜器铭文、甲骨文等史料，向学生呈现"实在"的、"原生态"的历史。如此，既可使学生形成"以史料为证据探究历史"的观念，又可使学生的认知结果更接近历史的本真。

二、史料未必都是真的——一分证据说一分话

将史料作为证据引入教学，是培养学生证据素养、建构合理历史观念的基础。但是，从证据角度来看，史料未必都是真的。作为反映某一特定历史事实

的材料，史料存在有意史料与无意史料之分。史料的客观局限或主观属性，使其对史实的反映既可能不相符合，又可能不相周延。这就决定了基于史料作证据的推论要适当，即"一分证据说一分话"。在史料教学中，若要做到"一分证据说一分话"，至少需要避免以下几种情况。

第一，避免推论"过度"。基于史料对相关的历史人物、事件、制度等做出评价与推论，是史料教学的基本规程。但鉴于有些史料存在某种程度的不确切、不完全，甚至有歪曲，对其分析与推论就需要把握度。在当前的历史教学中，一些案例中的史料运用仅是为了证明某种观点，对史料自身作为证据的准确性、适当性等并不予以关注，这就导致这些案例即便运用了史料，但其整体的信息呈现仍像一种"历史叙述"。还有一种情况是，为了论证某种观点，史料通常被直接作为证据用于演绎性论证，史料自身有无问题、能做何种力度的证据则不考虑，这就造成对史料的误用或过度推论。例如，在对《今日雨》（癸卯卜，今日雨。其自西来雨？其自东来雨？其自北来雨？其自南来雨？）进行研习的过程中，教师设计问题，引导学生从卜辞"今日雨"和四句问句中看出来先民祈雨的迫切心情；"癸卯""东西南北"这些词则说明先民已有时间和方位概念；从卜辞内容所反映的事件来看，当时的农事生产还完全靠天吃饭。教师说明，这是从卜辞中得出的浅层结论和深层结论。其实，《今日雨》作为先秦的一篇甲骨卜辞，是在癸卯这一天占卜，占卜的内容是关于天时的情况，具体要问的是"今天下雨"的确切情况。上述案例中的史料研习就属于"过度"推论。

第二，避免推论"错位"。史料作为证据，有确证与反证之分，涉及对某一历史人物、事件、制度等的评价时，可以从正面和反面找到可作证据的史料支撑。不仅如此，并不是所有的历史都可以用史料再现，遗留下来的"历史"也有空白。因此，在史料教学中，对作为证据的史料要做准确评估，切忌仅从某一方面或超越某特定历史阶段进行推断，以避免评价或推论"错位"。比如，关于义和团运动的评价，既可找到其围攻教堂、抵抗八国联军的史料，也可找到其降神驱鬼、破坏铁路以及抵制洋货的史料。在教学实践中，教师要让学生分别从"反帝爱国""愚昧排外"两个视角展开讨论，引导学生进行辩证分析。

第三，避免"人造史料"。"人造史料"指基于课程目标的需求人为编造的史料。此类史料的特点在于所反映的单个历史人物、事件是虚构的，但它能折射或揭示某类历史现象、某个历史阶段特征的"普遍之真"。比如，某教师为让学生形象感知雅典民主政治的内容，虚构了"帕帕提"这个雅典郊区农民，并以其经历来反映雅典民主政治的特点。从激发学生兴趣的角度看，此种做法有一定的效果。但是，从培养学生实证意识的角度看，此种做法并不可取。史料之真决定了人们重塑的历史之真，"人造史料"会消解、虚化学生求真意识的理性与根基。

三、史料作为证据的方法论反思——大胆假设，小心求证

将史料作为证据推论过去，既揭示了史学研究的必由之途，又强调了史学重视事实、追求"史真"的学术基质。不过，史料作为证据，也可能存在不完整、包含主观臆断的不足，这就需要从方法论上强调"大胆假设，小心求证"。

对学生而言，"大胆假设，小心求证"意味着要从对史料的质疑开始，提出假设，并通过验证每种假设最终寻求正确答案。在这里，"假设"是建立在搜寻、辨别史料基础上的，"求证"则是建立在方法自觉、证据推理基础上的，科学的怀疑态度、基于求真的逻辑推理及辩证理性，都涵盖其中。具体可聚焦以下特征。

第一，"疑"与"证"相反相成。从将史料作为证据的推理过程看，"大胆假设，小心求证"作为方法蕴含了"怀疑"与"求证"两个主要环节。"怀疑"既是开启从未知到已知的逻辑起点，又体现了参与主体的批判性思维品质；"求证"既指向参与主体的求真意识，又包含考辨、判断、逻辑推理与辩证等建构性思维理性。两者正反相依，相辅相成。在历史课堂中，恰当的史料运用恰恰体现了该特征。比如，在对《中外历史纲要（上）》第11课"辽宋夏金元的经济、社会与文化"的《夫妻对坐宴饮图》的探究过程中，教师设计了如下问题：①该史料属于何种类型的史料？②该史料产生于何时？③请描述你看到

的内容。④从该史料中你能初步推断出哪些历史信息？⑤你认为作者为何创作该史料，目的是什么？⑥阅读该史料之后，你产生了哪些疑问？学生在课前带着这些问题研习该图，课上他们回答第1～5问时基本能达到预期效果。关于第6问，学生提出了很多问题，如：墓主人是谁？夫妻二人为什么要对坐？他们之间平等吗？他们的眼神没有看对方，而是向前看，是在看什么东西吗？仅仅通过一幅壁画就能反映墓主人生前的家居生活吗？这就需要教师在备课时有针对性地收集、整理相关史料，并在课上进行呈现。这些材料主要涉及壁画内容、墓主人信息、墓葬出土物、宋代女子地位、开芳宴等内容。学生也可以自己寻找佐证该图的材料，如宋代墓室中类似的图像装饰。其实，宋代墓葬与以往朝代有很大的不同，突出表现为宋墓的世俗化更明显，转向了对小家庭的关注，并将生前住宅院落的布局与装饰等绘制入墓室壁画中。所以，一桌二椅式的夫妇对坐图在宋代墓室壁画中很常见。从学生的思维特征看，上述史料研习过程恰恰体现了"疑"与"证"并存，从整体上聚焦了一个示范默会、假言推理的辩证思维过程。

第二，"实"与"疏"至通至远。从将史料作为证据的推理结果看，"大胆假设，小心求证"既以"求实"为努力的目标，又以不确定性为特色。它一方面肯定史事的"复原"需要以证据为前提，另一方面隐含着对史料有限性的超越，强调对史料做有根据、有约束的假设与推论，勾勒历史的丰富性，以"假设"之"疏"来连接历史的断层。就学生的思维发展来说，"大胆假设"突破了他们对已有史料的接受、理解模式，强化了对史料作为证据的超越与反思，倡导学生对历史的多元阐释与对话，关注学生作为生命主体的独立表达与评判，其价值导向更着眼于学生的自主发展与未来。就这一点，美国的史料教学有一定的借鉴与启示意义。比如，对于"美国独立战争"一课，美国教师不仅会呈现涉及独立战争的史料，分析相关史料的内容与形式，还会让学生据此做出不同的假设：

如果你是一位反独立者，那么你认为你在战前、战中以及战后有何感受？如果你是一位爱国者，那么你在战前、战中以及战后有何感受？

作为反独立者的正面意义有哪些？爱国者呢？

作为反独立者的反面意义有哪些？爱国者呢？

如果反独立者赢得这场战争将会怎么样？生活会与现在有何不同呢？

如此，学生就会超越现有的史料文本，从更多的视角思考问题，有利于思维洞察性的深化及延展性的拓展。

史料是史学研究的"粮食"，更是从事历史学习不可或缺的"构件"。史料能否成为证据、学生能否生成恰当的证据意识，取决于教师对史料的理解、解释与运用。不同年龄和能力的学生需要使用不同形式的史料，同时对应不同层次的证据素养潜质。如何让学生从懂得"用证据说话"到能够辨清"一分证据说一话"，最终能在方法论层面上理解与体悟"大胆假设，小心求证"，既需要教师对学生现有水平深入了解，又需要教师对此做相应的史料教学设计。

第三章　基于高中历史教学实践的史料深度研习

第一节　基于统编高中历史教科书的史料研习

——以"中华文明的起源与早期国家"为例

一、科学合理地解析教科书中的史料是史料研习的正确之道

科学合理地解析教科书中的史料是史料研习的正确之道，也是史料研习的基础路径。统编高中历史教科书中的史料具有以下特征。

（一）学术权威性

统编高中历史教科书的编写专家是历史学界的学术权威。张海鹏和徐蓝教授担任总主编，编写组成员来自北京大学、北京师范大学、首都师范大学、复旦大学、华东师范大学、中央党史和文献研究院、中国社会科学院、人民教育出版社以及高中一线教师。编写组内各种知识结构和各种年龄结构的专家学者有机结合，保证了所选史料的权威性，这样师生可以专注于史料内涵与外延的解析，而无须把时间花在史料真假的辨析上。

（二）选材典型性

史料浩瀚，教科书选取的史料对历史事件与现实的理解具有典型意义，合理取舍史料本身就是高史料实证水平的素养要求。在实际教学中，个别教师喜欢引用教科书之外的史料进行教学，这说明仍有小部分教师没有深刻理解统编高中历史教科书的学科价值。用典型史料解读历史事件与历史现象是历史教学的基本常识，教师引导学生深度解析教科书中的典型史料，是更高效、更科学的历史学习方法。

（三）类型多样性

教科书呈现的史料类型丰富多样。从大类看，文献、实物、口述、图像四大类史料都有呈现。从细的分类看，文献史料的各个小类也有呈现，如史书、档案与文书、文集、笔记、书信与日记、方志、报刊、碑铭与简牍、族谱、契

约、账簿等，以及器物、建筑物、遗址、遗迹等实物史料。了解教科书史料的选取原则与方法，可以更好地理解教科书的编写意图。

（四）来源真实性

求真既是历史学科的价值追求，也是史料研习的本质特征。一线历史教师受科研条件及科研水平的局限，对教科书以外史料的来源进行甄别的难度较大，如果直接将从网络中下载的课件与资料引用到历史课堂教学中，则存在真实性不确定的风险。有些教师选取个别专家的著述或论文作为材料进行教学，也容易出现观点不全面、不客观的风险。因此，选用教科书中的史料更能满足史料研习求真的要求。

（五）导向价值性

教科书事关青少年的健康成长，有明确的价值导向。例如，统编高中历史教科书涵盖了中华优秀传统文化的核心思想理念、传统美德和人文精神，共涉及历史文化名人 100 余位，思想、科技、文学、法律等领域的著作 80 余部，四大发明、天文历法、医学、数学、农学、地理学、水利工程等重大发明创造 50 余项，书画、音乐舞蹈、雕塑、器物等艺术作品 40 余件。通过对教科书的学习，学生能掌握中华优秀传统文化的丰富内涵，了解并认同中华优秀传统文化，认识中华文明的历史价值和现实意义，树立正确的历史观、文化观。

（六）政治正确性

统编高中历史教科书体现国家意志。2019 年，教育部印发的《中小学教材管理办法》明确规定："思想政治（道德与法治）、语文、历史课程教材，以及其他意识形态属性较强的教材和涉及国家主权、安全、民族、宗教等内容的教材，实行国家统一编写、统一审核、统一使用。"国务院成立了国家教材委员会对教材编写进行指导。高中历史教科书提供的历史知识要培养学生正确的历史观，满足他们未来参与社会生活的基本需要，使他们具有理想信念和社会责任感。统编高中历史教材主要写中国历史发展的基本趋势和规律，写历史发展的本质和主流，写影响历史发展的重大事件，写推进历史前进的正面人物，写历史上各民族之间的交往交流与交融。总的来说，就是抓住历史发展的本质。

（七）教学指导性

统编高中历史教科书的史料选取从学生学习历史和认识历史的角度出发，适应高中生的心理特征和认知发展规律。教科书的史料分布在史料阅读、学思之窗、历史纵横、问题探究、学习拓展等各个辅助栏目中，在内容设计与编排上，课文正文、辅助栏目设置、活动课设计等板块是有机的整体。教师在教学活动中要引导学生正确利用教科书提供的材料，培育学生的历史学科核心素养。教师自行补充的材料不一定符合统编教科书的要求，而教科书提供的史料已经非常丰富。用好、用活、用深、用透教科书中的史料，可以更高效地完成历史教学任务，对一线历史教学工作具有指导意义。

二、基于研习任务清单的史料研习设计

史料研习的教学设计可以先以单一课时为单位进行，再到以单元为单位展开。下面以《中外历史纲要（上）》第一单元的第 1 课"中华文明的起源与早期国家"为例，进行史料研习的教学设计。

（一）汇集教科书中的史料，梳理史料类型

教师在进行史料研习教学设计时，可以制定学生史料研习任务清单。任务清单遵循从简单到复杂、从初级到高阶不断深入提升的原则。

史料研习任务清单 1：学生汇集本课时教科书所提供的全部史料

设计思路：学生首先要能分辨史料，区别历史描述与史料，这是基础性的工作。从教科书中甄别史料，可以让学生少走弯路，培育学生的史料收集能力。

实践路径：经过教师的指导，学生很快就能区分历史描述与史料。按照教科书的顺序，对史料进行编号，依次是 1——元谋人门齿化石，2——中国旧石器时代重要人类遗址分布图，3——中国新石器时代文化遗存分布图，4——陕西西安临潼姜寨聚落遗址复原图，5——红山文化牛河梁遗址的祭坛、积石冢，6——良

渚古城城墙分布范围示意图，7——山西襄汾陶寺遗址墓地部分及 2001 号大墓出土时全景，8——《韩非子·五蠹》，9——《史记·夏本纪》，10——《战国策·燕策一》，11——殷墟出土刻有文字的龟甲正反面，12——何尊及铭文中的"中国"，13——西周分封示意图，14——《左传·桓公二年》，15——《孟子·滕文公上》，16——《周礼·地官·质人》，17——曶鼎铭文，18——《尚书·酒诰》，19——《尚书·梓材》，20——《关于重建中国史前史的思考》。

史料研习任务清单 2：学生对汇集的史料进行分类，梳理史料类型

设计思路：教师要引导学生学习史料分类的基础性知识，然后学生自主对史料进行分类，从而培养独立开展史料分类的能力。

实践路径：首先，教师引导学生根据史料的载体材质，将其划分为以下几种史料类型。一是文献史料，主要指具有历史价值的图书文物资料，包括史书、档案与文书、文集、笔记、书信与日记、方志、报刊、碑铭与简牍、族谱、契约、账簿等。二是实物史料，主要指历史上人类遗留下来的遗物遗迹，分为器物、建筑物、遗址、遗迹。三是口述史料，主要指当事人或亲历者的口述回忆，包括回忆录、采访录、神话、传说、史诗。四是图像史料，主要涉及绘画、雕刻、照片、古地图，分为原始性图像和再造性图像。

其次，学生自主开展第一轮史料类型划分。本课时 20 则史料可以分为三大类型：一是实物史料，包括元谋人门齿化石，红山文化牛河梁遗址的祭坛、积石冢，山西襄汾陶寺遗址墓地部分及 2001 号大墓出土时全景，殷墟出土刻有文字的龟甲正反面，何尊及铭文中的"中国"，曶鼎铭文等 6 则。因为是教科书，所以实物史料的呈现方式只能是用图片。二是文献史料，包括《韩非子·五蠹》《孟子·滕文公上》《史记·夏本纪》《战国策·燕策一》《左传·桓公二年》《周礼·地官·质人》《尚书·酒诰》《尚书·梓材》《关于重建中国史前史的思考》等 9 则。三是图像史料，包括中国旧石器时代重要人类遗址分布图、中国新石器时代文化遗存分布图、陕西西安临潼姜寨聚落遗址复原图、良渚古城城墙分布范围示意图、西周分封示意图等 5 则。

第一轮史料类型划分后，可以进行更为细致的第二轮史料类型划分，以

让学生对不同类型史料有更加深刻的认知。数量庞大的文献史料又可以进行细分，主要包括但不限于以下几类：一是史书。古人按古籍内容将其分为经、史、子、集四大部类。其中，经部类是指儒家经典著作；史部类以正史类最为重要，主要指历代封建王朝官私机构专门编写的记载各朝代历史发展概况的史书；子部类汇总了春秋战国时期诸子百家的作品，是研究哲学史、古代科学史和社会历史变革的重要史料；集部类系文学性质，不专门记载史事，但其中同样不乏珍贵的史料。二是档案文书，档案文书分国家档案文书、民间档案文书两种。我国早在商周时期就建立了国家档案制度，凡涉及国家政治、经济、军事等大事，便记载下来，由专门机构加以保管。除国家档案文书外，还有大量的民间档案文书，如私人信札、笔记、谱牒、契约、账簿、商号、文书等。三是著作与书信，主要包括著作、文集、笔记、书信与日记。四是地方志类。地方志是记载不同时期不同地区的社会生活、历史变迁、地理沿革、风土人情等情况的书籍，是研究地方史的一手资料，具有极其重要的价值。五是文学艺术作品。六是报刊。七是日常生活中的文字遗留。实物史料也可以进一步细分为四类：一是器物类，包括陶器、玉器、青铜器、铁器、漆器、木器等；二是建筑物类，主要指房屋和非居住构筑物；三是遗址类，主要指古人活动的遗迹；四是遗迹，主要指古人遗留的痕迹。图像史料可以进一步细分为两类，即原始性图像和再造性图像，其中前者的史料价值更高。

学生学习了史料类型划分的拓展性知识后，自主进行第二轮史料类型划分。6则实物史料中，元谋人门齿化石、殷墟出土刻有文字的龟甲正反面、何尊及铭文中的"中国"、舀鼎铭文可以划分为器物类；红山文化牛河梁遗址的祭坛、积石冢，山西襄汾陶寺遗址墓地部分及2001号大墓出土时全景则属于遗址。9则文献史料则可以分为四类：一是史部书，包括《史记·夏本纪》《战国策·燕策一》《左传·桓公二年》；二是经部书，包括《周礼·地官·质人》《尚书·酒诰》《尚书·梓材》；三是子部书，包括《韩非子·五蠹》《孟子·滕文公上》；四是学者著作，包括《关于重建中国史前史的思考》。5则图像史料都属于再造性图像史料，可以分为分布图、示意图和复原图。

（二）剖析不同类型史料的价值，提取史料信息论证历史观点

在教学实践中，一些师生不太重视对教科书中的史料进行深度研习，而从其他渠道获取史料进行解读与解析。但事实是，教科书中的史料更具权威性和典型性，这些师生的做法无异于舍本逐末。史料研习要从统编高中历史教科书中的史料开始。

史料研习任务清单 3：剖析不同类型史料的价值

设计思路：《新课标》中学业质量水平 2-3 要求学生能够认识不同类型的史料所具有的不同价值；能够掌握获取史料的基本方法；能够在对史事与现实问题进行论述的过程中，尝试运用史料作为证据论证自己的观点。如果说史料类型是史料研习的基础性要求，那么，史料价值则是史料研习的发展性要求。

实践路径：教师引导学生开展史料价值的基础性学习，这已经比史料类型的基础性知识学习有了提升，是历史学科深度学习在更深层次上的表现。学习史料价值的基础性知识后，学生自行剖析 20 则史料的价值。

按史料价值划分，史料可以分为第一手史料和第二手史料两种。第一手史料，即原始资料，主要指历史人物、事件、现象发生的那个时代留下来的材料，特别是当事人和目击者提供的材料，能直接反映所研究对象的情况。第一手史料较客观、真实，学术价值较高。第二手史料，即间接资料，主要指距离历史人物、事件、现象发生的那个时代较远的记录、转述，或者后人的研究成果，能间接反映研究对象的情况。因为不是当时当地目睹者的直接记载，而是间接得来的有关研究对象的材料，所以第二手史料主观色彩较强，学术价值要结合其他史料进行综合评价。

1.文献史料价值剖析

文献史料是史料中很重要的一部分。不同类型的文献史料的价值各异。一是史书的价值剖析。史书是相对专业的历史学科资料。史书分为正史和私史，其中正史的可信度要高于私史，各种别史、起居注、实录、政书等都是对正史较为有利的补充记载，有相当高的史料价值。二是档案文书的价值剖析。国家档案文书的价值很高，民间档案文书对研究不同历史时期、不同地区的经济状

况、宗法关系颇有价值。三是著作与书信的价值剖析。著作与书信可以反映书写者的历史研究成果，具有较高的价值。但著作与书信的价值受书写者的阶级属性、政治立场、时代环境、掌握史料的情况、个人立场、个人修养、感情好恶等各种因素的影响。四是地方志类的价值剖析。地方志记载详细，内容广泛，是研究地方史的第一手资料，具有极高的价值。五是文学艺术作品的价值剖析。文学艺术作品的内容常是虚构的，主观性较强，需要与其他史料互证，史料价值较低，但可以反映当时人的生活、想法以及观念等，对文化史、思想史、社会生活史的研究有所助益。六是报刊的价值剖析。报刊是研究近现代史的重要资料，常用来了解一些事件的发展，以及当时人对某事的观点和态度。七是日常生活中文字遗留的价值剖析。日常生活中的文字遗存大多不是刻意流传下来的，如商店的账簿、土地契约书、书信等，属于"无意史料"，常能更真实地反映当时的实际生活，史料价值较高。

教科书史料研习实践：教科书选取的9则文献史料都具有较高的史料价值。其中，《史记·夏本纪》《战国策·燕策一》《左传·桓公二年》属于史书，并且成书时间与史料描述时代较近，史料价值相对更高。《周礼·地官·质人》《尚书·酒诰》《尚书·梓材》属于经部书，《尚书》可以视为史书，《周礼·地官·质人》是研究先秦官制和社会制度的重要典籍，史料价值较高。《韩非子·五蠹》《孟子·滕文公上》是子部书，对研究哲学史、古代科学史和社会历史变革具有重要价值。《关于重建中国史前史的思考》是考古学家苏秉琦的著作，成书时间较晚，史料价值相对较低。

2.实物史料价值剖析

实物史料一般情况下是第一手史料，价值较高。实物史料与文献史料可以相互参证，人们从差异中不断探寻历史的真相。但实物史料也有其自身的局限性，如实物史料的年代鉴定较难，尤其是一些碎片，无法全面反映器物的全貌和原貌。对有些器物和遗迹，人们只能根据现有的科技水平与认知水平去研习其内涵和意义，而不能做出全面、真实、准确的判断，需要与其他类型的史料综合印证。

教科书选取的 6 则实物史料是可以与文献史料相互印证的，都具有较高的价值。基于中学师生的认知水平，应该侧重探究教科书中实物史料对解读其所在时代的价值，以及对中国学者研究历史的重大意义。元谋人门齿化石是距今约 170 万年的元谋人留下的实物，对研究中国古人类的发展具有重要意义。殷墟出土刻有文字的龟甲正反面是近代中国历史研究取得重大进展的实证，对提高近代中国历史研究在世界历史研究的地位有重大价值。何尊及铭文中的"中国"是目前"中国"一词最早的实物见证，史料价值弥足珍贵。红山文化牛河梁遗址距今 5000 多年，祭坛、积石冢反映了当时社会等级分化和权力神圣化，被誉为"中华文明的曙光"。山西襄汾陶寺遗址的考古学年代在夏之前，有研究者认为该遗址拥有文明起源及形成的要素，具备国家的初始形态。曶鼎铭文对研究西周中期以后的社会经济、土地制度和阶级关系具有重要的价值。

3. 图像史料价值剖析

图像是重要的史料，一般价值较高。照片、雕刻等一般被认为属于原始图像，绘画等一般被认为属于再造图像。通常认为原始图像比再造图像具有更高的史料价值。同时，对图像史料的研究，不仅需要历史学的方法，还需要借助艺术史、社会学等不同学科的方法。

教科书选取的 5 则图像史料具有导向价值性和教学指导性。中国旧石器时代重要人类遗址分布图从世界历史研究的视角看，反映了中国是远古人类起源的重要地区之一，是研究远古人类起源和活动的重要材料。中国新石器时代文化遗存分布图为探讨中国古代文明起源提供了重要资料，反映了中华文明起源的核心区域分布与多元一体格局形成。良渚古城城墙分布范围示意图是"中华文明起源与早期发展综合研究"的成果，良渚文化丰富的内涵，实证了长江下游地区在距今 5000 多年就进入古国文明的阶段，实证了中华文明上下五千年。陕西西安临潼姜寨聚落遗址复原图选自中国国家博物馆编《文物中国史·文物史前史》（山西教育出版社），属于复原图。姜寨聚落遗址各个墓葬的差别不大，说明氏族公社的贫富分化尚不明显，这对研究原始社会的社会生活状况有重要价值。西周分封示意图虽然属于再造图像，但由于是官方制作，可信度高，对研究周初分封的主要诸侯国的分布区域及都城状况有重要的价值。

史料研习任务清单4：提取史料信息论证历史观点

设计思路：能够从所获得的材料中提取有关信息，这是历史学科核心素养之史料实证素养水平1的要求，可以视为基础性的史料实证素养。在对史事与现实问题进行论述的过程中，能够尝试运用史料作为证据论证自己的观点，则是历史学科核心素养之史料实证素养水平2的要求。从历史学习者的视角看，从史料中提取有效信息，然后用史料论证自己的观点，是一个完整的历史研习过程。历史学科核心素养是可以通过后天学习进行提升的，是可塑的。提取史料信息论证历史观点，是师生在中学历史教学实践中需要面对的史料研习项目，同时是学业水平考试测量的主要方式。因此，提取史料信息论证历史观点在史料研习中占据重要地位。

实践路径：史料研习任务清单4主要包含两个层次的任务：一是科学合理地从史料中提取有效信息，并对提取的信息进行综合解读；二是尝试运用史料作为证据论证自己的观点。

史料研习的基础性素养：科学合理地从史料中提取有效信息，关注学生史料信息提取的思维建模，培育学生解读史料的表层信息及挖掘史料的深层价值的能力，提升学生历史学科深度学习素养。

学生史料信息提取的思维建模是一个梯级进阶的过程。第一梯级是从史料中看到了什么。这是史料基本信息的提取阶段。第二梯级是看到的信息反映了什么或说明了什么或本质是什么。这是史料信息的中阶解读阶段。第三梯级是分析为什么会出现上述历史现象，有什么特点，挖掘历史现象的深层次影响因素。这是史料信息的中高阶解读阶段。第四梯级是如何评析史料信息反映的史事，从中可以得到什么启示。这是史料信息的高阶解读阶段。

教师可以引导学生对20则史料进行逐一解析，培育学生对单一史料的信息提取素养，多则史料的信息提取素养的培育则是更高一阶的学习任务。以下是在普通高中教科书教师教学用书的指引下，师生对20则史料尝试性的信息提取与解读。

史料 1 元谋人门齿化石的信息提取与解读：元谋人门齿与猿类的门齿明显不同，与北京人的门齿在形态上相似，根据元谋人门齿的性质，研究人员认定元谋人为直立人种的一个新亚种。可以说明距今约 170 万年的中国出现了古人类活动，说明中国是远古人类起源的区域之一。

史料 2 中国旧石器时代重要人类遗址分布图的信息提取与解读：从遗址的空间分布看，一方面，中国古人类活动范围广，南到南海诸岛，北至黑龙江流域；另一方面，中国古人类活动区域相对集中，主要出现在黄河流域和长江流域。

史料 3 中国新石器时代文化遗存分布图的信息提取与解读：从空间分布看，中国新石器时代文化遗存比中国旧石器时代人类遗址的分布更加广泛，向西拓展至今新疆维吾尔自治区、西藏自治区，向东拓展到东部沿海地区。从分布密度看，中国新石器时代文化遗存的分布密度比中国旧石器时代人类遗址的分布密度更大。从时间维度看，中国发现的 1 万多处新石器时代文化遗存涵盖新石器时代的不同发展阶段，可建立起从新石器时代早期、中期到晚期的考古学文化谱系。从遗存内涵看，中国新石器时代文化遗存内涵丰富，其中良渚文化等典型的文化蕴含了文明的核心元素，成为中华文明起源的重要见证。从文明起源的特征看，中华文明起源的多元一体格局，凸显了中华文明的核心区域分布在黄河流域及长江流域。

史料 4 陕西西安临潼姜寨聚落遗址复原图的信息提取与解读：教师结合教科书提供的复原图文字说明，引导学生学会解读复原图。复原图是以图片的方式呈现遗址的情况，具有直观性和可视性。复原图中的锥形建筑是房屋，教师可以引导学生从房屋大小、房屋关系和房屋分布等角度去解读。学生可以提取出的信息：该遗址有 5 个大房屋，每个大房屋周围有 1 个中房屋和若干个大小差不多的小房屋，反映出这是一个由 5 个家族组成的氏族公社，所以用聚落遗址来命名。教师要避免学生对复原图的误读，如避免学生因房屋有大中小的区分而得出贫富分化的结论。从教科书提供的复原图文字说明可知，氏族公共墓地的随葬品不多且差别不大，反映了贫富分化不太明显的社会发展状况。

史料 5 红山文化牛河梁遗址的祭坛、积石冢的信息提取与解读：通过前面几则史料信息提取与解读的学习，学生应该初步掌握了基础方法。学生先辨认出祭坛是图中的圆形遗址，祭坛左边是大型积石冢，进而分析出祭坛居于积石冢群的中心。可以认为是部落或部族共同祭祀天地神和祖先的场所，反映了距今5000多年的当地社会组织的权力神圣化。大小各异的数座积石冢组成墓群，中间的较大，在一定程度上可以反映当时社会等级的分化，反映了中国东北地区中华文明的起源状况。

史料6良渚古城城墙分布范围示意图的信息提取与解读：良渚文化遗址是长江下游地区的文化遗址。城是文明的重要元素之一，教科书用良渚古城分布范围广来说明中华文明的起源，具有典型性和代表性。范围广在一定程度上可以说明良渚古城的规模大，这说明当时良渚的权贵阶层已具备对社会资源的控制和调动能力，能够组织大量人力进行大规模公共事业建设。规模大、范围广的良渚古城为中华文明起源提供了实证。

史料7山西襄汾陶寺遗址墓地部分及2001号大墓出土时全景的信息提取与解读：陶寺遗址有1000多座墓地，分为大、中、小三种类型。不同规格的墓地在棺的用料、随葬品的质量和数量上有较大的不同，反映了当时社会的等级分化，而社会等级分化是文明发展的要素之一。

史料8《韩非子·五蠹》的信息提取与解读："上古之世，人民少而禽兽众，人民不胜禽兽虫蛇，有圣人作，构木为巢，以避群害，而民说之，使王天下，号曰有巢氏。民食果蓏蚌蛤，腥臊恶臭，而伤害腹胃，民多疾病，有圣人作，钻燧取火，以化腥臊，而民说之，使王天下，号之曰燧人氏。中古之世，天下大水，而鲧、禹决渎；近古之世，桀、纣暴乱，而汤、武征伐。"教科书史料研习要思考的维度：史料作为什么栏目呈现，史料出现在教材内容哪个子目，教科书有没有在史料后提出问题，史料内容是什么、为什么、怎么样。这则史料是作为"史料阅读"栏目被放在"从部落到国家"子目，单纯作为史料呈现的，没有设问。史料主要描述了从传说的英雄时代到周武王时期的社会发展与变迁，是对教科书正文从部落到国家演变历程的补充说明。史料涉及三个阶段：一是上古之世，以有巢氏、燧人氏的传说来说明农业生产的出现和火的使用；二是中古之世，以鲧、禹治水说明人类征服自然的努力与艰辛，相当于夏朝；三是近古之世，以桀、纣与商汤、周武王来说明从商朝到周朝的更迭。学生从中获得的历史学知识：一是历史分期是历史学的基础要求；二是传说也是一种史料类型，是口述史料，有一定的史料价值，但需要与文献史料、实物史料相印证；三是重要历史人物影响历史进程。

史料 9《史记·夏本纪》和史料 10《战国策·燕策一》的信息提取与解读：《史记·夏本纪》["益（禹晚年培养的接班人）让帝禹之子启"]、《战国策·燕策一》（"启与支党攻益，而夺之天下，是禹名传天下于益，其实令启自取之"）这两则史料是作为"学思之窗"栏目被放在"从部落到国家"子目，有一个设问：关于启的继位，为什么会出现上述不同说法？从史料出处看，两则史料都出自汉代史学著作；从史料可信度看，两则史料可信度相当，但对于启的继位说法不同。教科书这样设计旨在让学生在不同观点的史料中进行比较分析。

史料 11 殷墟出土刻有文字的龟甲正反面的信息提取与解读：这则史料选自中国国家博物馆编《文物中国史·文物夏商周史》（山西教育出版社），被放在"商和西周"子目。殷墟出土甲骨约 15 万片，甲骨文是比较成熟的文字系统，是研究商朝文明和中国文字起源的重要史料。结合教科书中的"学习聚焦"栏目中的甲骨文证实了文献中关于商朝的部分历史记载的表述。经教师引导，学生认识到殷墟龟甲作为实物史料，可以与文献史料相互印证，这种方法被称为"二重证据法"，是重要的历史考据方法。从历史学科核心素养的水平划分看，这是史料实证素养水平 3 的要求，即能够利用不同类型史料，对所探究的问题进行互证，形成对该问题更全面、丰富的解释。从具体的一则史料到史料研习方法再到史料研习理论，让学生的史料研习从直观到深刻、从实践到理论、从现象到核心。这正是史料研习与深度学习的有机交融和有效实践。

史料 12 何尊及铭文中的"中国"的信息提取与解读：这则史料可以从两个层面进行解读。一是从青铜器的角度。商周时期，青铜的冶炼业作为生产力的标志达到高峰，是中国古代青铜器发展的鼎盛时期。尊是古代盛酒器，这是西周贵族何的青铜器，故名何尊。花纹华丽，主图案是饕餮，是尊贵与威严的象征。中国青铜器的大宗是青铜礼器，青铜器形制的大小可以显示权力的等级，青铜器在社会政治、经济、文化中起到重要作用。二是从青铜器铭文的角度。何尊内底铸铭文12行122字，铭文中的"宅兹中国"，是目前"中国"一词最早的实物见证，对研究"中国"一词的内涵有重要的意义。铭文中的"中国"是一个地理概念，指"国之中央"，"宅兹中国"大意为居住在天下之中。"天下之中"正契合西周政治经济文化特征，分封制使周王成为"天下共主"，有利于天下归周，增进"国家认同"；宗法制有利于"天下一家"观念的形成，增进"民族认同"；礼乐制有利于形成"天下归心"的"文化认同"。"天下之中""天下共主""天下一家""天下归心"从不同层面逐渐形成统一的心理文化认同观念。

史料13西周分封示意图的信息提取与解读：通过前面的史料研习，学生的史料研习能力有一定提高，因此，教师可以进一步深化史料研习的深度，引导学生提炼不同的分析视角。西周分封示意图可以从以下几个视角进行分析。

视角一：都城情况。

信息提取：西周王朝直接管理的王畿地区是都城镐京（今西安）和东都洛邑（今洛阳）。

信息解读：反映了都城向东延伸，有利于对东方的统治。

视角二：分布区域。

信息提取：封国主要位于东方原殷商统治区；集中在黄河中下游地区；封国北有燕，南达长江流域。

信息解读：封国主要位于东方原殷商统治区说明分封制的主要目的是加强对新征服的东方广大地区的控制，体现了"天子建国""诸侯立家"的分封原则。集中在黄河中下游地区反映了当时中华文化和周朝统治的核心区域都是黄河流域。封国北有燕，南达长江流域反映了分封制不限于东方，后又推行到"北土"和"南土"，说明分封是一个渐进、不断提升的过程，更重要的是，说明周王统治区域比商朝统治区域有很大的扩展，西周统治区域扩大，促进了以中原为中心的多元一体格局的壮大。

视角三：诸侯国国都。

信息提取：诸侯国国都数量多；诸侯国国都的古今地名。

信息解读：诸侯国国都数量多说明当时分封了相当数量的诸侯国，反映了周朝统治区域的范围广。分封制是周朝探索出的对疆域辽阔国家的治理方式。诸侯国国都的古今地名反映了北京等城市有悠久的历史文化。

视角四：诸侯国名称。

信息提取及解读：分封制影响中国人的姓氏和省的简称。

视角五：西北游牧民族。

信息提取：从名称看，反映了当时的民族观，有夷夏之分。从位置看，犬戎在周的西北方，对西周构成威胁，公元前771年，犬戎攻破镐京，西周灭亡。

信息解读：西北游牧民族"犬戎"与周的战争等多种形式的民族交融，说明西周时期，形成了以中原为中心的华夏民族的雏形。犬戎攻破镐京导致西周灭亡，说明游牧民族进入中原，既威胁中原王朝的统治，也给中原农耕经济造成破坏。因此，防止少数民族冲击中原便成为历代处理民族关系的一个基本原则。以中原地区为华夏，以四方之人为蛮夷，华与夷的区分标准是文化程度，而非族群，以华夏为文明，以夷狄为野蛮落后。

史料14《左传·桓公二年》的信息提取与解读：《左传·桓公二年》记载："天子建国，诸侯立家，卿置侧室，大夫有贰宗，士有隶子弟，庶人工商各有各亲，皆有等衰（cuī）。"这则史料是"历史纵横"栏目中宗法制的引用史料，主要用来说明西周时期分封制与宗法制的结合，形成政权与族权的结合。家国同构是我国古代社会独特的社会结构，它的本质就是家庭、家族、国家在结构上的同一性，也就是家族是家庭的扩大，国家则是家族的扩大。在家庭、家族内，父系家长地位至尊，权力至大；在国家内，君主地位至尊，权力至大。父为"家君"，君为"国父"，君父同伦，即将家庭的治理形式扩大到国的范围。以血缘关系为纽带的家国同构现象，充分体现了中国早期政治制度的特点。分封制主要解决权力如何分配的问题，最终形成等级序列，使政治生活等级化。宗法制主要解决权力如何继承的问题，最终将血缘关系与政治隶属关系相结合，使家庭生活政治化。礼乐制主要解决权力认同的问题，最终将等级观念生活化。三者是一个有机整体，共同构建了中国早期政治制度的运行机制。

史料15《孟子·滕文公上》的信息提取与解读：《孟子·滕文公上》记载："方里而井，井九百亩，其中为公田。八家皆私百亩，同养公田。"这则史料是"史料阅读"栏目中的史料，用来加深学生对井田制的理解。教师先引导学生解读史料的基本信息，再引导学生从不同的视角去解读史料。从史料可以得到的基础信息：公田是归奴隶制国家所有，私田是农民的份地，井田制的规模是方圆一里①为一个井田，一个井田为九百亩②。然后，教师引导学生尝试从所有权、使用权、经营方式、耕作方式和劳役方式等视角解读井田制。以一则史料解析为例，让学生体验历史结构法，引导学生学会分析土地制度，认识到土地制度的内涵结构由所有权、使用权、经营方式、耕作方式和赋役方式等构成，进而形成认知迁移，让学生学会分析不同时期的土地制度。

史料16《周礼·地官·质人》的信息提取与解析：这是"历史纵横"栏目用来解读西周时期的奴隶买卖的史料之一，教科书没有直接引用原文，而是采用摘编的方式，以减少学生的阅读障碍。商周奴隶制国家设有专门掌管奴隶和牲畜买卖的官吏，说明在当时，奴隶买卖是普遍现象。教师应引导学生学习教科书的逻辑，从政府官职的设置去解析历史事件。

史料17 曶鼎铭文的信息提取与解析：这则史料与史料16《周礼·地官·质人》一样，都是"历史纵横"栏目用来解读西周时期的奴隶买卖的史料。史料的内容不难，主要说明五名奴隶的身价相当于一匹马加一束丝，反映了奴隶价值问题。重要的是，教师引导学生学习教科书对不同史料的运用，《周礼》并非西周制度的实录，但其中关于一些制度、官职的记载可以从发掘出的实物铭文中得到印证。

史料18《尚书·酒诰》与史料19《尚书·梓材》的信息提取与解析：《尚书·酒诰》记载："人无于水监，当于民监。"《尚书·梓材》记载："惟王子子

---

① 1 里 = 500 米。
② 1 亩 = 666.67 平方米。

孙孙永保民。"两则史料是"探究与拓展"栏目的两个子栏目问题探究的史料，教科书设计了"上述材料反映了怎样的思想观念？"的设问。学生应该可以从史料中得出西周时期的民本思想的信息，进而得出"以民为鉴"和"保民"思想对民本思想的形成产生了重大影响。教师可以设计新的问题，如"材料是从什么视角看待问题的？"（《尚书·酒诰》是从王的角度强调以民为鉴，进而巩固统治。《尚书·梓材》同样是从西周统治者的角度强调保民的重要性。）这样的设计可以引导学生在辨别史料作者意图的基础上利用史料。教师还可以引导学生学习教科书的做法，即在评述历史时，能够对材料进行适当的取舍。

史料 20《关于重建中国史前史的思考》的信息提取与解读：《关于重建中国史前史的思考》中谈道："相对于世界其他几大历史文化系统而言，中国文化是自我一系的；中国古代文化又是多源的；它的发展不是一条线贯穿始终，而是多条线互有交错的网络系统，但又有主有次。各大文化区系既相对稳定，又不是封闭的……中国文明之所以独具特色、丰富多彩、连绵不断，中华民族之所以能够形成一个统一的多民族国家并在数千年来始终屹立在世界的东方，都与中国文化的传统、中国文明的多源性有密切关系。"这则史料是"探究与拓展"栏目最后一个子栏目"学习拓展"的史料，教科书设计的问题：阅读这段话，查阅相关史前文化遗址的考古资料，考察其分布特点，就中华文明的多源性与统一性问题谈谈自己的认识。教师可以充分挖掘这则史料的信息，设计有层次、有深度的史料研习问题链，引导学生领悟史料研习的真谛。

问题 1：这则史料是考古学家的研究成果，谈谈考古学与中华文明起源研究的关系。

设计意图：让学生明白考古发掘成果对研究中华文明起源有重要意义。

思路引领：鉴于文明起源的特殊性，口述史料不能从科学的角度实证从部落到国家的演变过程，还需要与实物史料相互印证，因此，考古学传入中国后，中国研究者积极运用考古学的方法进行中华文明起源的研究。考古发掘成果可以从实物形态上证明从部落向国家演变的过程。因此，考古发掘成果对研究中华文明起源有极其重要的价值。

问题 2：学生自主梳理教科书中关于中华文明起源的史料，探究中华文明起源。

设计意图：首先，高一学生刚刚进入高中阶段，面对学习内容加深、学习难度加大，需要有一个适应期，因此，让学生从教科书中梳理史料是较适合的史料研习策略。其次，经过前面 19 则的史料研习，学生对单则史料的研习有一定的经验，可以初步区分史料的不同类型，以及解析不同类型史料所具有的价值。在此基础上，学生可以尝试进行多则史料的综合分析，以对所探究的问题进行互证，形成对该问题更全面、丰富的解释。最后，教科书对史料的运用可以作为史料研习的示范样例，为教师与学生进行史料研习提供重要资源。教师可以进一步引导学生探究史料之间的逻辑关系，提升史料研习的深度。

思路引领：这 20 则史料中，前 8 则都可以作为探究中华文明起源的史料。史料的分类与不同类型史料的价值前文已经阐述过。因此，这个学习环节侧重于史料之间的相互关联与印证。史料 1 元谋人门齿化石与史料 2 中国旧石器时代重要人类遗址分布图分别从实物与图像的角度反映了中国远古人类的起源，以及旧石器时代晚期，中国已经形成若干文化系。史料 3 中国新石器时代文化遗存分布图与史料 5 红山文化牛河梁遗址的祭坛、积石冢，史料 6 良渚古城城墙分布范围示意图，史料 7 山西襄汾陶寺遗址墓地部分及 2001 号大墓出土时全景，分别从公共权力、城市兴起、阶级分化的角度为中华文明的起源提供了考古依据，展示了文明形成的重要标志，实证了 5000 多年前中国就已经进入古国文明的阶段，实证了中华文明上下五千年历史的真实性。史料 4 陕西西安临潼姜寨聚落遗址复原图与史料 7 山西襄汾陶寺遗址墓地部分及 2001 号大墓出土时全景，可以证实人类社会从原始平等社会走向贫富分化的阶级社会的演进历程。史料 8《韩非子·五蠹》与上述实物史料、图像史料相互印证，体现了史料实证的理想状态，即实物史料、文献史料、图像史料和口述史料等不同类型的史料可以相互印证，共同说明历史现象与历史事件。

问题 3：结合教科书和相关知识，说一说 8 则史料可以体现中华文明的什么特征。

设计意图：引导学生对中华文明起源有科学的综合认知。关于人类起源于何地，学术界持有不同的看法。过去，大都认为人类起源于非洲，但中国的考古发现基本构建起人类起源与发展环环相扣的演化环节，中国成为人类起源的重要地区之一。通过丰富的史料引导学生加深对多元一体、以中原为核心的中华文明模式的理解。了解新石器时代晚期逐渐形成的以中原为核心，以黄河流域、长江流域为主干，环绕多个文化圈的重瓣花朵式结构的文明模式。

思路引领：引导学生对中华文明的特征进行研习，最终师生共同探究得出中华文明的主要特征。①原生性：中华文明是在欧亚大陆东部产生的一支原生文明，经历了从起源到逐步形成的过程。夏商周时期逐渐进入高度发达的阶级社会。②可信性：我国考古学取得了一系列举世瞩目的成就，大批重要的考古发现为研究中华文明的悠久历史提供了重要的实物依据。③整体性：中华文明的演进过程是多元文明的融合，各地区的文化通过相互竞争、碰撞、融合，最终形成了多元一体的中华文明。④连续性：在数千年的发展历程中，中华文明从未间断过，体现了中华民族的连续性。

问题4：学生在8则史料的研习中使用了几种史料实证方法？

设计意图：引导学生在具体的史料研习过程中，归纳梳理史料实证的方法，并达到知识迁移的水平，即运用史料实证方法去分析历史与现实问题。

方法总结：引导学生归纳史料实证的常用方法。①二重证据法：将出土文物和史书的记载相互印证。②多重证据法：在用多学科知识鉴定史料的基础上，灵活运用各种材料，进行全方位的综合研究。③史料互证法：从不同的角度寻找证据证明。④反证法：举出有力的反证，以判断是非。⑤以文证史法：以诗词歌赋和笔记小说等文学作品作为史料来研究历史和书写历史。⑥跨学科研究法：运用多学科的理论和方法，探讨解决历史问题。从史料的运用角度，史料实证的主要方法有3个。①理证：有些史料，从道理上讲值得怀疑，但是又无确切的证据，只得根据逻辑推理来判断其正误。②书证：以皇帝的诏书、大臣的奏章等各类档案资料以及各种书籍为依据，来考证史料的正误。③物证：以出土的器物为依据，考证史料正误。

三、研读历史课程标准，提升史料研习理论素养

通过对 20 则史料的研习，学生对史料研习有了一定了解，教师要及时引导学生进行理论提升，如教师可以引导学生从实践的角度研读《新课标》中关于史料实证的论述，进而提升学生的史料实证素养。《新课标》中关于史料实证的论述主要有三处。

一是在学科核心素养与课程目标模块。历史过程是不可逆的，认识历史只能通过现存的史料。要形成对历史的正确、客观的认识，必须重视史料的搜集、整理和辨析，去伪存真。这部分主要是对史料实证进行概念解析，阐述史料实证的重要性和重大意义，并强调了史料实证的基石是收集可信的史料。

二是在学业质量模块。《新课标》将学业质量水平分为 4 级，每一级又分为 5 个方面，对应历史学科五大核心素养，其中史料实证素养可以划分为以下 4 级。

1-3：能够知道史料分为文献史料、图像史料、实物史料、口述史料等多种类型；能够在解答某一历史问题时，尝试从多种渠道获取与其有关的材料；能够从所获得的史料中提取有关的信息。

2-3：能够认识不同类型的史料所具有的不同价值；能够掌握获取史料的基本方法；能够在对史事与现实问题进行论述的过程中，尝试运用史料作为证据论证自己的观点。

3-3：能够在探究特定历史问题时，自主地搜集有关史料；能够对史料进行整理和辨析，并判断其价值；能够利用不同类型史料的长处，对所探究的问题进行互证。

4-3：能够比较、分析不同来源、不同观点的史料；能够在辨别史料作者意图的基础上利用史料；在评述历史时，能够对材料进行适当的取舍；在对历史和现实问题进行探究的过程中，能够恰当地运用史料对所探究问题进行论述；能够符合规范地引用史料。

史料实证的 4 级学业质量水平深度逐级提升，水平 1（1-3）侧重史料的

分类、收集方法和信息提取。教师要引导学生总结 20 则史料的研习过程，让学生学会用不同的分类方法对史料类型进行梳理。按材料分类，史料可以分为文献史料、实物史料、图像史料和口述史料。按价值分类，史料可以分为第一手史料和第二手史料。按目的分类，史料可以分为有意史料和无意史料。教师也要让学生学会运用多种方法（如文献研究、实地调查、采访收集等）收集史料。教师还要让学生学会从史料中提取有效信息的方法，史料信息的提取需要考虑史料的作者、出处、内容、目的、背景等因素，然后学生进行综合研读。

水平 2（2-3）是在水平 1（1-3）的基础上强调认识不同史料的价值，并运用史料作为论据论证自己的观点。教师要引导学生学会辩证剖析不同类型史料的价值。一般而言，实物史料的价值高于文献史料、图像史料和口述史料，第一手史料的价值高于第二手史料，无意史料的价值高于有意史料。但这种价值的高低对比并不是绝对的，要辩证、综合多则史料进行研习，经过史料互证才能形成观点。经过史料研习的训练后，教师要引导学生总结历史分析的方法，这样学生提出的观点才会更全面、更客观、更辩证。历史分析的主要方法如下：一是历史分析法。历史分析法是探究历史事件和历史现象的方法，指通过收集整理史料，运用概括、归纳、比较等方法，对历史事件和历史现象进行深入剖析，分析历史事件和历史现象的内在联系，探寻历史事件和历史现象的背景和影响，揭示历史的规律和趋势。二是辩证分析法。辩证分析法是根据客观事物自身的辩证本质进行思维与分析的科学方法，主要包括归纳与演绎、分析与综合、抽象与具体、逻辑与历史相统一等方法。三是阶级分析法。阶级分析法是指在承认人类社会发展到一定阶段划分为阶层并由此产生矛盾冲突的前提下，运用马克思主义的阶级观点，从阶级对立和阶级斗争的角度分析社会历史现象的方法。阶级和阶级斗争是一定历史阶段的客观存在，运用阶级分析方法可以从繁杂的历史现象中找到其发展线索。四是计量分析法。计量分析法指运用自然科学中的数学方法对历史资料进行定量分析，目的是发现人类行为和社会发展的规律。五是比较分析法。比较分析法主要包括纵向比较研究和横向比较研究。纵向比较研究是古今的比较研究，有助于揭示人类历史总体发展以及它的各个方面前后的变化面貌。横向比较研究是对一代或一个国家、地域之间的研究。各地区之间经济文化发展，既有其特点，也有其不同，因而表现了地区之间发展的不平衡性。

水平3（3-3）是在水平1（1-3）和水平2（2-3）的基础上，强调史料实证的自主性，以及辨析史料和史料互证。辨析史料的真伪对历史教师而言是难度极大的课题。对高中生而言，辨析史料的真伪更是难度超高的课题。教师可以引导学生掌握基本的辨析史料真伪的方法：①从著录传授上检查，即从流传渊源来检查；②从书中记载的事迹、制度或所引书上检查，涉及事实内容，只能后人征引前人，不会前人征引后人；③从思想渊源上检查。各个时代有其不同的思想；④从作伪者所用的原始材料上检查；⑤从原书佚文、佚说的反证上检查。史料互证是学业质量水平3（3-3）主要强调的史料实证素养。

水平4（4-3）是在水平1（1-3）、水平2（2-3）、水平3（3-3）的基础上，强调辨析不同来源和不同观点的史料，以及辨识史料作者的意图，强调学会取舍史料，合理运用史料论证观点，规范引用史料。史料9《史记·夏本纪》和史料10《战国策·燕策一》，就是辨析不同观点史料的示例。教科书运用观点不同的两则史料进行设问（关于启的继位，为什么会出现上述不同说法？），来引导学生学会辨析观点不同的史料。要辨识史料作者的意图，学生需要学会读懂史料背后的深层次因素，教师则要引导学生梳理影响史料作者意图的要素，包括史料作者的阶级立场、政治立场、史学价值观、史学视角、所处时代环境、掌握史料的多少、史学视域的大小和运用史料的方法等。要学会取舍史料，学生就需要面对繁杂且观点可能相左的史料，聚焦核心，大胆取舍，运用史料论证观点。

三是附录1历史学科核心素养水平划分。历史学科史料实证核心素养4级水平划分与学业质量水平中的史料实证4级水平划分基本相同，都是按照学习深度逐级提升的方法划分的。正是有了这4级水平划分，历史学科深度学习才有了理论基础和评价标准。

学生对史料实证从实践到理论，遵循了学习的客观规律，符合学习科学的要求，有利于学生历史学科核心素养的提升。教师可以进一步引导学生，将梳理的史料实证理论与方法运用到其他课时的学习中，从而加深学生对历史知识的理解和运用，进而提高学生的历史学习质量和增加学习深度。

第二节　基于高考真题的史料深度研习

——以史学著作类史料题的深度研习为例

史料来源窄与收集难是史料研习的痛点，辨析史料的真伪对中学师生而言难度又极大，因此，充分利用官方提供的史料比较符合中学师生的实际，也有利于拓展史料研习的学习效度和深度。高考真题中的史料作为官方提供的史料，类型多样，且针对史料的设问有层次、有新意、有深度，可以作为指向深度学习的史料研习的示范样例。教师可以科学、合理地发掘高考真题中的史料，进行指向深度学习的史料研习活动设计，促进学生史料实证素养的提升，进而提高历史学科的教学质量。

高考真题中不乏摘自史学著作的史料，教师可以对这一类的高考真题进行梳理和整合，从问题设计与参考答案等方面提炼史料研习的基本内涵与拓展外延。下面以2021年普通高等学校招生全国统一考试（全国乙卷）文综历史试题第41题为例，探索史学著作类史料的深度研习活动设计。

材料一："把这些研究成果发表出来，是为了保存人类的功业，使之不致由于年深日久而被人们遗忘。"这是希罗多德（约前484—约前420）所撰《历史》一书的开篇之语。在此之前，对于希腊人而言，神话就是他们的历史。《历史》前半部分以追问希腊与波斯之间战争的原因为起点，记载了希腊、西亚、北非等地的地理环境、民族分布、历史往事等内容，后半部分叙述希腊城邦与波斯之间战争的全过程，故该书又被称为《希波战争史》。它继承了《荷马史诗》的叙事方式，又本着"研究"的精神，常常分辨传说的真假与异同。作者赞扬雅典人，却并不肆意诋毁"异邦人"，承认东方民族具有比希腊更古老的文明。书中的不少记述是作者亲自调查得来的史实，如在埃及通过询问当时作为知识分子的僧侣，掌握了大量历史和文化知识。书中许多记载为后世的考古发掘和研究所证实。

——摘编自张广智《西方史学史》等

材料二：《史记》由西汉史学家司马迁（约前145—？）所著，记载了自黄帝到汉武帝两三千年间的历史，也叙述了汉朝周边各民族如朝鲜、匈奴和中亚、南亚各地的史实。全书以编年叙事的帝王"本纪"为纲，以人物"列传"为主体，被称为"纪传体"，成为后来历代官修书的正宗。司马迁以儒家的历史观为宗旨，在前代深厚的历史学积淀基础上，坚持"原始察终、见盛观衰"的著史原则，常常表达自己对于历史现象的认识甚至疑惑。《史记》充分利用各类先秦文献、汉朝政事档案等，客观、如实地叙述史实，并佐以司马迁的游历见闻及民间传说，力求"通古今之变，成一家之言"。

——摘编自瞿林东《中国史学史纲》

一、聚焦史料的深度研习

这两则史料都是摘编，摘编在一定程度上经过了命题者的创作，主题更加突出，信息更加集中，这是当前主观题对史料运用的主流方式。教师要引导学生积极进行史料研习的思维建模，引导学生深入地研读史料，梳理史料研习关注的几个影响要素。

一是研读史料主旨。高考主观题可以说是一题一主旨，史料的选取肯定聚焦主旨。聚焦主旨研习史料，符合历史学科史料实证核心素养水平3的要求，即在探究特定历史问题时，能够对史料进行整理和辨析。史料的主旨一般有两种呈现方式：一种是主观题直接用一段文字进行呈现；另一种是没有文字呈现，需要研习者从史料中自主提取。本题属于第二种。教师需要引导学生学会综合分析，从史料内容、史料来源、史料类型和问题设计等多角度进行综合研习。两则史料的共同主旨可以解读为影响史学著作和历史学者的因素。

二是研读史料来源。教师需要引导学生关注史料来源，让学生学会从史料作者的身份信息、研究方向、写作意图等维度进行研习，从而得出有价值的信息。能够在辨别史料作者意图的基础上利用史料是史料实证核心素养水平4的要求之一。两则史料分别摘编自张广智的《西方史学史》和瞿林东的《中国史学史纲》，由此可以得出史料作者均是中国学者；两则史料的研究方向均为史学史，但不同的是，一则为中国学者研究西方史学史，另一则为中国学者研究中国史学史。史学史是研究和阐述史学本身发展的学科。两则史料分别是对西方史学巨著《历史》和中国史学巨著《史记》的研究成果，同时分别是对西方著名历史学家希罗多德和中国著名历史学家司马迁的研究成果。通过史学巨著的对比研习可以探究中国与西方在传统史学研究方面的异同，让学生聚焦历史学科的学科特性，分析史学著作的类型、编纂体例、研究方向、影响因素、核心史观等，从而加深学生对历史学科的价值与意义的认知，引导学生深入了解历史研究者的史学素养要求。

研读史料来源可以结合教科书进行研读，教师可以引导学生从教科书中的史料去研习高考真题的史料运用。通过研习，学生会发现在高中历史选择性必修3"文化交流与传播"第二单元第4课"欧洲文化的形成"的"学习拓展"栏目，有一段与该高考试题高度相似的史料，均引用了希罗多德的《历史》和司马迁的《史记》的研究成果。教科书中的史料是直接引用希罗多德和司马迁的观点。希罗多德在《历史》第一卷开头语中说："在这里发表出来的，乃是哈利卡尔那索斯人希罗多德的研究成果，他所以要把这些成果发表出来，是为了保存人类的功业，使之不致由于年深日久而被人们遗忘……特别是为了把他们发生纷争的原因给记载下来。"司马迁在阐述《史记》撰写宗旨时说："究天人之际，通古今之变，成一家之言。"由此，高中历史教师与学生要重视对教科书中史料的研习。

还有一点值得关注，即两则史料都出自中国历史研究学者的史学研究成果，这在一定程度上反映了要积极构建中国历史研究的话语体系。一方面要运用马克思主义史学理论，汲取中国传统史学的优良基因；另一方面要结合时代发展的趋势和国情，汲取国外史学的有益因素。

二、剖析设问的深度研习

该高考试题设计了三个问题，教师可以引导学生对这三个问题的逻辑关系进行剖析，从而拓展史料研习的深度。

从设问依据看，三个问题都要求根据材料并结合所学知识，明确了要从材料和知识两个角度提取有效信息，进而得出结论。

从设问中心词看，三个问题的中心词分别是历史学家、史学著作、史书撰写，聚焦历史学科的学科特性。这是高考改革后新的命题方向之一，考查学生运用历史学科的基本方法分析历史事件与现象的素养，具有历史学科特点。教师需要引导学生培养从历史知识到历史能力再到历史素养梯级提升的学习理念。

从设问答题词看，三个问题的答题词分别是共同之处、历史背景、包括的要素。答题词"共同之处"要求探究历史学家的共性。教师需要引导学生解读高考改革后对选历史方向的学生提出的新要求，即倡导从著名历史学家身上汲取学科品格素养。答题词"历史背景"是分析两本历史著述产生的时代背景。历史著述都带有时代烙印，教师需要引导学生正确运用时空观点，剖析历史著述对历史事件与现象的观点和看法。历史著述还带有国家印记或区域印记，不同国情下的历史学研究会有不同的特性，史观、史学传统等可能因为国情或区域不同导致历史解释出现差异。答题词"包括的要素"强调史书撰写影响因素的多元性。史书撰写是历史研究学者的基本素养要求，该问题出现在高考试题中，具有导向性，有利于引导学生认识到史书撰写的影响要素，提升学生的历史学科核心素养。

从史料的设问角度看，高考试题设问呈现的明显趋势之一就是针对历史学科素养进行问题设计。本题是聚焦历史学家素养与史书撰写影响要素进行问题设计，2022年普通高等学校招生全国统一考试（全国甲卷）文综历史试题第47题第二个问题为"根据材料并结合所学知识，概括李时珍编著《本草纲目》所体现出的研究方法，并分别予以简要评价"。参考答案列举了文献研究、观察实践、采访调查等三种研究方法，并分别给予评价。2023年广东高考历史学业水平考试第19题，设计了一个特别具有历史特性的问题，即从材料中任意选取一个角度，对中华古代文明史进行分期，并运用中国古代史知识进行阐述。

这样的问题设计不仅具有鲜明的历史学科特性，还可以反映高考试题的两个"紧密结合"。一个是高考试题设计与历史课程标准的紧密结合，另一个是高考试题设计与高中历史教科书的紧密结合。

从设问表述词看，分别是概括、说明、简述。从历史学科表述能力的视角看，概括、说明与简述的侧重点不同，历史思维层次也不同。概括更侧重对史料本身的信息进行梳理与整合，要求学生从不同视角提取史料的有效信息。说明是在对史料信息提取的基础上，结合特定的历史时空，对历史事件和历史现象进行解释或剖析，更强调历史思维的建模，要求学生厘清影响历史发展的要素之间的逻辑，并对历史事件或历史现象具备全方位、全要素的认知。简述侧重对历史事件与历史现象的客观描述，要求学生用精练的历史学科语言进行历史解释。

教师需要引导学生在剖析单个问题的基础上，深入剖析三个问题之间的逻辑关系，解读命题者的思路。第一个问题考查历史学家的素养，第二个问题考查历史著述的背景，第三个问题考查影响史书撰写的因素。从逻辑关系上看，是从具体个例到共性、从剖析不同到提炼共性、从历史实践到历史理论的递进关系。

三、研磨答案的深度研习

高考真题的参考答案值得教师和学生从不同角度进行解读，因为参考答案能为历史教学提供有价值的导向。

从参考答案倒推答案来源是一种常见的思维方式和训练方式，从史料中提取答案也是常见的方法，一般有四种：一是直接使用史料中的关键词；二是对史料中的信息进行概括与提炼；三是先抽象概括，再用史料中的信息作为佐证；四是概括史料进行合理推理。

本题中第一个问题关于历史学者的共同之处的参考答案共有五个维度，学生可以在教师的引导下对参考答案进行逐一剖析。参考答案第一个维度是历史学家的使命感。学生很快就可以分析出这个答案来自史料，希罗多德是为了保存人类的功业，司马迁是为了"通古今之变，成一家之言"运用的是第二种方法。答案向教师传递了要培育学生价值追求的意涵。参考答案第二个维度是追求客观真实，理性叙述历史。史料中并没有直接的信息可以得出这个答案，但两则史料中都有描述两位学者对传说的态度：一个是分辨传说的真假与异同，另一个是客观、如实地叙述史实，佐以传说。运用的也是第二种方法，答案传递了历史著述求真和理性的基本原则。参考答案第三个维度是创新精神。史料中并没有关于创新的关键词和具体描述，但根据史料中两位历史学者都采用了不同于以往历史学者著述的原则与方法的信息，可以合理推理出两位历史学者都创新了史学著述的方法和原则，开创了历史研究与历史著述的新时代。这里运用的是第四种方法，答案传递了历史研究与历史学习都要创新的信息。参考答案第四个维度是开阔的视野。史料中也没有关于历史视野的词语和描述，但教师可以引导学生从希罗多德运用地理环境、民族分布、历史往事和神话传说等信息进行史学著述的撰写，提炼出视野开阔的信息。这里运用的是第四种方法，答案传递了历史研究者的史学视野要开阔，要善于运用多学科的知识与研究成果对历史现象与历史事件进行研究的信息。参考答案第五个维度是自主的实地查访与史料调查精神。教师可以引导学生从史料中有希罗多德亲自调查和司马迁游历见闻的信息得出此结论。

本题中第二个问题的答案对两本史书的成书背景分别进行了阐述。教师可以引导学生运用上述提取史料信息的四种方法对答案的来源进行梳理，以提高学生从史料中提取信息的能力与文字表述能力。从参考答案可知，《历史》的成书背景是古希腊城邦的发展，《史记》的成书背景是统一国家的稳定。教师可以引导学生找出其中共同的视角。《历史》是基于人文精神，《史记》是基于儒家思想，其共同的视角是思想因素，思想理论和价值取向等是影响史学著述的因素之一。《历史》是基于希腊文明与其他文明的广泛接触，《史记》是基于多民族统一国家的稳定，其共同的视角是文明或民族的交融。文明与民族的交融也是影响史学著述的因素之一。《历史》是基于丰富的历史与神话传说，《史记》是基于史学传统，其共同的视角是史学传统，任何时代的史学研究与著述都是建立在一定的史学传统基础上的。《历史》是基于丰富的历史与神话传说，《史记》是基于丰富的历史文化积累，其共同的视角是文化积淀，文化积淀也是影响史学著述的因素之一。《历史》是基于海外贸易与工商业比较发达，《史记》是基于统一国家的繁荣，其共同的视角是经济因素，经济基础和经济结构也是影响史学著述的因素之一。教师可以在引导学生深度剖析参考答案的基础上，引导学生进行思维建模，构建出影响史学著述的因素，并形成认知迁移，用来解决其他相似的问题。

本题中第三个问题的答案对撰写史书应该包括的要素进行了梳理。教师首先要引导学生分析第三个问题与前面两个问题的关系，只有正确、全面地分析不同问题之间的逻辑关系，学生才能更好地读懂问题，组织高质量的答案。第一个问题是对历史学者的史学素养进行设问。第二个问题是对历史著述的撰写背景进行设问。撰写者与时代是构成史书撰写的重要因素。因此，第三个问题的答案需要对前两个问题的答案进行概括、总结和提升。本题第三个问题的答案从五个维度进行了提炼。第一个维度是"叙述一定时空框架内的历史事物"，解读这个答案来源有三个思考方向。一是从《新课标》中探源，《新课标》中明确提出，只有在特定的时空框架当中，才可能对史事有准确的理解。二是从第二个问题中提炼。三是从史料的信息中提取，史料的信息中有体现《历史》与《史记》记述的史事的时代与地区。教师可以引导学生主动进行思维建模，进行认知迁移，培育历史学科核心素养。第二个维度是"有指导思想"。每一个史学研究者都是在史学理论指导下开展历史研究的，对于同一史事，研究者的指导思想不同，可能会有完全不同的历史解释。第三个维度是"客观、准确的记载"。可以从三个方向剖析该维度答案的来源：一是从《新课标》的视角，强调用可信的史料重现历史的真实；二是对第一个问题的答案"追求客观真实，理性叙述历史"的历史学家的使命感进行提炼；三是对史料中的信息进行提取。第四个维度是"丰富的史实"剖析答案来源：一是《新课标》明确提出，所有历史叙述在本质上都是对历史的解释，即便是对基本事实的陈述也包含了陈述者的主观认识；二是从第二个问题的答案"丰富的历史传统"和"开阔的历史视野"可以提炼出"丰富的史实"。第五个维度是"有作者的认知"。剖析答案来源：一是对第一个问题答案"历史学家的使命感""创新精神""自主的实地查访与史料调查精神"的概括总结；二是从家国情怀的视角去剖析历史研究者在探究历史事件和历史现象时都会受个人的情感、价值观、阶级和政治站位等因素的影响。梳理参考答案的话，可以发现，第三个问题答案的五个维度可以从历史学科核心素养的五个方面去解读。对于学生而言，这是对剖析其他历史问题的启示。

第四章　指向历史学科深度学习的实践路径

第一节　指向学科大概念结构化学习的深度学习

中华优秀传统文化是《新课标》中非常重要的一个历史学科大概念。《文化交流与传播》专门设计了"源远流长的中华文化"作为第一单元，突出了中华优秀传统文化在新时代历史学科中的核心育人价值。从学习者角度看，中华优秀传统文化的发展历程蕴含在中华五千年的发展历史之中，《中外历史纲要（上）》利用多个课时从不同时段、不同角度对中华优秀传统文化进行了诠释。学习者要全面理解和深度学习中华优秀传统文化，既要整合必修课程中不同课时的内容，又要融合必修课程与选择性必修课程的内容，还要整合选修课程的内容，学习难度很大，面临知识点分散、内涵极其丰富、涉及面广等学习上的难点。这是新教材的编写结构给学习者带来的新挑战。面对高中历史课程结构引发的新问题，学习者应该用结构化思维寻找解决方案。《新课标》在前言中明确提出："重视以学科大概念为核心，使课程内容结构化。"因此，在教学实践中，历史教师应以中华优秀传统文化为核心，对课程内容进行结构化整合，引导学生进行结构化学习，提升学生的历史学科核心素养。

一、聚焦历史学科大概念的结构化学习策略

中华优秀传统文化符合历史学科大概念的特征，历史学科大概念是近年来历史教学研究的新成果，研究者对其有不同的解读。从学习者角度看，相对于20世纪的历史学科概念，历史学科大概念有新的特征。首先，历史学科大概念在时间跨度、内容广度上体现了"大"的特征。中华优秀传统文化的时间跨度长达五千年，内容涉及文化的各个方面。其次，历史学科大概念强调的是史事的价值取向，并不仅仅是史事的知识体系构建。从中华传统文化视角看，中华优秀传统文化强调的是优秀文化，从五千年的中华文化中汲取优秀内涵，剔除消极内涵。从世界文化多样性视角看，中华优秀传统文化在世界文化之林中具有优秀性。最后，历史学科大概念是对历史本质和规律认识的提炼概括，

《新课标》在教育新时代的背景下，突出了中华优秀传统文化的育人价值，彰显了中华民族的文化自信和精神智慧，承载了中华民族的精神追求。

聚焦中华优秀传统文化，优化并整合课程学习内容，历史教师要站在学生的角度，探索基于历史学科大概念的结构化学习路径。结构化学习包括基础性学习、拓展性学习和养成性学习三个层次。基础性学习指优化并整合《中外历史纲要（上）》和《文化交流与传播》中关于中华优秀传统文化的教材内容，培养学生整合教材学习内容的素养，探索历史学科结构化学习的基础学习路径。拓展性学习指以历史学科大概念为核心，适度拓展中华优秀传统文化的发展历程、发展背景、阶段特征、内涵、特点、价值和世界影响等学习内容，培育学生构建历史学科大概念学习结构的素养，探索历史学科结构化学习的核心学习路径。养成性学习指以中华优秀传统文化为历史学科大概念，助力学生实现结构化学习能力的迁移，构建基于历史学科大概念的结构化学习模式，进而形成新的历史学科大概念的结构化学习能力。

（一）必修课程与选择性必修课程的跨模块整合

中华优秀传统文化在《文化交流与传播》中以一个单元集中呈现，即第一单元"源远流长的中华文化"。中华优秀传统文化在《中外历史纲要（上）》中则在多个单元中呈现，分为两种情况，一是作为独立的文化史课呈现，如第二单元第 8 课"三国至隋唐的文化"、第三单元第 11 课"辽宋夏金元的经济、社会与文化"；二是渗透在政治经济史课中，如第一单元第 1 课"中华文明的起源与早期国家"、第 2 课"诸侯纷争与变法运动"、第 4 课"西汉与东汉——统一多民族封建国家的巩固"，第四单元第 14 课"明至清中叶的经济与文化"，第五单元第 16 课"国家出路的探索与列强侵略的加剧"，第六单元第 18 课"辛亥革命"、第 19 课"北洋军阀统治时期的政治、经济与文化"、第七单元第 20 课"五四运动与中国共产党的诞生"、第 21 课"南京国民政府的统治和中国共产党开辟革命新道路"。中华优秀传统文化的学习内容的分布非常广泛，与整个中国发展历史相融合，增大了学习的难度。在教学模块的安排上，选择性必修课程在高二年级学习，《中外历史纲要（上）》在高一年级学习。学习者非常有必要对必修课程与选择性必修课程进行跨模块整合，以中华优秀传统文化为核心，在高二学习选择性必修课程的过程中融合高一必修课程的学习内容，深度解读历史学科大概念，构建中华优秀传统文化知识体系。

（二）必修课程学习内容的跨单元整合

历史学科大概念的内涵之一是能概括历史阶段特征。《新课标》在描述学业质量水平 1 时强调能够理解历史时期是按时序划分的。中华优秀传统文化作为中国历史发展的重要主线，分布在《中外历史纲要（上）》的多个单元及课时中。如何将分散在各个单元、课时的历史知识整合成科学的知识体系，是学习者面临的一个难题。结合历史发展情况，对中华优秀传统文化进行适当的历史分期，对学习内容进行跨单元整合，是一种历史学科结构化学习路径。《中外历史纲要（上）》将中华优秀传统文化分为起源、奠基、形成、发展、繁荣、传承与转折等历史阶段。

1.起源阶段

多元一体的远古时期，对应的是第一单元第 1 课"中华文明的起源与早期国家"，主要学习多元一体的中华文明的内涵及特点。多元强调差异性，多个地域起源，仰韶文化、大汶口文化、龙山文化、良渚文化等文化各具特色，相互区别。一体强调共同性，中华文明起源时期不同文化相互辐射、交流，以中原为核心向四周辐射，形成共同内涵。

2.奠基阶段

百家争鸣的先秦时期，对应的是第一单元第 2 课"诸侯纷争与变法运动"，主要学习华夏认同与百家争鸣两大历史概念。华夏认同是统编教材中的新概念，学习者需要对教材的表述进行深度解读，主要从内涵、背景、过程、方式和影响五个维度学习华夏认同。百家争鸣是重要且熟悉的概念，学习者主要从内涵、背景、实质、主要代表人物及主张、影响五个维度学习百家争鸣。教材中关于主要代表人物及主张的学习内容并不全面，却是高频考点，学习者需要拓展学习，如对于孔子，可以从"仁是主观道德修养、礼是客观制度规范、调节礼和仁的方法是中庸思想、为政以德的政治思想、敬鬼神而远之、重人事的哲学思想、全面的教育思想和文化成就"七个维度进行学习。

3. 形成阶段

"独尊儒术"对应的是第一单元第 4 课"西汉与东汉——统一多民族封建国家的巩固",主要学习儒家思想（中华传统文化的主流意识形态）这一历史学科大概念。历史学科大概念的学习结构有共同之处,通常包括背景、时间、地点、人物、过程或内容、性质、特点、影响等部分。学习时要从教材中提取文化史的相关内容,进行结构化处理,从"大一统"的角度解读汉武帝时期"罢黜百家,独尊儒术"的提出背景、内容（或主张）、特点和评价。为了更深入地学习儒家思想,学习者需要了解汉代儒家思想是在先秦儒家思想的基础上发展而来的,由纯粹的思想发展成统治工具,由"民本"发展成"君本",从人道到天道,逐渐成为中华民族的独特精神。

4. 发展阶段

儒学受到道教和佛教挑战的魏晋至隋唐时期,对应的是第二单元第 8 课"三国至隋唐的文化",主要从历史学科大概念的角度学习道教和佛教,从社会动荡、统治者支持和思想特点的维度分析这一时期道教和佛教兴起的原因。学习者有必要补充学习魏晋玄学和佛教兴盛的影响等相关知识,进而更完整地理解儒学主流地位受到挑战的原因。

5. 繁荣阶段

程朱理学兴起的宋元时期,对应的是第三单元第 11 课"辽宋夏金元的经济、社会与文化"。儒学吸收和融合了佛教、道教的思想,注重抽象思维,更加哲学化、思辨化,更加强调伦理道德,世俗化、平民化趋势明显。本课从宋代商品经济的发展、重文轻武的政治环境、儒佛道长期争论和融合、强化社会伦理道德秩序等维度分析程朱理学兴起的背景。程朱理学的内容较抽象,学习者可以从世界观、人生观、认识论、方法论和政治理念等维度构建理学的知识体系,培养结构化学习理念。

6. 传承与转折阶段

儒学面临挑战的明清时期,对应的是第四单元第 14 课"明至清中叶的经济与文化"。这一时期的文化具有思辨性，一方面陆王心学对儒学进行了传承，本课从世界观、方法论、道德观和哲学等维度比较心学与理学的异，从本质、内容、社会影响等维度比较心学与理学的同，进而培养学生的分析比较能力；另一方面明清时期提倡个性自由的思想，文化发展产生转折，黄宗羲、顾炎武和王夫之等批判理学，抨击封建专制，倡导经世致用，学习者可以从背景、代表人物及主张、共同主张、时代特点、评价等维度构建知识体系。

（三）选修课程同一单元内的跨课时整合

历史学科结构化学习聚焦历史学科大概念，积极对教材知识结构进行重构，在同一单元内进行跨课时整合是结构化学习路径之一。《文化交流与传播》第一单元"源远流长的中华文化"共两个课时，由第1课"中华优秀传统文化的内涵与特点"和第2课"中华文化的世界意义"构成。从历史学科大概念的维度解读标题，课时标题是不完整的，因为标题主要突出的是中华优秀传统文化的内涵、特点和意义，缺少了历史事件的发生原因和发展历程。因此，从结构化学习的维度上看，历史教师应该补充中华优秀传统文化源远流长的原因及发展历程，以另一种视角深度解读两课的二级标题，可以进行知识结构的重构。第1课的二级标题共有三个，分别是中华文化的发展历程、中华优秀传统文化的内涵、中华优秀传统文化的特点和价值。第2课的二级标题共有两个，分别是中华文化在交流中发展和中华文化对世界的影响。第1课侧重从中国范畴看中华优秀传统文化，第2课侧重从世界领域看中华优秀传统文化。第1课第一个二级标题"中华文化的发展历程"与第2课第一个二级标题"中华文化在交流中发展"都是关于中华优秀传统文化发展历程的，可以进行整合。整合后的学习结构为中华优秀传统文化的发展历程、内涵、特点、价值、意义、源远流长的原因。其中，发展历程分为古代和近现代两个大阶段七个小阶段，了解每一个阶段的发展原因、表现、影响要结合《中外历史纲要（上）》的相关内容。了解价值与意义则需要分别从中国和世界的视角解读中华优秀传统文化。整合后的学习结构有利于培养学生的结构化学习素养。

二、指向历史学科高阶思维的结构化学习路径

从"掌握知识"到"培养能力"再到"聚焦素养",历史学科的学习要求是不断发展的,历史学科思维从低阶走向高阶,历史学习强调根据已知的历史知识对一定历史情境下的问题进行解释与评价。对历史学习者而言,高阶思维是历史学习与解答情境化试题所必备的。历史学科高阶思维包含很多不同的思维,理解历史概念的结构化思维就是一种高阶思维。学习每一个历史概念都离不开学习与之相关的史事和人们对史事的历史解释,历史事件发生的时间、地点、人物、内容或过程被认为是客观历史,学习者主要掌握知识,辨别真伪。对历史事件的原因、性质、特点、影响等的分析与解读被认为是主观历史,学习者主要在已有历史解释的基础上形成自己独到的历史解释。学习者首先要剖析已有的历史解释,对历史事件的原因、影响等历史要素进行分析,构建起结构化思维,其次要有批判性思维,在正确历史观的引导下,结合史料用批判性思维独立自主地提出历史解释。

(一)探究原因的历史学科结构化学习

探究历史事件发生的原因或背景是历史学习的常态化任务,也是考试的重要内容之一。《新课标》在学业质量水平 2 中提出要能够区分历史叙述中的史实与解释,在学业质量水平 3 中提出要在正确的历史观和方法论的指导下,对系列史事进行解释,在学业质量水平 4 中提出在独立探究历史问题时,在尽可能占有史料的基础上,尝试验证以往的说法或提出新的解释。在分析不同时期的历史事件时发现,不同时期历史事件发生的原因要素会出现结构化差异。分析多个中国古代历史事件发生的原因,可知中国古代史的发展是由政治、经济、思想、民族、对外和地理等基本原因要素推动的。当学生分析中国古代某一历史事件的原因时,可以尝试用结构化思维对上述原因要素进行思考,再结合具体材料和史事得出结论。以此类推,可以以结构化思维对历史原因类型问题进行建模,如中国旧民主主义革命时期历史事件的原因要素包括社会性质、政治、经济、阶级、思想、西方因素、世界局势等,又如近现代经济发展的原

因要素包括资本、技术、市场、劳动力、原料、资源、地理环境、政策和社会环境等。通过结构化建模的训练，学习者可学会分析历史事件发生的原因，掌握历史原因分析的规律。

（二）梳理历程的历史学科结构化学习

有条理地概述历史发展的基本进程，理解历史时期是按时序划分的，这是《新课标》在学业质量水平 1 中提出的基本要求。《新课标》在学业质量水平 3 中又提出要会概括较长时段的史事。历史事件的发展历程有其内在规律，学习者要依据史事的内在发展规律梳理长时段史事的发展历程。中华优秀传统文化的发展历程是漫长的，从古代到近代再到现代，梳理长时段的史事是对历史学习者的考验。梳理史事发展历程就是探寻历史事件的发展脉络，中华优秀传统文化的古代史阶段可以划分为起源、奠基、形成、发展、繁荣、传承与转折等阶段。在近代史阶段，中华优秀传统文化在面临西方文化冲击的同时又在向西方文化学习的过程中取得进步。向西方学习、救亡图存逐渐成为近代中华文化的潮流。近代中华文化可以划分为三个阶段：一是鸦片战争后到 19 世纪末，以维系清朝统治为目标的向西方学习阶段，中华文化在西方文化的强烈冲击下开始转型；二是 20 世纪初，以建立近代政府为目标的阶段，民主与科学成为中华文化追求的价值目标；三是"五四运动"后，马克思主义与中国实际相结合的阶段，推动中华文化的发展。在近代史阶段，向西方学习是一个重要主题，通常会把向西方学习的历程分为学习器物阶段、学习制度阶段和学习思想文化阶段，这是按照学习主旨进行阶段划分的。毛泽东思想的发展历程也是一个重要主题，按照思想发展的规律进行结构化划分，可以分为五个阶段：一是萌芽阶段，从中国共产党创建到第一次国内革命战争时期（1921—1927 年）；二是初步形成阶段，即土地革命时期（1927—1937 年），提出工农武装割据理论；三是成熟阶段，即全面抗战时期（1937—1945 年），新民主主义革命理论形成；四是发展阶段，即解放战争时期（1946—1949 年），新中国国家学说被提出；五是新发展阶段，中华人民共和国成立后，探索具有中国特色的社会主义建设方针。对史事进行阶段划分就是对史事发展历程的结构化学习，可培养学习者有条理地概括历史进程的素养。

（三）挖掘内涵的历史学科结构化学习

历史学科大概念包括内涵与外延两部分。挖掘历史学科大概念的内涵，加大历史学习的深度，促进历史学科深度学习的发生。解析教材的编写结构，弄清历史学科大概念的内涵构成要素，是历史学科结构化学习路径之一。《文化交流与传播》第一单元第 1 课的二级标题"中华优秀传统文化的内涵"下共有八个段落，第一自然段是总论，其余七个自然段各阐述了一个中华优秀传统文化的内涵，从七个维度对中华优秀传统文化的内涵进行了结构化分析。从家国情怀核心素养的角度分析，中华优秀传统文化的内涵包括以人为本的伦理观、民本思想的政治观、道法自然的自然观、家国一体的家国观、天下为公的价值观、自强不息的人生观、和而不同的处世观。从哲学的角度分析，中华优秀传统文化的内涵包括协调人与他人的关系、协调人与自然的关系、协调人与国家的关系、协调人与自身的关系。对每一个阐述内涵的段落进行结构化分析，每段基本包含内涵、代表人物及主张、价值三部分内容，如阐述中华文化崇尚天人合一，道法自然的内涵时，首先直接阐述其内涵，其次列举了商朝人、老子、荀子的相关主张，最后阐释其价值，如以朴素的唯物观解释自然。在阐述中华文化提倡爱国，追求家国情怀的内涵时，同样首先直接阐述其内涵，其次列举春秋战国时期的孔子、墨子、孟子，两宋时期的张载、范仲淹、文天祥，明清时期的顾炎武七人的相关主张，但没有阐释其价值。学习者可运用结构化学习，对价值部分进行补充，如爱国主义情感是中华民族的巨大凝聚力，维系着统一多民族的大家庭。

第二节　大历史观统摄下的高中历史全景式学习

大历史观横向强调全球视野，纵向强调历史长河，倡导构建前后连贯的简明纲领，历史叙事细致但结论长远。《中外历史纲要（下）》主要讲述世界史内容，从空间上改变了以欧洲为中心的体例，构建了涵盖全球的史学体例，从时间上按照历史时序解构人类社会的整体演进历程。在教学实践中，笔者在大历史观统摄下，采取全景式学习策略，以知识结构图构建世界历史知识体系。

一、基于全球视野，全景式勾勒世界历史整体发展脉络

世界史学习的痛点是学生需要以全球视野构建世界历史知识脉络，厘清历史知识之间的相互关系。

为了让学生全面、整体地认识世界历史，探索用一张知识结构表全景式勾勒世界历史发展脉络，如表4-1所示。

表4-1　世界全景式简史

时 段		5世纪前	5—15世纪	15—18世纪	18—20世纪初	20世纪前期	20世纪后期至今
空间	欧洲	古希腊文明、罗马文明	西欧：封君封臣制度、庄园与农奴制度、基督教神权至上。东欧：中央集权制（俄罗斯帝国、拜占庭帝国）	封建社会向资本主义社会发展。新航路开辟。殖民扩张。文艺复兴。宗教改革。启蒙运动。近代科学。英法革命。	两次工业革命、资本主义大工厂制。英、法、美、德、意、俄等资本主义制度确立。社会主义。民族主义。自由主义	两次世界大战、资本主义经济危机、十月革命、苏联社会主义制度建设、法西斯主义、国家垄断资本主义	第三次科技革命、资本主义新变化、社会主义新变化、国际协调和干预组织、福利制度建立、冷战对峙

时　段		5 世纪前	5—15 世纪	15—18 世纪	18—20 世纪初	20 世纪前期	20 世纪后期至今
空间	亚洲	两河流域文明、恒河文明	阿拉伯帝国、奥斯曼帝国、笈多帝国、德里苏丹国、日本幕府统治、高丽王朝	亚洲沦为殖民地半殖民地。太平洋贸易。封建社会面临危机	日本明治维新。印度民族解放运动。伊朗立宪革命	亚洲民族民主运动的新高潮。印度"非暴力不合作"运动。阿富汗抗英斗争等	亚洲民族解放新高潮、殖民体系解体、万隆会议、亚太经合组织、上海合作组织
	美洲	印第安文明	玛雅文明。阿兹特克文明。印加文明	美洲沦为殖民地，北美洲独立，种植园经济	美国南北战争、拉丁美洲民族独立运动	罗斯福新政、拉丁美洲民族民主革命与改革	拉丁美洲国家捍卫主权的胜利、北美自由贸易区
	非洲	尼罗河文明	东非：阿克苏姆、桑给巴尔、蒙巴萨、摩加迪沙。西非：加纳、马里、桑海。南非：津巴布韦	非洲沦为殖民地，古老文明遭到毁灭性打击。奴隶贸易。西方侵略造成非洲的贫穷与落后	非洲的抗争。埃及抗英斗争、苏丹马赫迪起义、埃塞俄比亚抗意战争。以传统统治者领导的民族解放运动为主	非洲独立意识的觉醒。埃及华夫脱运动。摩洛哥里夫人民起义。	非洲民族独立风暴、埃及收回苏伊士运河、"非洲年"、纳米比亚独立、帝国主义在非洲的殖民体系最终崩溃
世界格局		世界文明多元	区域文明多元，封建帝国兴起并扩张	世界从分散走向整体	欧洲主导的世界政治经济格局	凡尔赛—华盛顿体系。国际联盟	雅尔塔体系。两极到多极化、全球化
中国		黄河、长江文明：春秋战国、秦汉	隋唐宋元制度创新、民族交融、文化繁荣	明清盛危、白银帝国、西学东渐、东学西渐	沦为半殖民地半封建社会，旧民主主义革命	中国共产党领导的新民主主义革命胜利	中华人民共和国成立、中国特色社会主义的建设与发展
历史分期		古代世界（原始社会—奴隶社会）	中古世界（封建社会）	近代世界前期	近代世界后期（资本主义社会）	现代世界前期，社会主义社会出现	现代世界：社会主义、资本主义

（1）历史空间维度。横向上设置了欧洲、亚洲、美洲、非洲、世界格局和中国六个维度，培养学生的全球视野。大历史观强调去欧洲中心论，《中外历

史纲要（下）》在编写体例上就体现了大历史观，从侧重欧洲历史调整为关注世界历史，大幅度增加了亚洲、非洲、美洲的历史知识。因此，在构建知识体系时，要对历史空间进行全覆盖，每一历史发展阶段都要将各大洲历史进程呈现出来，进而厘清相互之间的关系。设计"世界格局"这一学习维度是为了让学生认识到在世界历史发展进程中整体与部分的关系。设计"中国"这一学习维度是为了让学生以全球视野去认识中国的发展历史，同时融入《中外历史纲要（上）》的内容，起到复习巩固的作用。

（2）历史时间维度。纵向上设置了5世纪前、5—15世纪、15—18世纪、18—20世纪初、20世纪前期、20世纪后期至今六个时间段，对应六大历史发展阶段，解构人类社会的整体演进历程。设计六个时间段的主要依据是《中外历史纲要（下）》的目录，5世纪之前历史阶段对应第一单元古代世界，世界文明独立且多元发展，人们进入奴隶社会。5—15世纪历史阶段对应第二单元中古世界，世界文明开始扩张与交流，欧亚主要国家进入封建社会。15—18世纪历史阶段对应第三、四单元世界近代史前期，世界从分散走向整体，欧洲从封建社会走向资本主义社会，欧洲崛起，相对平衡的世界多元文明格局走向欧洲占主导的世界经济政治格局。18—20世纪初历史阶段对应第五、六单元世界近代史后期，在两次工业革命的影响下，欧美主要国家确立了资本主义制度，亚非拉大部分国家和地区受到侵略被迫纳入世界殖民体系，亚非拉民族解放运动兴起。20世纪前期历史阶段对应第七单元世界现代史前期，第一次世界大战后，苏联社会主义建立并发展，资本主义社会与社会主义社会并立与对立局面出现，凡尔赛—华盛顿体系形成、发展乃至崩溃。20世纪后期至今历史阶段对应第八、九单元世界现代史后期，第二次世界大战后，美苏两极格局形成、演变并解体，世界走向多极化和全球一体化，中华人民共和国成立，中国特色社会主义建设的成功彰显了中国道路在世界历史进程中的影响力。

在一张历史知识结构表中全景式勾勒世界历史发展脉络，有利于培养学生的大局观、整体观和全球视野，每一个历史事件都是在特定的时空坐标下发生的，横向上从全球视野看每一阶段不同国家和地区的历史都是相互联系和相互影响的，纵向上从历史长河看，每一个国家和地区的历史都有其演变机理和历史规律。一张世界历史知识结构表可以成为学生学习世界史的索引表，每一个历史事件都可以在其中找到相应的时空定位和历史演变机理。

二、聚焦历史主题，全景式探究历史发展演变机理

历史发展演变有其规律性，历史学习要善于从繁杂的历史事件中梳理知识体系，构建"点—线—面—网"立体式知识网络。构建历史知识网络的核心是聚焦历史主题，整合教材知识，探究演变机理。《中外历史纲要（下）》使用较多篇幅介绍亚洲、非洲和拉丁美洲的民族解放运动，分布在不同章节，知识点多且杂，碎片化特征明显。在教学实践中，以"亚非拉民族解放运动"为主题，整合教材内容，在一张历史知识结构图上，全景式呈现不同阶段、不同地区的民族解放运动，师生共同探究世界民族解放运动的整体演变规律和发展趋势，培养学生的大历史观和全局观，如图4-1所示。

19世纪末20世纪初，亚洲的绝大多数地区已经沦为殖民地或半殖民地，非洲的绝大部分地区成为殖民地，独立的拉丁美洲国家实际上也成为依附欧美国家的半殖民地。资本主义世界殖民体系最终形成。

亚非拉		拉丁美洲	亚洲	非洲
19世纪末20世纪初	亚非拉民族独立运动	**拉丁美洲的民族民主革命** 1. 1804年，海地独立 2. 玻利瓦尔和圣马丁等人领导拉丁美洲殖民地取得独立运动胜利 3. 1822年，巴西摆脱葡萄牙的统治，获得独立 4. 1910年，墨西哥爆发资产阶级革命，1917年颁布资产阶级宪法	**亚洲的觉醒** 1. 印度民族解放运动掀起，印度国民大会党成立 2. 1908年，孟买工人大罢工 3. 1905—1911年，伊朗发生立宪革命 4. 1911年中国爆发辛亥革命，建立亚洲第一个共和国	**非洲的抗争** 1. 1882年，埃及抗英斗争爆发 2. 1881年，苏丹爆发反英起义 3. 1896年，埃塞俄比亚反抗意大利侵略
第一次世界大战和十月革命后	亚非拉民族运动新高潮	亚非拉民族独立运动打击了帝国主义的侵略势力，削弱了本国的封建势力，推动了民族独立和世界历史的发展 **拉丁美洲的民族民主革命与改革** 1. 尼加拉瓜桑地诺领导反美斗争 2. 墨西哥卡德纳斯进行改革	**亚洲民族民主运动的新高潮** 1. 中国共产党领导新民主主义革命 2. 印度发起"非暴力不合作"运动	**非洲独立意识的觉醒** 1. 1922年，埃及华夫脱党进行护宪运动 2. 摩洛哥里夫地区的人民多次打败西班牙和法国侵略军 3. 埃塞俄比亚反抗意大利侵略斗争再次爆发
1945年至1991年	世界殖民体系瓦解与新兴国家发展	亚非拉民族独立运动沉重打击了帝国主义和殖民主义，动摇了世界殖民体系，成为影响国际秩序的重要因素 1. 1961年，古巴宣布为社会主义国家 2. 1999年，巴拿马人民从美国手中收回巴拿马运河区的全部主权	1. 中华人民共和国成立 2. 印度和巴基斯坦都成为共和国 3. 印度尼西亚、老挝、菲律宾、缅甸、锡兰、柬埔寨、马来亚、新加坡等纷纷独立，帝国主义在亚洲的殖民体系瓦解	**掀起民族独立风暴** 1. 1960年，非洲有17个国家获得独立，这一年被称为"非洲年" 2. 20世纪60年代，非洲的独立国家已达41个，英、法、比、葡等国在非洲的殖民帝国彻底崩溃

1945年至1991年，全世界有90多个国家摆脱了殖民统治获得独立，以惊人的速度摧毁了世界殖民体系

图4-1 "亚非拉民族解放运动"历史知识结构图

聚焦亚非拉民族解放运动主题，将碎片化的历史知识整合在一张全景式历史知识结构图上，帮助学生系统构建知识体系，引导学生举一反三，在学习世界史的过程中，针对不同的历史主题，自主设计和构建全景式历史知识结构图，探究历史知识之间的有机联系和演变机理，让历史知识"活"起来。

（1）从"碎片化"到"全景式"。亚非拉民族解放运动的内容繁杂，分布在不同的章节，从空间上看，涵盖了亚洲、非洲和拉丁美洲，每一个洲又涉及不同的国家和地区，人名、地名和历史事件多，初中历史知识体系中较少涉及这部分内容，学生相对比较陌生。从时间上看，亚非拉民族解放运动主要分为19世纪末20世纪初、第一次世界大战和十月革命后、1945年至1991年三个阶段，将三个阶段的亚非拉民族解放运动联系起来，可以从整体上梳理民族解放运动的发展演变过程。把分散在不同章节的碎片化的历史知识根据主题整合成全景式历史知识结构图，从全球视野探寻亚非拉民族解放运动从兴起到高潮并实现民族独立的历史进程和演变规律，从整体上认识世界殖民体系不断解体和民族解放运动的相互关系。从洲际上看，不同洲的民族解放运动呈现不同的发展路线，具有不同的特征，全景式呈现在一张图上，有利于学生从纵向上探寻各个洲民族解放运动的演变规律。从横向上探究亚洲、非洲和拉丁美洲在历史传统、思想文化、民族特性和地理环境等方面的差异，可以发现民族解放运动具有明显的差异性。从国家和地区上看，不同国家和地区的民族解放运动具有自己的发展演变历程，这些有利于学生梳理特定国家与地区的民族解放运动史，探究其整体演进规律，如印度，同时有利于学生对比不同国家与地区的民族解放运动，对比加深记忆，比较促进理解，如埃及与墨西哥。从中国与世界的关联上看，将中国近现代革命史放在亚非拉民族解放运动中，有助于学生从世界的视野解读中国道路的重大意义，摒弃西方中心论，培育大历史观。

（2）凸显"大单元"和"主题化"。亚非拉民族解放运动全景式历史知识结构图将一百多年（从19世纪末到20世纪末）的亚非拉民族解放运动史整合成主题式大单元，聚焦主题把分散在不同章节的世界史知识联结成知识网络，有利于学生进行深度学习。从学习者角度看，学习者可以由学习微观的历史事件转向构建宏观的历史知识体系。微观历史事件众多，拉丁美洲有海地、墨西哥、巴西、古巴、巴拿马等国家，亚洲有中国、印度、伊朗等国家，非洲有埃及、苏丹、埃塞俄比亚等国家，每一个国家在不同历史阶段有其独特的民族解放斗争历程。全景式历史知识结构图可以改变学习者学习世界史主要学习欧洲史的想法，引导学生以全球思维将欧洲、亚洲、非洲、拉丁美洲四大洲的主要历史进程作为整体进行学习，从宏观上构建历史知识网络。将19世纪末到20世纪末一百多年的世界民族解放运动作为历史学习大单元，有利于学生梳理不同历史阶段世界民族解放运动的特征，探究其演变机理。19世纪末的亚非拉民族解放运动具有初级阶段的特征，主要反抗帝国主义侵略势力，削弱本国旧势力和世界殖民体系，如海地、巴西、中国、印度、埃及、苏丹等国家的民族解放运动大都是由旧有的社会阶级领导的自发反抗殖民侵略的斗争。20世纪初和第一次世界大战后的亚非拉民族解放运动具有新特征，大都是由新兴阶级（资产阶级或无产阶级）领导的自觉反抗帝国主义侵略的革命斗争，如墨西哥资产阶级革命、印度国民大会党领导的民族解放运动。特别是在十月革命的影响下，走社会主义道路是民族解放运动的新选择，如中国新民主主义革命。从对世界的影响上看，这一阶段的民族解放运动影响更广泛、更深远，动摇了世界殖民体系，成为影响世界秩序的重要因素。第二次世界大战后的亚非拉民族解放运动具有彻底性，到1991年，大部分国家和地区实现了民族独立，摧毁了世界殖民体系，第三世界成为国际重要的政治力量，新航路开辟以来欧美主导的世界政治经济格局走向瓦解。从大单元学习的角度看，19世纪末至20世纪末的亚非拉民族解放运动经历了从旧有社会阶级领导的自发初级阶段到新兴阶级领导的自觉阶段，再到绝大部分国家和地区取得民族独立的发展阶段，世界殖民体系从"被削弱"到"被动摇"再到"被摧毁"，全景式学习可以将宏观构建知识网络和微观深度学习历史事件相结合，提高学习质量。

三、大单元教学设计，全景式呈现世界历史阶段特征

大历史观强调基于全球视野去解构历史，大单元教学设计强调梳理单元之间的关系和构建单元知识体系，基于特定时段全景式呈现世界历史阶段特征。以《中外历史纲要（下）》第七单元为例进行大单元教学设计，如图4-2所示。

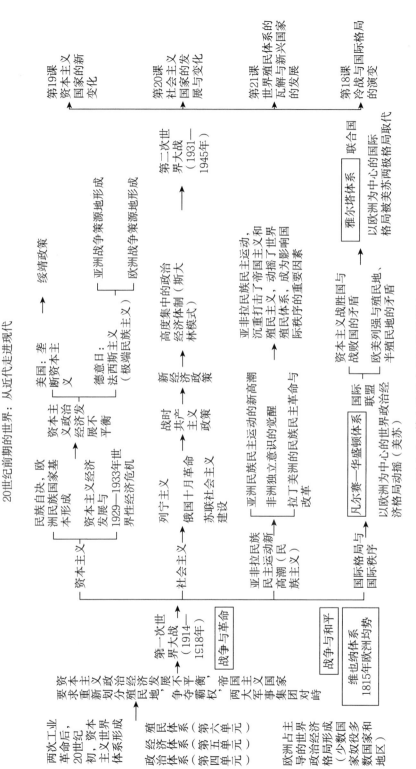

图4-2 第七单元大单元教学设计

世界史大单元教学设计包含两个关键，一是厘清本单元历史知识与前后单元历史知识之间的逻辑关系和历史演变机理，二是基于全球视野解构本单元历史知识的内在逻辑关系与历史阶段特征。以一张全景式历史知识结构图呈现大单元教学设计，可培养学生的大历史观，从整体上解读世界历史发展演变进程。

（1）厘清大单元定位。大单元教学设计首先要解决的是本单元知识与前后单元知识之间的逻辑关系，厘清大单元定位，让历史教学有序。《中外历史纲要（下）》第七单元的内容是 20 世纪上半期从第一次世界大战到第二次世界大战的世界历史。从逻辑关系上看，第七单元是第四、五、六单元历史发展的必然结果，也导致了第八单元历史发展的新变化。第四单元"资本主义制度的确立"的主要内容是资本主义政治体系确立，第五单元"工业革命与马克思主义的诞生"的主要内容是资本主义经济体系形成，第六单元"世界殖民体系与亚非拉民族独立运动"的主要内容是资本主义殖民体系最终形成。20 世纪初，资本主义政治、经济和殖民体系最终形成，欧洲占主导的世界政治经济体系形成，少数国家奴役多数国家和地区的不合理世界格局形成。资本主义政治、经济发展的不平衡，导致了两次世界大战，改变了世界格局，资本主义道路和社会主义道路并存，为解决历史发展问题，人类推出了新方案、新方法和新道路，这正是第七单元的主要内容。第八单元"20 世纪下半叶世界的新变化"的主要内容是第二次世界大战后资本主义、社会主义和民族解放运动的新发展、新变化和新特点，以及世界格局的新演变。这些新变化都是在第七单元所介绍的两次世界大战和十月革命的影响下发生的。厘清大单元定位，有助于学生基于大历史观全景式构建历史知识体系，解构《中外历史纲要（下）》不同单元知识的逻辑关系和历史演变机理。

（2）凝练大单元主旨。大单元教学的核心是深度解读教材要义，凝练大单元教学主旨，统摄单元整体教学设计，让历史教学有魂。20 世纪前期作为第七单元的时间框架，人类历史上两次世界大战在该时期爆发，对人类历史进程产生了重大影响，因此在教学参考资料中将"战争与和平""战争与革命"作为本单元的两大主题，"战争与和平"主题聚焦第一次世界大战与凡尔赛—华盛顿体系、第二次世界大战与雅尔塔体系，主要探究两次世界大战的原因、进程和影响，解析世界体系和格局在维系人类和平方面的贡献与不足，反思如何避免残酷的世界大战。"战争与革命"主题聚焦十月革命和亚非拉民族民主运动，主要探究资本主义政治经济发展不平衡引发世界大战后，人类探索用社会主义来解决资本主义的矛盾，马克思主义由理论走向实践的问题。在世界大战的冲击和洗礼下，亚非拉民族民主运动进入了新阶段，民族自决走进亚非拉。"战争与和平""战争与革命"是人类历史发展过程中永恒的主题，不同历史阶段会有不同的历史内涵，将两者作为大单元主旨不够精准，"从近代走进现代"作为大单元主旨可能更合适。20世纪初人类进入现代史，从经济上看，世界市场和世界经济体系最终形成，资本主义垄断组织形成并向国家垄断组织发展，资本主义经济从无序走向有序，资本主义私有制经济与社会主义公有制经济并存。从政治上看，人类社会从以资本主义为核心的近代史，向社会主义与资本主义并存的现代史演进。以民族自决为原则，民族主义从欧洲走向亚洲、非洲和拉丁美洲，亚非拉国家由受欧洲列强奴役走向独立和发展，正是人类社会由近代走进现代的重要标志。从国际关系上看，在两次世界大战的冲击下，近代以来形成的少数资本主义国家奴役世界上绝大多数国家和地区的国际关系走向瓦解，现代国际关系和国际法逐渐形成，从凡尔赛—华盛顿体系到雅尔塔体系，从国际联盟到联合国，人类社会不断探索除战争以外的方式来解决国际争端和矛盾，力图通过超越主权国家的国际组织和国际法律来维护世界和平与发展。以"从近代走进现代"为第七单元的教学主旨，可以统摄20世纪前期的"战争与和平""战争与革命"两大主线，涵盖资本主义、社会主义、民族主义和国际体系四条线索，有利于从整体上进行大单元教学设计。

（3）解构大单元逻辑。大单元教学的实施路径是解构单元历史知识的内在逻辑关系，用大历史观重构历史教材，服务单元教学主题。一是单元内每一课之间的逻辑关系，二是课内每一目之间的逻辑关系，进而概括出单元历史特征，培养学生基于特定历史阶段解读历史的思维。第七单元的总体逻辑关系可以概括为"因—果（因）—果"。在本单元，第一次世界大战可视为第一次世界大战后四个维度历史进程的原因，即第一次世界大战导致战后资本主义、社会主义、亚非拉民族民主运动和国际秩序出现新特点：一是资本主义政治经济短暂稳定和世界性经济危机出现，并被应对，民族自决在欧洲基本实现；二是社会主义十月革命胜利，探索社会主义实践；三是亚非拉民族民主运动达到新高潮，民族独立运动出现新的领导阶级和新的特点，动摇了资本主义世界殖民体系；四是凡尔赛—华盛顿体系形成，超越主权国家的国际联盟出现了。这四个维度历史发展的进程既是第一次世界大战的结果，又是第二次世界大战的原因，正是由于第一次世界大战后资本主义、社会主义、民族主义和国际关系发展中隐含了复杂的矛盾，资本主义政治经济发展不平衡引发的重新瓜分世界、争夺世界霸权斗争不断加剧，再加上法西斯主义的侵略，第二次世界大战不可避免地爆发了。这是对本单元四节课内在逻辑关系的简单梳理，让学生对单元知识有一个整体的认知。

世界史的学习需要大历史观，需要基于全球视野去探究世界历史演变机理。在一张历史知识结构图上呈现历史发展脉络是全景式学习的基本特征，其主要包括以下几个要点。一是从宏观上进行整体全景式学习，探索将《中外历史纲要（下）》整本书以一张全景式历史知识结构图呈现，力争"一张图一本书"；二是从纵向上进行主题全景式学习，探索以一张主题全景式历史知识结构图呈现不同时段、不同地区的特定历史主题的历史发展脉络，力争"一张图一主题"；三是从横向上进行单元全景式学习，探索基于大单元教学理念，以一张大单元全景式历史知识结构图呈现同一时段不同国家与地区、不同制度和世界格局的历史演变机理，厘清内在逻辑关系，力争"一张图一单元"。三张图是大历史观统摄下对高中历史全景式学习的探索。

第三节　巧构历史时间链培育历史时序素养的深度学习

任何历史事件都是在特定的、具体的时间和空间条件下发生的，时空观念是诸素养中学科本质的体现。历史之所以成为历史，是由其时空属性决定的，其中时间属性更重要。解读历史学科的时间属性是历史学习的基础，从特定的时间点到一定的时间段，进而构建历史时间链，可以涵养学生的历史时序素养。历史时序素养是将历史事件置于特定的历史时序中进行观察、分析的意识和思维方式。

一、挖掘时间点的学习深度，涵养基于时间节点的历史时序素养

历史时间点是指历史事件发生时特定的时间节点，属于微观上的历史时间属性，如 1931 年 9 月 18 日就是特定的时间节点，它可以帮助我们从时间维度深层次地认识"九一八"事变。

（一）纵向定位式学习

纵向定位式学习是指从历史时间轴的角度分析、解读历史事件在特定时间点发生的原因和影响。如从中国历史纵向发展的角度看，"九一八"事变为什么发生在 1931 年，而不是 1932 年或 1941 年等其他时间。从近代中国历史发展的视角看，1931 年的中国正处于社会秩序重建时期，旧的社会秩序已被打破，新的社会秩序正在重建。一方面，北洋军阀统治结束，南京国民政府建立，从东北易帜到中原大战，南京国民政府统一趋势在加强，日本企图侵略中国，不愿面对统一的中国政府。1930 年，中原大战让中国元气大伤，国家实力进一步受损。同时，东北军入关参战，导致东北兵力相对空虚。加上 1931年 7、8 月长江暴发特大洪水，传染病流行，日本借机策动事变。另一方面，中国共产党正在探索具有中国特色的"农村包围城市"革命道路，在全国建立了十几个农村革命根据地，毛泽东的《星星之火，可以燎原》阐述了农村包围城市道路的正确性和可行性。20 世纪 30 年代初的中国出现了两条可供探索的道路，日本正是选择在中国社会秩序重建的这一复杂时期侵略中国。纵向定位式学习可以培养学生从历史时序正确解读历史的素养。

（二）横向联结式学习

横向联结式学习是指基于全球视野探索同一时间节点的历史事件之间的联

系。如从全球视野看，为什么日本在 1931 年入侵中国东北？20 世纪 30 年代初，凡尔赛—华盛顿体系面临危机，资本主义经济与社会主义经济呈现不同的发展状况。受世界性经济危机的影响，德意日走上法西斯道路，战争策源地形成，日本以侵华的方式应对经济危机。"经济危机—日本—德国—意大利"这一横向联结有助于学生理解这一问题。进一步解读，1931 年英国脱离金本位制，英镑贬值 30%，货币贬值使英国成为工业生产方面第一个超过 1929 年水平的大国，日本、美国等国家货币纷纷贬值，国际经济体系陷入恶性循环。在远东地区，日本与苏联经历了多次势力的较量与秩序的重构，苏联第一个五年计划完成，社会主义经济建设取得显著成就，苏联日益强大，中国东北成为日本法西斯势力实施远东战略的重要棋子。"英国—美国—日本—苏联—中国东北"这一横向联结有助于学生加深对该问题的理解。横向联结式学习可以培养学生从全球视野解读历史的素养。

（三）微观深入式学习

微观深入式学习是指基于特定的时间节点，以问题链等方式挖掘历史事件深层次的因素，构建立体式的历史认知。黄仁宇的《万历十五年》以 1587 年为时间节点探究 16 世纪中国历史发展的轨迹，是培养学习者历史时序素养的代表作品。

二、拓展时间段的学习宽度，涵养基于时间段的历史时序素养

历史学科核心素养水平划分为四个层次，能够把握相关史事的时间、空间联系，并用特定的时间和空间术语对较长时段的史事加以概括和说明，这是对时空观念素养水平 3 的表述。可见，依历史时间段解读历史是历史时序素养的高阶要求。以抗日战争为例，将历史时间段分为小时段、中时段和长时段进行解读，如表 4-2 所示。

表4-2　按历史时间段解读抗日战争

巧设问题链	分析思路
问题1：为什么发生在1931年？	世界资本主义经济大危机；1930年中原大战使国家元气大伤；东北军入关，东北兵力空虚；南京国民政府统一趋势加强；南京国民政府与革命政权的围剿与反围剿；1931年长江暴发特大洪水，传染病流行；苏联第一个五年计划即将完成，苏联国民生产总值即将跃居欧洲第一
问题2：为什么被日本侵略？	日本大陆政策；军国主义传统；自然资源缺乏；日俄战争后，日本在远东抢占地盘
问题3：为什么侵略中国东北？	拥有丰富的自然资源；与南京国民政府的联系松散；战略位置重要；日俄战争；日本通过不平等条约攫取了大量特权和利益
问题4：为什么产生崩溃式沦陷？	南京国民政府和东北军采取不抵抗政策；日本法西斯分子蓄谋已久且冒险策略得逞；英法等国采取绥靖政策
问题5：为什么"九一八"事变标志着抗日战争的开始？	"九一八"事变后，中日民族矛盾上升为中国社会的主要矛盾；中国人民抗战是抗日战争史的重要组成部分；"九一八"事变是日本武装侵华的战略性起点，标志第二次世界大战远东战争策源地形成；抗日战争包括局部抗战和全面抗战两大阶段，局部抗战是中国抗日战争的重要组成部分；远东国际军事法庭在东京审判中确认了在"九一八"事变中日本侵占中国东北属战争犯罪，并惩治了战争策划者

（一）基于历史小时段，构建历史知识网络

历史小时段是指从历史事件的发生时间点到结束时间点这个呈现历史事件发展脉络的时间段。基于特定的时间段构建历史知识网络，学生可以获得对历史事件整体的、立体的、发展的和全面的认知。构建抗日战争的历史知识网络，有利于厘清内在逻辑关系。从历史小时段看，中国抗日战争打败了日本侵略者，维护了国家主权和民族独立，是世界反法西斯战争的重要组成部分，为世界反法西斯战争的胜利做出了贡献。

（二）基于历史中时段，厘清历史时空定位

历史中时段是指一定时间范围内具有特定阶段特征的历史发展期。将历史事件置于历史中时段进行解读，学生可以厘清历史时空定位，思考历史事件在特定的历史发展期间的地位、作用、影响，形成正确的历史观和价值观。如将抗日战争置于近代百年中国探索救亡图存道路的历史发展期间去解读，1840—

1949 年中国近代史时期可被视为一个特定历史中时段，在中国百年探索救亡图存道路的视域下，抗日战争取得了中国近代以来反外敌侵略的首次完全胜利：收回近代以来被日本侵占的全部领土（包括台湾省和东北地区）；废除了近代以来与列强签订的不平等条约（改订新约）；中国国际地位提高（签署《联合国家宣言》《开罗宣言》，中国成为联合国创始会员国、布雷顿森林体系的创始国、关税及贸易总协定的创始国）；中国共产党在抗日战争中起到中流砥柱作用，毛泽东思想形成，中国共产党正确的政治主张赢得了广大人民的支持。将抗日战争置于历史中时段进行解读，学生能理解近代救亡图存道路探索过程的时序性，进而培养历史时序素养。

（三）基于历史长时段，涵养历史时序素养

历史长时段是指较长时间范围内具有特定阶段特征的历史发展期。历史长时段与历史中时段的主要区别在于解读历史的时间范围不同。以不同的时间长度解读历史人物和事件，学生往往会有不同的历史理解。如将抗日战争置于中华 5000 年文明史的历史长时段进行解读，抗日战争的胜利具有更深远、更厚重的历史价值。

首先，抗日战争的胜利使延续 5000 年的中华文明没有因日本侵略而中断。课堂上呈现摘编的材料。

材料 1：中国文明是世界上最古老的、未曾中断的文明……中国从未像欧洲在遭到日耳曼人入侵时，或者像中东和印度在遭到穆斯林入侵时那样，被迫接受来自外界的大规模变革。①

该材料让学生认识到抗日战争的胜利使中华文明避免了因外部力量的侵略而中断，提升了学生对抗日战争胜利的价值认同。随后追问：为什么中华文明能够延续 5000 年没有中断？

材料 2：中国在其有史以来的大部分时间里，四面一直被山脉、沙漠和辽阔的太平洋所隔断……公元 2 世纪，汉朝人口约 5950 万，大于罗马帝国，公

---

① 斯塔夫里阿诺斯.全球通史：从史前史到 21 世纪（下册）[M].吴象婴，梁赤民，董书慧，等，译.第 7 版修订版.北京：北京大学出版社，2006.

元 16 世纪，中国人口 1 亿多，超过了整个欧洲的人口……任何汉字，不管其发音如何，含义都是一样的……这种共同的书面语是一种为中国提供统一性和历史连续性的重要力量……非凡的国家考试制度……为中国提供了一种赢得欧洲人尊敬和羡慕的、有效稳定的行政管理方式……促成中国文明内聚性的最重要因素，也许是通称为儒家学说的道德准则和文学、思想方面的遗产。[①]

教师带领学生从地理环境、人口规模、语言力量、制度文明、思想文化等角度解读，提升学生的民族自信和文化自信，融合家国情怀教育，促进核心素养落地。

其次，抗日战争使中华民族形成了空前强大的民族凝聚力，唤醒了中华民族意识。课堂上呈现摘编的材料。

材料 3：八路军干部刘荣在日记中记载："时年秋，发生震惊中外的'九一八'事变，才知道还有个东洋鬼子，侵占咱们东北四省，先生说：'你们好好读书，长大了好救咱们的国家。'我就很努力地学习，每学期考试成绩都是第一名。"[②]

材料 4：轰炸使每一个中国人，凭他在哪个角落里，都认识了咱们的敌人；这是第一回，每一个中国人都觉得自己有了一个民族，有了一个国家……谁都觉得这一回抗战是为了咱们自己，是咱们自己的事。[③]

《新课标》强调构建人类命运共同体意识，中华民族的形成与发展是通过各民族之间的交往、交流、交融实现的。历史教师要精心设计，让材料说话，让材料赋能，努力实现家国情怀素养培养的"无痕"融合，"无缝"融入。

三、构建时间链的学习范式，涵养基于时间链的历史时序素养

时间属性是历史学科核心素养区别于其他学科核心素养的关键特质，"时

① 斯塔夫里阿诺斯 . 全球通史：从史前史到 21 世纪（下册）[M]. 吴象婴，梁赤民，董书慧，等，译 . 第 7 版修订版 . 北京：北京大学出版社，2006.

② 何成刚，邢新宝，夏辉辉 . 历史课标解析与史料研习：中国近现代史 [M]. 上海：复旦大学出版社，2018.

③ 同②。

间点—时间段—时间链"的时间架构赋予了时间历史价值，每一个历史时间都有鲜活的历史人物和历史事件，历史时间链主要将发生在不同历史时间点和时间段的历史事件以特定的内外因素联结成相互作用和相互影响的历史链，构建立体的历史知识体系。历史时间链有不同的呈现方式，因果式、发展式和主题式是比较常见的呈现方式，构建历史时间链去联结历史事件的学习范式可以增加学生的历史时空观的深度、长度和高度，涵养学生古今贯通、中外关联的历史时序素养。

（一）因果式历史时间链

因果式历史时间链是一种以因果关系联结特定历史时间下的历史事件，以探寻历史时间之间的逻辑关系，挖掘历史时间属性深度的时间脉络呈现形式。常见的因果式历史时间链有"经济—政治—思想"型，如1912—1919年，"民族资本主义出现"短暂春天"（经济）—无产阶级力量壮大和1919年'五四运动'爆发（政治）—马克思主义被广泛传播（思想）"，这是基于历史时间点的历史时间链。基于历史时间段的历史时间链则探究不同历史时间段的逻辑关系，如从中华民族共同体的角度解读不同历史时间段在中华民族发展史中的地位和作用，春秋战国时期是一个民族交融水平较高的时期，为秦汉建立统一多民族国家奠定了基础；三国两晋南北朝时期的民族交融，是隋唐时期制度创新、经济发展和思想文化繁荣的重要基础；五代辽宋西夏金时期的民族交融，可以被视为元明清统一多民族国家版图基本形成的重要因素；近代百年救亡图存道路的探索促进了中华民族意识的觉醒，可以被看作实现中华民族伟大复兴的重要因素。

（二）发展式历史时间链

发展式历史时间链是一种以历史事件的发展演变为主线联结不同历史时间下的历史事件，以探寻历史时间之间的逻辑关系，挖掘历史时间属性长度的时间脉络呈现形式。以1840—1949年中国近代百年探索救亡图存道路为例，该历史事件包含由以下十个时间段组成的历史时间链：①十九世纪四五十年代，受到西方列强的冲击，先进知识分子开始探索；②十九世纪六七十年代，洋务运动开启了中国近代化的进程；③十九世纪八九十年代，帝国主义对华侵略进入新阶段，资产阶级发起维新变法；④十九世纪末至二十世纪初，晚清政府自救失败，资产阶级发动辛亥革命；⑤ 1912—1919 年，民族工业出现"短暂春天"，人们思想开始解放；⑥ 1919—1923 年，"五四运动"爆发，新民主主义革命开始；⑦ 1924—1927 年，第一次国内革命战争爆发；⑧ 1927—1931 年，农村包围城市道路被开辟；⑨ 1931—1945 年，中华民族团结抗战；⑩ 1946—1949 年，革命胜利，民族独立。十个历史时间段具有发展性，每一个历史时间段都由上一个历史时间段发展而来，具有内在的逻辑性，可以从更长的历史时间角度去解读历史事件，促进深度学习的达成和核心素养的落地。

（三）主题式历史时间链

主题式历史时间链是一种以特定的主题联结不同历史时间下的历史事件，以探寻历史时间之间的逻辑关系，挖掘历史时间属性高度的时间脉络呈现形式。如以燃料的演变进程为主题探究科技进步和生态文明之间的辩证关系。农业文明时代，燃料主要是木柴、木炭，人类在自然中求生存；工业文明时代，燃料主要有煤炭、石油、天然气和核能，人类在万物中谋主宰；生态文明时代，燃料向新燃料和绿色能源发展，人类与自然和谐共生。以燃料为线，将不同时间点和时间段的历史事件联结成一个有机的整体，从人类与自然的关系的角度看待木柴、煤炭、石油等在不同历史时间的不同地位与影响，有利于培养学生的历史时序素养。

历史时间属性彰显了历史学科核心素养的学科特质，构建"历史时间点—历史时间段—历史时间链"，可以帮助学生探寻历史学科之美，涵养历史时序素养。

第四节　大单元视域下的高中历史全景式学习

高中历史教材编写体例经历了从"通史＋断代"到"模块＋专题"再到"纲要＋主题"的演变，高中历史学习方式随教材编写体例的演变不断变化，教材编写体例的不同深刻影响着学生历史学习的方式和思维。在"通史＋断代"体例下，学生的历史学习侧重历史阶段特征，历史思维聚焦历史时段横向视野的历史"面"，忽视了长时段纵向发展的历史"线"。在"模块＋专题"体例下，学生的历史学习侧重历史模块专题的演变趋势，历史思维聚焦长时段纵向发展的历史"线"，忽视了历史时段横向视野的历史"面"。新教材采取"纲要＋主题"体例，有利于改进学生历史学习的方式，帮助学生构建"点—线—面—网"联结的立体式历史知识架构。大单元视域下的高中历史全景式学习正是基于历史长时段，构建历史事件的全景式知识体系，追寻历史发展演变的规律与趋势，本节以中国近代百年探索救亡图存道路为例，分享高三历史复习中推进大单元视域下的高中历史全景式学习的收获与反思。

一、内涵：倡导历史全景式学习，构建"点—线—面—网"联结的立体式历史知识架构

（一）教学单元与大单元

在高中历史教学中，教学单元以每一节课为基础，一般指在一定历史时段具有内在逻辑关系、相对完整且应连续教学的内容。教学单元之间既相互独立又相互联系。大单元则是基于历史长时段，由具有内在逻辑关系的若干个教学单元组成，如1840—1949年中国近代百年救亡图存道路探索史。只有在大时空下研究历史，才能更好地理顺历史逻辑。

（二）高中历史全景式学习

高中历史教学可采用三种基本策略，一是深度挖掘历史"点"，即侧重对历史事件的背景、性质和影响等进行深度教学；二是聚焦历史时段横向视野的历史"面"，即侧重对一定历史时段的历史阶段特征进行概括总结；三是联结长时段纵向发展的历史"线"，即侧重以特定的模块或主题探究历史发展演变的规律与趋势。高中历史全景式学习是基于长时段的大单元的历史学习，构建"点—线—面—网"联结的立体式历史知识架构，如同《清明上河图》全景式描绘开封社会生活和风俗一样，将长时段的历史重大事件以特定的逻辑关系融合成一份全景式历史知识结构图，构建历史发展演变的全景式情境，培养学生

的大历史观和全局观。

二、实践：基于历史大单元视域，全景式透视中国近代百年救亡图存道路探索

为了让学生更好地学习1840—1949年中国近代史，以中国近代百年救亡图存道路探索为主题，在高三中国近代史复习中，笔者尝试设计了一节全景式学习课。

（一）学习基础要素分析

高三学生使用的教材采用"模块＋专题"体例，分政治、经济和思想文化三个模块学习中国近代史，历史思维聚焦长时段纵向发展的历史"线"，对历史时段横向视野的历史"面"关注不够，因此学生对中国近代史时序发展的认识相当薄弱。因此，在教学实践中，笔者采取了"通史＋阶段"复习方法，根据近代社会主要矛盾变化将中国近代史划分为十个小时段，每一时段是一个学习小单元，主要从外国侵略、中国政治演变、经济发展和思想进步四大维度进行通史教学。学生对小时段的历史阶段特征有了较深的认识，为百年长时段的通史学习储备了基础知识。但这样的复习又带来了新的问题，即学生的思维被局限于小时段，长时段的全局观没有形成。因此，尝试以近代百年为教学大单元，以中国近代百年救亡图存道路探索为主题，在一节课中对中国近代史重大历史事件进行整合，进行全景式学习。

（二）课前学习任务清单

（1）学生按以下要求自制全景式历史知识结构图。①主题：中国近代百年救亡图存道路探索；②每位学生准备一张A4纸；③内容：中国近代史十个小时段均要呈现，每一时段的四个维度（外国侵略、中国政治演变、经济发展和思想进步）均要呈现；④卷面整洁美观，内容条理清晰。

（2）研读2020年普通高等学校招生全国统一考试（全国Ⅰ卷）文综历史试题第42题。

设计意图：让学生在一张A4纸上自主设计中国近代百年救亡图存道路探

索历史的知识结构图,任务难度较大,学生需要梳理、整合历史知识,弄清历史知识之间的内在逻辑关系。这有利于培养学生基于长时段的全局观和时序素养。引导学生归纳总结百年探索史,既可以引导学生整合一段时间的学习成果,又可以帮助学生用唯物史观正确看待党史,增强爱党爱国的情怀。研读高考开放性试题的目的是让学生领悟高考命题方向,重视对历史阶段特征的概括,同时为课堂训练做铺垫。

(三)课堂导入情境设计

2020年是圆明园罹难160周年,用央视新闻推出的《罹难160年! 90秒看技术手段复原的圆明园园景》视频导入课堂内容。

设计意图:科技复原圆明园的视频采取全景式呈现的方式,契合全景式学习,让学生对全景式学习有直观的理解和感受,同时以圆明园激发学生的情感较为合适,使学生对中国近代百年救亡图存道路探索主题的理解更深刻。

(四)课堂教学过程呈现

1.展示、交流、评价作品

教师从学生提交的自制全景式历史知识结构图中,挑选出三份具有代表性的优秀作品在课堂上展示、交流,制作的学生阐述设计理念或思路,教师简评作品的亮点。

设计意图:"展示—交流—评价"是打造高效高三复习课堂的优化策略。"展示"是对学生作品的肯定,让学生领略不同设计思路的历史智慧;"交流"是让学生自我阐述,有利于加深对历史知识的理解;"评价"是教师在批改学生作品的基础上提出改进建议。

2.师生共同完成导图

在教师的引导下,学生在一张PPT上完成中国近代百年探索救亡图存道路全景式历史知识结构图。

全景式学习的最大特点是将长时段大单元的历史知识融合在一张知识结构图中,将片段式的阶段通史联结成一个有机的整体,强调一张导图的全景式画面呈现。

3. 层进式课堂呈现

（1）第一层次，聚焦历史时段横向视野的历史"面"。教师引导学生采取"通史＋阶段"方法，梳理小时段的历史主干知识和历史阶段特征。

师：十九世纪四五十年代，中西方发展呈现不同的趋势，西方列强为何侵略中国？怎样侵略中国？中国政治、经济和思想发生了怎样的变化？

生（学生小组互助、师生共同整合）：英国工业革命基本完成，资本主义世界市场初步形成，欧洲列强开始走上抢占商品销售市场和掠夺原料产地的侵略扩张道路。中国社会发生剧变，在政治上，经历了两次鸦片战争，中国开始沦为半殖民地半封建社会；在经济上，自给自足的自然经济开始解体，中国被卷入资本主义世界市场；在思想上，少数先进的地主阶级知识分子开始寻求救亡图存道路，如林则徐等鸦片战争中的抵抗派，开始向西方学习，提出"师夷长技以制夷"。

师：十九世纪六七十年代，世界局势发生了什么新变化？西方列强侵略中国出现哪些新情况？中国政治、经济、思想发生了怎样的新变化？

生（学生小组互助、师生共同整合）：十九世纪六七十年代，资产阶级革命和改革浪潮兴起，日本开始明治维新，俄国进行农奴制改革，德意志和意大利分别实现统一，资本主义制度和资产阶级代议制在世界范围内确立，西方列强不断侵扰中国边疆。在民族危机之下，中国开始向西方学习，寻求救亡图存道路，只强调学习西方技术的洋务运动兴起；在经济上，民族资本主义产生；在思想上，洋务派提出"中体西用"思想。

在展示两个历史时段后，让学生以小组合作的方式完成其他八个时段的知识梳理，教师适当进行引导与补充，按十个时段完成中国百年近代史的知识梳理，限于篇幅，其余时段就不一一呈现了。

设计意图：力图解决中国百年近代史的几个学习痛点，寻找中国百年近代史教学的着力点。痛点之一是近代历史的阶段划分不清晰，阶段特征不突出，历史时序较乱。在综合考量中国社会变化和世界局势变化的情况下，将中国百年近代史划分为十个历史小时段。

（2）第二层次，聚焦长时段纵向发展的历史"线"。在师生共同完成历史阶段的知识梳理之后，在知识结构导图上，教师引导学生换个角度去解读历史，以主题去统摄历史知识，厘清历史发展脉络。

师：按阶段梳理历史知识后，大家对中国百年近代史的时序已经有了基本的认识，那么我们换个角度，以大家共同完成的全景式历史知识结构图为依托，从历史纵向发展角度解读近代历史，如近代百年先进的中国人是如何探索出救亡图存道路的。

生：鸦片战争中的抵抗派提出"师夷长技以制夷"；洋务派提出"师夷长技以自强""中体西用"；资产阶级维新派主张变法图强，建立君主立宪制；资产阶级革命派主张武装革命，建立民主共和制，提出"三民主义"；资产阶级激进派主张民主和科学，实行文化救国；中国共产党以马克思主义为指导，结合中国实践（毛泽东思想在革命实践中走向成熟），走农村包围城市道路，领导中国人民取得新民主主义革命的伟大胜利。

师：同学们可以采用不同的划分方法进行历史知识梳理，如按阶级划分，不同阶级的救亡图存主张和实践分别是什么，其原因和结果分别是什么？还可以按道路划分、按主张划分等。

生：按道路划分，可以分为走资本主义道路和走社会主义道路，按主张划分，可以分为学习器物、学习制度和学习思想。

师：2021年是中国共产党成立100周年，大家思考在中国近代百年救亡图存道路探索过程中，中国共产党为什么"要"、为什么"能"和为什么"好"。

生："要"主要是因为在逐步沦为半殖民地半封建社会的中国，地主阶级、资产阶级和农民阶级探索救亡图存道路的尝试都失败了，中国共产党肩负着实现中华民族独立、富强的使命。"能"主要是因为中国共产党探索出农村包围城市的革命道路，提出适合中国国情的毛泽东思想。"好"主要是因为中国共产党代表广大人民群众的利益，且以中华民族振兴和中国人民幸福为奋斗目标。

设计意图：全景式学习有利于解决历史学习中的第二个痛点，即学生不善于从全局视野解读历史。历史教与学的着力点应放在解读具体历史事件（历史"点"）、概括特定历史时段的阶段特征（历史"线"）和梳理特定主题历史发展规律（历史"面"）。师生共同完成基于长时段、大单元的全景式历史知识结构图，其重点不在于挖掘历史知识的深度，而在于展示历史知识的全貌，强调在一张知识结构图中将历史知识点结成有内在逻辑联系的知识"网"，构建"点—线—面"联结的立体式历史知识架构，培养学生的全局观和大格局。全景式学习还有利于解决历史学习的第三个痛点，即教师培养学生的家国情怀和核心价值观往往采用说教方式。通过梳理中国近代百年探索救亡图存道路的过程，学生会自然而然地认识到中国共产党领导中国人民走上社会主义道路是历史的必然选择，党史教育、爱党爱国教育"无痕"而生，"融合"而至。

（3）第三层次，聚焦长时段全景式历史"网"。教师着力于帮助学生将大单元历史知识融会贯通，学会用全景式历史知识结构图解决具体历史问题。

教师呈现2020年普通高等学校招生全国统一考试（全国Ⅰ卷）文综历史试题第42题。

> 材料：关于宋代历史，海内外学者著述颇丰，叙述各有侧重，如《儒家统治的时代：宋的转型》《中国思想与宗教的奔流：宋朝》《宋史：文治昌盛与武功弱势》等，这些书名反映了作者对时代特征的理解。
>
> 结合所学知识，就中国古代某一历史时期，自拟一个能够反映其时代特征的书名，并运用具体史实予以论证。（要求：论证充分，史实准确，表述清晰。）

教师先呈现两个示例，《春秋战国：大变革与大转型的时代》和《明清时期：农耕时代的高度发展与迟滞》，当学生领悟后，对题目进行微调，将中国古代某一历史时期改为中国近代某一历史时期，其他不变，要求学生在课堂上选择一个时段限时完成，其余各个历史时段作为作业要求学生在一个月内完成。以下为优秀学生作品示例。

书名:《1912 至 1919 年：中国近代社会的变化与转型》

论证:1912 至 1919 年，中国近代社会发生了剧变，由旧民主主义革命向新民主主义革命转型。辛亥革命推翻了清王朝的统治，虽然北洋军阀掌权，半殖民地半封建社会性质没有改变，但建立了亚洲第一个资产阶级民主共和国。西方列强忙于第一次世界大战，暂时放松了对中国的侵略，中国民族资本主义出现"短暂春天"，民族资产阶级向西方学习，从器物到制度再到思想，新文化运动兴起，民主与科学促进了中国人民思想的解放和民族意识的觉醒。1917 年俄国十月革命，马克思主义传入中国，随着中国无产阶级力量的壮大，学习走资本主义道路不断失败后，先进的中国人开始探索走社会主义道路，在探索救亡图存的道路上寻找到正确的方向，近代中国社会迎来了新生和希望。

综上所述，1912 至 1919 年是中国近代社会的重要转型时期，封建君主专制结束，民主共和制度建立，民族工业发展，民主与科学思潮勃兴，十月革命带来了马克思主义，中国由走资本主义道路转向走社会主义道路。

设计意图:开放性试题以其良好的情境设计和灵活的考查思路，逐渐成为考查学科核心素养的重要题型。选择开放性试题并进行变式训练是为了让学生领悟高考命题的方向和趋势，领悟历史学习的重心不是历史知识的"记忆"，而是主干知识的融会贯通。在构建主干"历史知识'点'—历史知识'线'—历史知识'面'—历史知识'网'"全景式知识框架后，学生可在解决实际问题的情境中，实现深度学习。

三、思辨：基于历史长时段视野，剖析全景式历史学习的特征与价值

面对新教材体例、《新课标》和新高考评价体系"三新"，高中历史全景式学习目前只是一种探索和尝试，具有鲜明的特征和独特的价值。

（一）特征

（1）全景式，强调将长时段的历史在一张历史知识结构图上呈现，做到一

览无遗，宛若绘制历史画卷，引导学生以全景图的方式去透视历史发展的规律与脉络。

（2）全局观，强调在将历史事件和人物放在特定的历史情境中解读后，再将它们放在长时段中以全球视野解读，以大局观和全局观解构历史。

（3）全面性，强调在大单元视域下历史知识之间内在逻辑关系的梳理，涵盖政治、经济、思想、社会、环境和阶级等各种因素，突出全面分析，而不是深度挖掘。

（4）立体式，强调改进历史学习方式，构建"点—线—面—网"联结的立体式历史知识架构，以时间链、知识链、问题链和逻辑链等链式思维解读历史。

（二）价值

高中历史全景式学习倡导改进历史学习方式，力图寻找当前历史教与学中一些痛点的解决方案，促进历史学科核心素养落地。

（1）注重融会贯通，让历史知识"活"起来。全景式学习宛若绘制历史画卷，历史事件和历史人物在特定的历史时段里都是鲜活的，蕴含内在的生命力。历史学习绝不仅仅是对历史知识的记忆，更重要的是赋予历史知识生命力，让历史知识"活"起来。

（2）强调内在逻辑，让历史知识"动"起来。全景式学习强调改变历史学习方法，聚焦历史事件之间的内在逻辑关系，既重视历史时段横向视野的历史"面"，又关注长时段纵向发展的历史"线"，构建"点—线—面—网"联结的立体式历史知识架构，致力于厘清历史事件的关联性，以全局观和大局观解读历史，让历史知识"动"起来。

（3）倡导价值引领，让历史知识"立"起来。全景式学习强调学生自主完成历史知识结构图的绘制，注重融合性和生成性，倡导价值引领学习过程。

第五节　基于历史论述能力提升的深度学习策略

一、溯源：高考开放性试题与中考材料论述题

开放性试题是高考历史试题的创新试验田。在高考综合改革的背景下，重视初高中衔接，实现中学教学一体化是一种发展趋势，如方美玲教师整体设计的初高中"理解/解释历史杰出人物"主题单元，尝试用历史要素分析法进行初高中衔接。因此，中考历史试卷采用材料论述题是推进初高中历史教学一体化的手段，通过考试的评价功能，倒逼初中历史教学改革，推进历史学科核心素养落地。

研究高考历史开放性试题的命题方式、思路，对初中历史教师而言，是提升自身素养和学生历史论述能力的重要途径。以 2012 年以来的普通高等学校招生全国统一考试（全国 I 卷）文综历史试题为例，2012 年是评析"冲击—反应"模式，2013 年是提取图片有效信息并说明，2014 年是修改教材目录并说明，2015 年是探讨公式并论证，2016 年是自拟论题并阐释，2017 年是提取表格信息形成观点并阐释，2018 年是从小说素材中选取情节，评述其反映的历史现象。这 7 年的开放性试题呈现不同的类型，没有重复，没有固定模式，材料来源多样，真正体现了开放性试题的精髓，有助于培养学生独立探究的品格。

从高考开放性试题的呈现方式看，提升学生的历史论述能力才是根本之道，其中关键能力是学生的成文能力。初中历史教学要从预设性教学走向开放性教学，培养学生独立思考、发现问题、解决问题的能力，同时强化学生的书写训练，鼓励学生将思考转化成文字，提升学生的文字表达能力。

二、寻根：从学科核心素养看中考材料论述题

历史学科核心素养落地是当前教学的重点与热点，培养学生的唯物史观、

时空观念、史料实证、历史解释、家国情怀五大核心素养是历史教学之根，采取有效的考试测量手段检测学生历史学科核心素养水平是历史考试之本。初中历史教师要从提高学生历史学科核心素养水平的角度进行历史教学、考试评价，领悟中考材料论述题的命题思路，更新历史教学理念，采取合适的方法，力争让历史学科核心素养落地。

《新课标》将学业质量水平划分为 4 级，同时将五大核心素养划分为 4 级，并明确要求：在研制考试命题框架时，要注意考试范围、学科核心素养水平分布等要符合课程标准的规定和要求，保证学业水平考试与课程标准相对应。尤其要注意试卷中的所有试题是否能够综合考查出学生学科核心素养的整体水平。

在强调初高中衔接的背景下，中考命题会向高中看齐，强调核心素养水平的考查。笔者整理了 2018 年若干份试卷的材料论述题，这些试题要求提炼的观点如表 4-3 所示。

表 4-3　2018 年若干份试卷的材料论述题所要求提炼的观点

试　卷	观　点
福建省中考试卷	先进的思想是社会发展的重要条件
三明市初中质检	统一是国家强盛的前提
南平市初中质检	物品交流促进经济文化发展
福州市初中质检	思想解放是促进社会发展的重要力量
泉州市初中质检	洋务运动推动了中国近代化发展

上述试卷要求提炼的观点体现了对学生核心素养中家国情怀的考查，家国情怀水平 3、4 中明确提出三个要求：一是把握中华民族多元一体的发展趋势；二是能够表现出对历史的反思，从历史中汲取经验教训，更全面、客观地认识历史和现实社会问题；三是能够将历史学习所得与家乡、民族和国家的发展繁荣结合起来。学生的观点要符合社会主义核心价值观，试卷的设计彰显了历史学科的育人功能。同时，观点一定要源于唯物史观。中学生正处于价值观形成

的关键期，用唯物史观指导学生是初中历史教学的必然要求。特别是在网络信息时代，青少年容易受到形形色色的思想观念的影响，历史学科要涵养清流，使学生用清澈透亮的历史观、价值观认识复杂的社会，这或许正是中考历史材料论述题倡导的价值导向。

三、问道：初中阶段历史论述能力的提升策略

新课程标准，新教材，新中考，初中历史教学面临新的机遇与挑战。对初中历史教师而言，提升学生的历史学科核心素养才是根本之道。同时，采取有效的教学策略使历史学科核心素养落地，是提升学生历史论述能力的治学之器。

（一）提升素养，教师展"魅力"

历史教师的专业素养和教学素养是提升学生历史论述能力的关键。受长期一线教学任务繁重等因素的影响，部分中学一线历史教师历史论文的写作能力不高，部分教师自身的历史论述能力需要提升。只有专业素养和教学素养高的历史教师才能在学生面前展现教师魅力，才能吸引学生，才能引领学生在历史探究中品味历史之美。

历史教师提升历史论述能力的途径各不相同，研究近年高考开放性试题是明智的选择，深圳市第七高级中学教师黄凌的做法值得借鉴。黄凌将全国卷开放性试题分为观点评析类、地图比较类、建筑布局类、修改建议类、文字比较类、关系探讨类、图表信息类、自拟论题类、观点提炼类、图文结合类十种，并对它们进行了专项研究。在强调初高中衔接，重视中学一体化建设的今天，中考材料论述题在很大程度上受高考开放性试题的影响，初中历史教师研究高考开放性试题最大的收益是提高了历史站位，会在历史学科核心素养视域下审视初中历史教学，跳出初中教学思维，获得基于历史学科核心素养的教学理念。

（二）拓展思维，学生求"张力"

历史学科在初中长期处于副科地位，学生喜欢历史学科的故事性和趣味

性，主要靠强记硬背应对历史考试，社会与家长大都认为历史学习主要靠背诵，忽视了历史是关于智慧的学科，忘记了读史使人明智，忽略了以古鉴今的功能。培养学生的历史思维，让学生不沦为记忆机器，培育学生的核心素养，使学生具备正面成长的"张力"，是中学历史教学改革的必由之路。

开放性试题的核心导向是通过考试推动教学改革，让学生具备独立探究历史问题的能力，改变预设性历史教学，回归历史育人本质。培养学生独立探究历史问题的能力的渠道是多元的，以高考原题做变式训练，拓展学生的思维是不错的选择。笔者从不同角度对2018年普通高等学校招生全国统一考试（全国Ⅰ卷）文综历史试题中的42题进行了解读，如表4-4所示。

表4-4　从不同角度解读开放性试题

提取的小说情节	反映的历史现象
鲁滨孙渴望航海冒险	西方的大航海活动
鲁滨孙在巴西开办种植园	近代拉丁美洲经济发展的特点
鲁滨孙去非洲贩卖黑奴	近代早期的三角贸易
鲁滨孙遇险漂流到一座荒岛上，并在此建立了领地	近代早期的西欧殖民扩张
鲁滨孙凭借自己的智慧和力量"过得很富裕"	近代西欧人文主义思想
小岛是鲁滨孙的个人财产	英国的殖民扩张
宗教信仰是支撑力量，鲁滨孙自己阅读《圣经》	近代早期的宗教改革运动

历史教师从不同历史视角解读开放性试题，有利于拓展学生的思维，改变学生学习历史学科只靠记忆的固定思维，让学生在史料实证的基础上自己解读历史事件，有自己独到的见解，在多视角历史解释视域中培养学生的创新能力，从源头上培养学生的历史论述能力。

（三）精准施策，课堂有"眼力"

高效课堂是师生的共同追求，精准是高效的前提，教师要练就"火眼金睛"，有好"眼力"。提升学生的历史论述能力，一要"慧眼识材"，基于对课程标准的精准理解，驾驭历史教学，对教材内容进行有效整合；二要"慧眼识题"，选择最有练习价值的题目，用教师的智慧换取学生训练的高效；三要"慧眼识人"，教师要对学生采取有针对性的措施，分类施策，推进个性化辅导。

精准问诊和精准堂练是个性化辅导的基础，针对当前学生动笔书写少、成文能力较弱的不足，创新历史课堂教学模式，推进历史课堂"练—析—评"，提高历史课堂的教学效率。"练"强调学生在课堂上进行书写训练，历史论述能力的基础是历史书写能力，基于核心素养的专业术语表达需要课堂强化训练，只有在历史教师的专业指导下，学生的历史学科核心素养才能提高，学生才能学会用学科语言表达，避免口语化、通俗化表达。"析"强调课堂辨析，现代教育技术如投影仪为课堂辨析提供了技术支持，教师可以将学生的历史论述作品投在屏幕上，与学生一起进行问诊和辨析，分析问题，提出改进建议，培养学生的历史辨析能力。"评"强调在"练"和"析"的基础上，对发现的问题进行针对性练习，并对学生的历史论述能力进行点评，让学生在课堂上有所感悟。

（四）研磨真题，专练提"能力"

高中历史教学重视高考真题解析，通过对试题的解读，开阔学生的视野，拓宽学生的思路，领悟命题思路，提升学生的历史学科核心素养。初中历史教学可以借鉴高中历史教学，将中考历史试题引入教学，进行专项能力提升训练，如对省中考试卷和各地市质检试卷中的材料论述题进行梳理、归类，采取课堂"练—析—评"的方式进行材料论述题专项训练。在训练中强调研磨，"研"的重点在于研究命题思路，在强调初高中衔接和中学一体化的背景下，遵照《新课标》，突出考查学生的核心素养，师生在研究中领悟中考命题思路。"磨"强调提升学生的成文能力，通过小组合作学习等多种方式，进行中考试题变式训练，使学生在精磨真题中提升文字表达能力。

（五）构建范式，备考讲"巧力"

在历史课堂教学中，教师注重运用新颖的教学手段和方法，调动学生学习历史的兴趣，让学生理解历史事件。在历史学科的备考中，历史教师与学生侧重于历史基础知识的记忆，采用思维导图、知识结构提纲等方式强化记忆。因此，学生的文字表达能力较弱，会说不会写的现象较常见，历史教师较少开展提升学生文字表达能力的专项训练，学生的口语化、通俗化的表达经常出现。

历史教师要讲究"巧力"，提升学生的历史成文能力，让学生养成规范答题的习惯，并构建历史论述文的范式。第一，历史教师要传授与初中生相匹配的历史学科专业用语，让学生弄懂且能灵活运用；第二，历史教师要与学生一起拟定历史文字表达规范，让学生养成规范表达的习惯；第三，历史教师要结合学生的情况，研制适合学生的历史论述文范式。历史论述题要求学生提炼观点（观点必须符合唯物史观，体现主流价值），并利用材料与所学知识对观点进行论述。如 2018 年福建省中考试卷中材料论述题所要求提炼的观点是先进的思想是社会发展的重要条件，考生应从先进思想指导社会实践，是社会发展的先导，推动了社会的发展的角度论述。

（六）立足基础，教学重"定力"

高考综合改革持续推进，中考作为高中选拔性考试，命题一定会体现高考改革要求，落实新课程标准，促进学科核心素养落地。在这样的背景下，新的教学理念、教学模式、命题方式等呈现百花齐放的态势。面对改革，中学历史教学要重"定力"，要能守正创新，既要勇于改革，运用新课程理念，采取新教学方法，运用新教学手段，落实历史学科核心素养，又要坚守根本。历史学科主干知识是历史教学改革的"根基"，基础知识、基础能力、基础理论是学生历史学科核心素养的"土壤"，历史教师要优化教学设计，推进有历史思维的深度学习，讲清历史知识点之间的逻辑关系，让历史回归"讲理"的本源。历史教师不能在改革中失去定力，舍本逐末，在课程改革中迷失方向，随波逐流。

初中历史教学与高中历史教学本是一体，在各种因素的影响下，长期以来两者呈现不同的特点。在高考综合改革和强调历史学科核心素养落地的背景下，中考与高考逐渐接轨是一种趋势，初中历史教学与考试将呈现新的特点。

第六节　培育学生独立探究品格的深度学习策略

历史教师转变教学观念是关键，从预设性教学走向开放性教学是新课程标准要求下的新选择。通过开放性教学，历史教师应让学生学会独立思考，进行逻辑思辨，凝练价值思想，具备独立探究品格。

一、开放性教学：新课程标准下的新选择

《新课标》明确提出高中历史教学要尽可能引导学生体验基于互联网的开放式学习。现代信息技术能够满足信息时代人们个性化、多样化的学习需求，将学生的学习过程由封闭转向开放。

（一）开放性教学：教学理念的新挑战

历史学科核心素养强调学生运用唯物史观，对历史知识和事件进行批判性探究，学生主观地选择、理解、解释和建构历史知识，通过自己对相关史事的了解，尤其是对有价值的史料进行分析，用实证的方式对问题的要点逐一探讨，以可靠的史料作为证据来说明自己对问题的看法。

开放性教学是《新课标》提倡的教学方式，开放性教学不以预设的知识为主体，而是以学生课堂生成为核心，在学生掌握必备知识的基础上，培养学生的关键能力，让学生发现问题，解决问题，独立探究，在实证基础上形成自己的观点。正如四川省特级教师郭子其所说的理解历史即重构历史，而非再现历史，倡导建构历史图景，进行开放性解构。

开放性教学主要有以下几个特征：一是开放的教学理念，教师不是将预设的知识传授给学生，而是让学生独立探究，构建知识体系；二是开放的课堂教学，教师可以采取对分课堂等多种教学方式，融合信息技术，让学生能在课堂上独立分析问题，提出观点；三是学生具有选择性，对于课程、史料、学习方式、作业等，学生具有自主选择权，如在史料教学中，教师可以改变师生共同

研讨相同材料得出结论的传统方式，精心选取多样化教学材料，供学生选择、解读，独立探究；四是评价多元化，不以单一的标准评价学生。

（二）开放性试题：高考试题的新发展

高考对教学具有一定的导向作用，开放性试题是高考命题中的创新点，明确引导中学教学要走向开放性教学。开放性试题的精髓在于让学生对历史问题进行独立探究，提出有价值的观点并进行合理的解释，让主观题做到真正意义上的主观。如2018年普通高等学校招生全国统一考试（全国Ⅰ卷）文综历史试题第42题要求选取《鲁滨孙漂流记》小说中的情节，指出其反映的历史现象，并进行概述与评价。该试题具有开放性与独立探究两个鲜明特征。选取小说作为历史论述题材料是开放性的体现。《新课标》在选修课程中开设了模块2"史料研读"，提出了文献史料、实物史料、口述史料、图像史料、现代音像史料、数字资源等几种史料类别。小说属于哪一类史料，并没有明确指出，初中历史教学极少采用小说与历史结合的方式，本题的出现拓宽了中学师生的视野。而鲁滨孙凭借自己的智慧与力量在荒岛上生存的故事本身就体现了一种独立探究品格，史料研读不是一种纯粹的智力活动，它关乎学生人格的塑造。

（三）开放性设计：新课程标准下的新选择

《新课标》倡导开放性教学，而落实开放性教学的关键是对历史课进行开放性的教学设计，《新课标》将"改变世界面貌的工业革命"作为课例进行了说明。以此说明为指导，笔者对人民版高中历史教材（必修二）中"'蒸汽'的力量"一课进行了开放性设计。

开放性教学环节：请学生根据工业革命重要发明（图4-3），结合摘自《大国崛起》的23段文字材料，提出问题，给出自己的分析并成文。

类别	时间	发明者	发明成就	国别	曾经职业
棉纺织	1733年	凯伊	飞梭	英国	钟表匠
	1765年	哈格里弗斯	手摇纺纱机	英国	织工
	1769年	阿克莱特	水力纺纱机	英国	理发师
	1779年	克隆普顿	骡机	英国	纺织工
	1785年	卡特莱特	水力织布机	英国	牧师
动力	1705年	纽可门	大气活塞式蒸汽机	英国	工程师
	1782年	瓦特	联动式蒸汽机	英国	技师
交通运输	1807年	富尔顿	汽船	美国	工程师
	1814年	史蒂芬孙	蒸汽机车	英国	矿工

图 4-3 工业革命重要发明

设计意图：课堂交给学生，改变预设性教学下学生的学习心理。预设性教学在心理上给学生的暗示是教师最终会给出标准答案，学生没有真正进行深度学习，没有真正独立思考，没有真正形成自己的观点。开放性教学的精髓是生成性，重点在"三思"（思考、思辨、思想），关键在于学生独立思考，发现问题，基于史料实证做出历史解释，独立提出自己的观点并进行论述。提供摘自《大国崛起》关于工业革命的 23 段解说词材料，学生可有选择地学习，独立思考，独立探究，形成自己的观点。为学生提供资料，是为了节约学生的学习时间，提高学生的学习效率。

课堂观察：教师准备了 6 个问题：①为什么首先是棉纺织业？②为什么是从 18 世纪开始的？③为什么英国率先？④为什么工匠发明多？⑤为什么蒸汽是关键？⑥为什么爱创新发明？在课堂上，学生从时间、行业、发明者、国家等角度对前 4 个问题进行了探究，将工业革命的原因及过程基本分析清楚了。有的学生还提出了其他问题，并给出了分析。在各小组回答结束后，教师追问还有没有其他看法时，平时在课堂上很少主动发表看法的两位学生主动提出问题并给出了自己的分析。一位学生提出动力发明的时间跨度大，原因是当时发明者之间的沟通少，科学研究与生产实践结合不紧密。另一位学生提出交通运输业的发明时间靠后，一是因为动力技术的发展使运输工具的速度更快、功率更大，二是因为棉纺织业的发展使生产的商品更多，销售的商品更多，需要运输量大且速度快的运输工具，以获得更大的利润。

教学反思：开放性教学的关键是学生主动探究问题，构建学习体系。本环节共有 6 位学生回答了问题，其中 5 人主动发言（3 人代表小组发言，属于规定动作，2 人在小组回答结束后主动发言，属于自选动作），学生探究历史问题的积极性被激发，课堂有活力。开放性教学引导学生探究历史，做真正的思考者，而不仅仅是记忆历史，做知识的搬运工。引导高中学生在掌握一定材料的基础上，独立进行探究，并基于史料实证提出自己的解释，这个教学过程被称为阅读教学。在探究为什么当时英国人爱创新发明时，学生从摘自《大国崛起》的 23 段解说词材料中归纳出各国建立专利制度、政府鼓励科技创新、社会尊重科技工作 3 个原因，这说明学生有能力从材料中提取有效信息。最可贵的是学生的学习心理不再是等待教师给出标准答案，而是主动探究，主动寻找答案，感受探究的乐趣，形成自己的观点，学生独立探究的能力在开放性教学中逐渐提升。

二、独立探究：新课程标准下的高要求

（一）独立探究：历史学科核心素养的高阶要求

《新课标》对五大历史学科核心素养分别做了学业质量水平划分，分析每个历史学科核心素养的最高阶水平 4 的要求（表 4-5）可以得出一个结论：具有独立探究能力是历史学科核心素养的高阶要求。

表 4-5　五大历史学科核心素养水平 4 的要求

素　养	水平 4
唯物史观	能够将唯物史观运用于历史学习、探究，并将其作为认识和解决现实问题的指导思想
时空观念	在对历史和现实问题进行独立探究的过程中，能将其置于具体的时空框架下

素 养	水平 4
史料实证	在对历史和现实问题进行独立探究的过程中，能够恰当地运用史料对所探究问题进行论述
历史解释	在独立探究历史问题时，能够在尽可能占有史料的基础上，尝试验证以往的说法或提出新的解释
家国情怀	能够表现出对历史的反思，从历史中汲取经验教训，更全面、客观地认识历史和现实社会问题

前 4 个历史学科核心素养的水平 4 中都提出独立探究历史问题，显然独立探究是高阶要求，在"家国情怀"素养中，对历史的反思，全面、客观地认识历史和现实社会问题也可被视为在独立探究基础上的价值取向。发现和认证历史问题，并独立提出观点是历史学科的高阶关键能力，而求真的精神、贯通的意识和批判性思维是史学品格。笔者认为，独立探究不仅是高阶关键能力，更应该是史学品格，不抄袭、不盲从、不剽窃是历史研究者和学习者的必备品格。

（二）预设性教学：独立探究品格养成的重要障碍

在预设性教学中，教学内容、问题答案、历史结论与评价等都是教师预先设定好的。教师通过材料、图表、知识结构图等呈现方式，运用现代信息技术手段，采取小组合作等新颖的教学方式，帮助学生更好地记住这些预设的历史知识和历史结论。无论采取多新颖的教学方式，其本质都是让学生掌握历史研究者的历史结论，教学水平往往由学生掌握既有知识结论的深度与广度决定。预设性教学阻碍了学生独立探究品格的养成，主要体现在以下几个方面。

一是预设性教学使学生产生依赖性学习心理，缺乏独立探究的积极性。无论是精彩的公开课，还是普通的常态课，学生习惯性认为教师会准备标准答案，给出既有的历史结论。学生关注的是如何快速、全面、牢固地记住历史结论，而不是自己独立探究，提出自己的观点。这种学习心理很难让学生养成独立探究的品格。在"'蒸汽'的力量"一课的课后问卷调查中，学生提出让教师提供完整的知识体系或思维导图作为笔记的教学建议，正是学生依赖性学习心理的体现。

二是预设性教学使教师产生输出性教学心理，追求现成历史结论的传授质量。教师研究最多的是让学生更好掌握现成历史结论的方法，尽可能地将自己掌握的历史知识与结论传授给学生。史料教学法、小组合作学习等教学方法往往成为努力提高传授质量的工具，而非培养核心素养的途径。教师主要关注历史结论的传授质量，而不关注学生独立探究的能力、品格和意识的提高，所以在教学实践中题海战术、开放性试题答题模式流行就不足为奇了。

三、历史三思：历史学科核心素养中独立探究的重要元素

历史三思（思考、思辨、思想）是独立探究品格养成的重要元素，独立探究源于独立思考，在批判思辨中形成有价值的思想。

（一）思考：独立探究的源起

独立思考是独立探究的基础和前提，《新课标》提出要以问题引领作为展开教学的切入口。独立探究源于独立思考，只有独立思考才能提出有价值的问题，才能有分析问题、解释问题和论证问题等独立探究的过程，才能予以有价值的解释。学生与历史的对话，缘起于问题，深邃于思考。引导学生质疑现有历史结论，是历史教师的职责。实际上，学生对历史存在很多疑问，在开放性教学理念下，有些学生会主动质疑历史结论，笔者认为这种质疑和思考才是历史教学的精华。

（二）思辨：独立探究的路径

历史教学要从传递知识转变为训练学生的逻辑思维，学生提出历史问题后，逻辑思辨是解决问题的路径。逻辑思辨是指在时空背景下对文献、实物等史料进行分析、综合、概括、比较等一系列逻辑推理的过程。逻辑思辨在高考要求中体现明显，在 2018 年普通高等学校招生全国统一考试（全国 I 卷）文综历史试题第 42 题的评价标准中有一项"历史现象的概述与评价的逻辑关系"，要求逻辑关系一致。独立探究主要依靠批判性思维和逻辑思维，对史料进行辨析，将其转化成史学观点。在"'蒸汽'的力量"一课中，播放《大国崛起》中的一段视频，根据其中一句解说词"市场上如黑洞般的迫切需求，首

先出现在纺织业"设计了一个问题链。设问：市场需求为什么会在这个时候如黑洞般迫切？预设答案为新航路开辟和殖民扩张促进资本主义世界市场形成并拓展，侧重于国际市场。追问1：除了世界市场的需求迫切外，还有什么市场的需求旺盛？预设答案为国内市场需求旺盛。在工业革命前，英国的森林资源被耗尽，英国开始以煤为燃料，并生产需求量大且稳定的商品，农业技术的进步、人口的快速增长、圈地运动等扩大了国内消费市场。第一个问题关注的是国际市场，第二个问题关注的是国内市场，一般历史教学侧重讲国际市场，忽视了国内市场。追问2：为什么18世纪之前市场需求没有这么旺盛？市场需求旺盛的更深层原因是什么？预设答案为资本主义经济具有扩张性，贸易是推动英国工业化进程的最大动力。前两个问题探讨的是现象，而第三个问题探究的是本质。本课要探究的核心逻辑关系正是资本主义世界市场与工业革命的关系。

（三）思想：独立探究的价值

历史学科要充分发挥其社会价值，促进学生人格的健康发展，培养他们成为正直的思想者。卢梭将教育分为自然的教育、人的教育与事物的教育，而我们能控制的只有人的教育。独立探究是一种史学品格，它推动学生提出有价值的问题，做出有价值的解释，最终成长为有价值的思想者。历史学习的全过程都蕴含着价值判断。站在英国的维度去理解工业革命，学习者看到的是英国在世界历史发展中的"丰功伟绩"，忽视了非洲、拉丁美洲、亚洲各国与地区所做的贡献。工业革命给中国人带来的最深刻的感受莫过于"落后就要挨打"，首先"落后就要挨打"不符合道德与价值观，其次也不符合实际。《时间地图：大历史导论》中有一幅图，如图4-4所示，值得学生思考、探究。

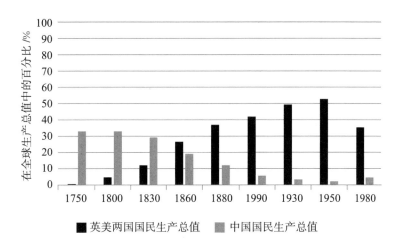

图 4-4　中国国民生产总值与英美两国国民生产总值对比

（图来自大卫·克里斯蒂安《时间地图：大历史导论》）

　　学生通过图 4-4 可以很直观地看到，在 1830 年中国国民生产总值在全球生产总值中所占的比重很大，远超过英美之和。学生在对该图深入探究、辨析后，可以获得很多有价值的信息，并对"落后就要挨打"有更深刻的认识，这正是独立探究的价值所在。

　　课后的学生问卷中设置了一个开放性问题："请谈谈你的看法。"问卷合计55 份，8 位学生没有做出评价。29 位学生对教学形式进行了评价，基本认可开放性课堂这一教学方式，肯定了开放性课堂对思维拓展的积极意义，认为开放性课堂生动、幽默、引人入胜，但对课堂的完整性和系统性提出了进一步的要求。4 位学生对教学媒体进行了评价，肯定了视频在教学中的积极作用。1位学生对教师教学技能进行了评价，认为课堂衔接及课堂语言需要进一步提高。4 位学生对教学内容进行了评价，他们理解了本节课的核心内容，即科技创新推动世界发展，构建了课堂知识体系。9 位学生没有给出具体意见，只是用"很好"等笼统的词语表达，从另一个角度说明学生还没学会评价课堂。根据开放性评价反馈，绝大多数学生关注到课堂教学形式，对开放性教学持肯定态度，有独立探究兴趣。

第七节　培养学生独立思考能力的深度学习策略

开放性试题重在创新，年年"变脸"，与史学前沿动态联系密切。开放性试题的最大特点是开放性，首先是命题思想的开放性，以考查学生的历史学科核心素养和学习潜力为出发点，不受材料、题型、设问、答案等的限制；其次是题型的开放性，题型年年创新，设问新颖，具有原创性；最后是答案的开放性，没有预设答案，甚至没有参考答案，为学生独立提出观点，并运用史实进行论证提供开放性选择。培养学生的独立思考能力，提高开放性试题的作答水平，是中学历史教师当前面临的新课题。笔者以一节公开课"历史论述题的解题策略"为例，探索通过开放性历史教学培养学生的独立思考能力，使学生学会理性思考，发表自己的观点。

一、基于开放性试题的设计思路

开放性试题选材灵活，设问新颖，没有预设答案。历史论述题的设计核心在于开放性，开放性试题可以培养学生的独立思考能力，引导其在理性思考的基础上形成自己的观点。

（一）教师思想的开放

教师要有开放的思想，引导学生独立思考，为学生提供独立思考的机会。如果教师思想不开放，再精彩的教学设计和课堂呈现最终会向教师预设的教学结果发展。本节课的设计核心是教师根据学生的课堂表现进行引导，学生独立发现问题、提出问题，学生小组合作探究问题，学生扮演教师进行评分，教师必须针对学生在课堂上提出的问题进行引导与评价，课堂本身是开放性的。只有开放性的课堂才能培养学生的开放性思维，才能真正让学生独立思考问题。

（二）教学素材的开放

近六年全国Ⅰ卷开放性试题（2012—2016年第41题，2017年调整为第42题），按所考查的历史解释核心素养大致可以分为两类："史事—理解—描述"型和"观点—辨析—评论"型。按开放程度大致可以分为两类，一类是半开放性试题，题目中有一个具体的理论或观点，如2012年的"冲击—反应"模式，2015年的"生产力＝科学技术×（劳动力＋劳动工具＋劳动对象＋生产管理）"，2016年的"制度构想与实践"，学生可以围绕理论或观点进行论述。另一类是全开放性试题，如2013年的地图题和2014年的目录题，2017年的中外历史事件简表题，这类题目没有任何具体理论或观点，学生要自己发现历史问题，独立提出观点并加以论证。

（三）课堂教学的开放

课堂教学采取小组合作学习的方式，学生分组讨论课前发放的导学案，针对几个重要的问题，每个小组必须在课堂上生成一份集体讨论的成果，用班班通直接呈现出来，让其他小组对成果提出改进建议并评分。学生是课堂的主体，由于题目本身是开放的，学生课堂上生成的成果也是开放的、不可预设的，这对教师的专业素养和思维能力提出很高的要求，教师要在第一时间对课堂生成的成果进行点评，引导学生思考。

二、呈现开放性的历史课堂教学

（一）导入新课

与其大量做题，不如抽出时间认真研究往年的试题，往年的试题反映了试题编制者对考试内容的深思熟虑、对设问和答案的准确拿捏、对学生水平的客观判断。研究这些试题，就如同和试题编制者对话。

设计意图：在学生做过大量的各地各类试卷的基础上，本节公开课重新回归高考原题，解读开放性试题，让学生领悟各地各类试卷与高考原题在命题水平上有一定的差距。

（二）解读《2017 年普通高等学校招生全国统一考试大纲（历史）》

《2017 年普通高等学校招生全国统一考试大纲（历史）》中指出："历史学科考查对基本历史知识的掌握程度；考查学科素养和学习潜力；注重考查在唯物史观指导下运用学科思维和学科方法发现问题、分析问题、解决问题的能力。"《2017 年全国统一考试大纲考试说明及样题（文综历史）》中指出："命题不拘泥于教科书，试题运用新材料，创设新情境，古今贯通，中外关联，把握历史发展的基本脉络。"

设计意图：让学生从惯性思维中解放出来，正确理解高考选拔功能，要做到"古今贯通，中外关联，把握历史发展的基本脉络"，独立思考，科学论证，提出观点。

（三）小组合作探究一

展示 2013 年普通高等学校招生全国统一考试文科综合能力测试（新课标 I 卷）第 41 题：比较图 9、图 10，提取两项有关汉唐间历史变迁的信息，并结合所学知识予以说明。

全班 7 个学习小组，小组合作讨论。第一步：每个小组提炼出一条信息，并用班班通的实物投影仪直接展示。每个小组都顺利地提炼出信息，几位学生代表愉快地展示成果。第二步：教师展示高考原题的参考答案，要求学生分析自己的答案与参考答案的差距，同时采取交叉评论的方式，让学生评论其他学生的答案。第三步：每个小组提炼出一条与高考参考答案不一样的信息。要求不能重复，必须有新思路，论证要科学合理。学生感到难度大，讨论、争论的学生多起来。其中一位学生提出："由图可知，东汉时期吐蕃界线并未明确，唐开元时期吐蕃、南诏等疆域明确。说明吐蕃、南诏与汉族（唐朝）从敌对关系发展为友好往来关系，例如文成公主嫁入吐蕃。"学生提出的这一信息有亮点，但也存在很多不足，其他学生可对其进行评论，并提出修改意见。能独立提出新见解的学生并不多，受高考参考答案的影响，提出类似答案的现象较普遍。在各小组展示的过程中，教师主要鼓励学生提出新观点，对一些不成熟的观点加以引导和完善。

设计意图：①开放性。学生小组合作学习，独立提出观点，并进行论证，教师没有进行预设，没有束缚学生的思维，让学生以一种开放的精神探讨开放性试题。教师的理念要转变，不能以提供现成的、成熟的答案为指导思想，而要以开放的态度，让学生独立提出观点，在课堂上真正培养学生的独立论证能力，构建开放性课堂教学模式。②自主性。学生需要独立自主完成本教学环节，这对教师提出了非常高的要求，教师要有较高的课堂驾驭能力和专业水平，引导学生真正以历史探究者的身份去讨论、交流、总结、表述。③生成性。学生在课堂上呈现出来的思想认知、思维火花是真实的、客观的。如果能长期坚持开放性课堂教学，学生独立思考将成为常态。

（四）交流提升

请学生思考高考试题与历史学科能力要求、历史学科核心素养之间的关系。思考结果如表4-6所示。

表4-6　高考试题与历史学科能力要求、历史学科核心素养之间的关系

提取信息并说明	历史学科能力要求	历史学科核心素养
解读汉唐历史地图	获取与解读信息	时空观念
汉代的州集中于黄河中下游地区，唐代的道南北分布大体平衡	调动和运用知识	史料实证
汉唐间南方社会经济有了很大发展	描述和阐释事物	历史解释
历史发展的基本脉络：南方经济发展，经济重心南移	论证和探讨问题	家国情怀

设计意图：让学生从实例中领悟高考试题与历史学科能力要求、历史学科核心素养之间的关系，提升学生的独立论证能力，让学生从题海中跳出来，特别注重培养学生的探讨问题能力，即培养学生发现历史问题、论证历史问题、独立提出观点的能力。这是开放性试题主要考查的能力，也是目前学生最需要具备的能力。很多研究者认为，历史教学应重视培养学生发现问题与形成观点的能力。

（五）小组合作探究二

展示 2014 年普通高等学校招生全国统一考试文科综合能力测试（新课标Ⅰ卷）第 41 题：下面是 1960 年我国中学历史教科书中"抗日战争"内容的目录摘编。（目录摘编略）根据材料并结合所学知识，对该目录提出一条修改建议，并说明修改理由。（所提修改建议及理由需观点正确，符合历史事实。）

教师展示并解读参考答案后，要求各小组合作讨论，提出一条修改建议并说明理由。学生经过前一环节的练习提升，思维更活跃，更自信，纷纷提出自己的观点。虽然学生提出的建议存在各种各样的不足，但让学生独立提出观点并加以论证便达到了开设开放性课堂的目的。以往教师口头提倡学生独立思考，科学论证，但一旦进入课堂，就容易回到教师为学生提供答案，学生等待答案的老路。所以，解答开放性试题需要开放性的思维和开放性的课堂，其中关键在于教师，在于课堂。

列举几个学生提出的修改建议。

例一：添加武汉会战。理由：①武汉会战是抗日战争防御阶段规模最大的一次战役；②中国军队英勇抗击，粉碎了日军控制国民政府的企图；③为将工业迁入西南和西北争取了时间；④这一时期中华民族进行了全民族抗战。

例二：增加世界反法西斯统一战线。理由：1931 年，日本侵略者发动"九一八"事变，中国抗日战争由此开始，同时也拉开了第二次世界大战东方战场的序幕。因为日本是法西斯国家，所以中国实际上与世界反法西斯国家站在同一战线。并且 1945 年日本投降之日也是世界反法西斯统一战线胜利之日。增加这一子目录是为了体现中国与世界正义力量同行。

师生共同对学生的修改建议进行讨论并提出改进意见，特别是例二的建议很有想法，可以再增加一个理由：中国的抗日战争是世界反法西斯战争的重要组成部分，世界反法西斯同盟的支持是抗日战争胜利的重要原因，中国抗日战争为世界反法西斯战争的胜利做出重大贡献。

设计意图：构建一个开放的教学平台，通过开放性的课堂教学活动，让学生打开思维，独立分析历史问题，论证自己的观点。在历史教学活动中，如果教师将预设的历史知识传授给学生，无论采用哪种方式都无法让学生真正独立思考，真正提出观点及论证观点。只有开放性的教学，才能让学生自主学习、发现问题、论证问题，真正提升学生的历史论述能力。

三、关于开放性历史教学的几点思考

开放性历史教学必须以培养学生的开放性思维为核心，构建开放性的教学平台。如何构建开放性的教学平台，本节课的教学有很多值得反思的地方。

（1）教师教学理念是否具有开放性？在课程改革进行多年的背景下，历史教师的教学理念、教学方法有了很大的进步。无论是微课、翻转课堂，还是小组合作学习、对分课堂等，其核心都是采取新颖、易于接受的方式让学生掌握知识。就本节课而言，传统的教学方法效率高，能将大量的信息传递给学生，大部分学生掌握了高考原题和参考答案，同时可以将近几年的开放性试题分类、归纳、整理，找出一些共性。而采取开放性教学方式，学生只能研究几道题，并且给出的答案并不完善，在课堂上没有时间对所有问题逐个深入探讨，学生历史论证能力的提升效果不明显，这也是当前教师往往采取传统教学方法的重要原因。但从长远看，如果从高一就开始采取开放性教学方式，每周都开设一两节开放性课堂，学生的开放性思维会慢慢形成，逐渐具备独立思考和论证的能力。如果长期坚持预设性教学，只能增加学生的知识，独立思考与论证的能力会在每一节看似更高效的课堂中慢慢流失。

（2）学生独立思考能力能否真正形成？学生在长期的预设性教学中成长，独立思考问题、分析问题、论证问题的能力较薄弱，习惯记忆，不具备开放性思维，很难提出独到见解。如何才能让学生在历史课堂中独立思考？如何才能让学生提出有价值的问题？如何让学生在课堂上开展有深度的讨论？如何评价学生提出的见解？仍需继续探讨。

（3）如何辩证看待开放性？开放性是包含"闭合"的开放性，不是天马行空、漫无边际的开放性，要从历史事实出发，开展史料论证，坚持论从史出，运用历史辩证逻辑方法，提出自己的历史观点。

在知识检索非常便捷的信息时代，历史知识的获得途径多元化，构建开放性的教学平台，培养学生独立思考和论证的能力是历史教学发展的一种趋势。

第八节　巧用历史时空坐标培育时空观的深度学习

一、历史时空坐标是历史时间与历史空间的整合

历史学科从一定程度上说是关于时间的学科，离开了时间，历史事件的评价将无从谈起，使学生具备历史时空观是历史学科教学的基本目标。中国历史学家吴于廑认为人类历史发展经历了纵向发展和横向发展的漫长过程，他提出："长期以来，世界史或全球史编纂的核心难题在于，在世界或全球的广泛的时空框架内构建一个能充分说明人类历史发展、演变及其本质的系统的、客观的阐释体系。西方史学者认为，世界史学家面临两个概念上的任务，其一是横向的综合：如何把每一个时代中世界范围内的广泛的人类经历相互连接起来；其二是纵向的综合：在时间长河中如何确定各种模式在历史上的位置。"[1]

历史时空坐标示意图"以时间为经，以空间为纬"，每一个历史事件都是一个时间与空间结合的点，犹如全球定位系统（GPS），对历史事件进行准确定位，有利于学习者对历史事件形成科学、客观的认识和评价。在常用的历史大事年表的基础上，增加空间的维度，便形成了直观的历史时空坐标示意图。

二、巧用历史时空坐标培养学生的历史时空观

"二战后资本主义世界经济体系的形成"是人民出版社出版的《历史·必修（第二册）》中专题八"当今世界经济的全球化趋势"中的第一课，其主题是经济全球化从无序走向有序。本课所涉及内容时间跨度大，空间变化大，对学生的历史时空观要求高，从新课导入开始，利用两个历史时空坐标对本课进

---

① 董欣洁.世界历史进程中的马克思世界历史理论[J].史学理论研究，2008（3）：100-108.

行解读，如图 4-5、图 4-6 所示。

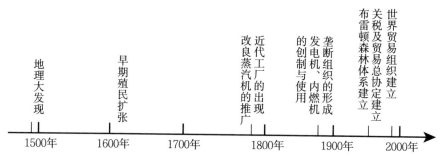

图 4-5　经济全球化的发展历程

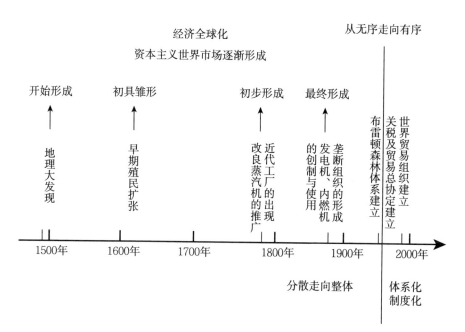

图 4-6　经济全球化时空坐标示意图

通过完成经济全球化时空坐标示意图，学生从时间上对第二次世界大战前后的经济全球化有了清晰的认识，从空间上了解了经济全球化的中心从欧洲转移到美国，从整体上认识了第二次世界大战后的经济全球化从无序走向有序的过程。直观的图示有利于培养学生的历史时空观。同时，学生的能力有限，独立完成时空坐标示意图的难度较大，教师应积极地引导学生，师生共同完成时空坐标示意图，这种师生交流方式也是培养学生时空观的一种方式。

用世界经济体系时空坐标示意图解读新课。教师在黑板上画出空白的第二次世界大战后世界经济体系时空坐标，在解读新课的过程中，师生共同绘制完成第二次世界大战后世界经济体系时空坐标示意图，如图 4-7 所示。

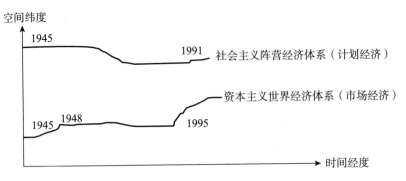

图 4-7 世界经济体系时空坐标示意图

这张历史时空坐标示意图是不固定的，师生可以根据教学的需要选择特定的时间与空间，形成一个历史事件点进行分析，如分析 1995 年前后资本主义世界经济体系的不同，培养学生的时间观，分析 1945 年至 1991 年西方资本主义世界经济体系与东方社会主义阵营经济体系的区别，培养学生的空间观。一节课上完，这张示意图也就完成了。当然，这不是严格的、科学的时空坐标，并非严格按照比例绘制的，只是作为直观的图示来说明历史事件。

用金融中心时空坐标示意图进行课堂小结。《怎样做大国》一书中指出："现代金融市场起源于西方。以粗略的线条勾勒，那就是从以佛罗伦萨等独立城市为中心的'意大利金融'，发展到以阿姆斯特丹为中心的'荷兰金融'，然后发展到以伦敦为中心的'英国金融'，最后到达以纽约华尔街为中心的'美国金融'。"要求学生根据以上内容制作一张简易的金融中心时空坐标示意图，如图 4-8 所示。

图 4-8　金融中心时空坐标示意图

绘制时空坐标示意图，可以培养学生的历史时空观，使其对资本主义世界经济体系有相对全面的认识，构建起时空一体化的历史知识体系。

培养学生的历史时空观是提升学生历史学科核心素养的重中之重，是学生积累历史知识、形成历史价值观的基础。历史时空坐标示意图可以充分发挥师生的积极性和创造性，使师生利用历史时间和历史空间对历史事件进行准确定位，在特定的历史条件下对历史问题进行分析、评价，提高历史教学的有效性，达到培养学生历史时空观的目的。

第九节　基于学生自主命题的深度学习实践路径

一、让学生进行自主命题训练的原因

最直接的原因是调动高中学生对历史课的兴趣。有人总结过学生喜欢历史课的原因：①学习历史有用；②教师讲得引人入胜；③历史本身很有意思，能引起学习兴趣；④课本内容有意思；⑤师生经常一起探讨问题。也有人总结过学生不喜欢历史课的原因：①学习历史没有用；②教师讲得乏味；③历史本身没有意思，难以引起学习兴趣；④课本内容没有意思；⑤师生不一起进行探究性学习。结合十几年的高中教学经验，笔者认为能让高中生在历史探究学习中

体会到乐趣、成就感，激发高中生探究深邃的、活生生的历史的兴趣是关键。所以，笔者最先设计的方案叫作学生趣味出题。基本原则就一条：看谁出的题目更有趣。在试行中，笔者收集到的题目类型达二十多种，如串串烧、历史脑筋急转弯、考试高倍镜、纠错对对碰、火眼金睛、旅游大猜想、中外历史名人在集会、读图认史、中国公民常识必备、帮小蝌蚪找妈妈等，改变了原来单纯完成教师布置作业的枯燥学习状况，极大提升了学生的积极性。

二、让学生进行自主命题训练会不会影响学生的历史成绩

高中一线教师进行任何新的教学尝试前都必须考虑的因素是新的教学尝试会不会影响学生成绩。本着对学生负责、对家长负责的态度，教师在进行教学改革时都要考虑新的方法是否比传统方法更好、更有效。认真分析各方面的因素，并结合学生的反馈意见可得出结论：让学生进行自主命题训练对提高学生的历史成绩有很大帮助。

（一）学生自主命题符合新课程标准、新高考命题方向

根据新课程标准，教学目标已从使学生掌握基本的历史知识，培养学生的认知能力，转变为掌握认识历史的方法，形成自己对历史的认识，提高对历史及社会问题进行分析的能力。从新课程改革实施以来的高考（福建省）历史命题看，高考指挥棒在悄悄变化，最明显的变化有两方面：一是加强考查对新材料、新情境的解读以及对图表、图片、漫画信息的提取，偏重对历史学习方法和研究方法的考查；二是降低了对繁杂的历史知识点的记忆要求，偏重对理解基础上的知识迁移能力、全球意识和整体观念的考查。学生自主命题正符合新课程标准、新高考命题方向。

（二）学生自主命题符合信息时代的历史教学要求

在当今信息时代，历史教学要跟上信息化的发展步伐。很多历史知识、概念、事件等信息，都可以在网络上查到，也可以在网络上学习，很多学生通过网络学习就能消除很多历史疑惑。正如前面所说，历史试卷降低了对繁杂的历史知识点的记忆要求，偏重对理解基础上的知识迁移能力、全球意识和整体观

念的考查，这是一种趋势。历史教学应该顺应这种趋势。具体到作业、练习环节，就是改变过去不断做陈题，搞题海战术的教学方法，让学生在自主命题的过程中，增强知识迁移能力，让学生形成自己对历史的认识，提高对历史及社会问题进行分析的能力，让历史知识回归本质，让其生动起来。

信息化网络为学生自主命题提供了基本保障。学生要在自主命题过程中出好题、新题、趣味题，就不能只靠教材知识和教师拓展的知识。以前教师使用的历史提纲教学法（让学生在上课前做好本课历史提纲）所面临的最大困难是学生难以搜集到所需历史资料。现在这个问题迎刃而解，学生能很容易地通过网络搜集所需历史资料，从而轻松地自主命题。

学生自主命题特别适合历史学科，因为网络上有大量的图片、文字、视频等原始历史素材，学生可用这些原始资料创设各种类型的题目，进而在有趣的学习活动中更全面、更真实地了解历史、认识历史。

（三）学生自主命题符合高中生（特别是文科生）的特点

历史学科在文理分科后才会得到学生和家长的重视，所以让学生自主命题最好在文理分科后，且在文科班进行。（这里之所以提家长，是因为很多家长是不支持学生上网的，家长需要理解并监督学生上网。）高中生（文科生）具备以下特点：一是具备一定的历史知识与能力；二是具备一定的语言表达能力；三是有自己的观点（因为历史具有复杂性，学生会有不同的角度和立场）；四是渴望展示自己的想法与创意；五是在高考前要做大量的陈题、类似题，换个角度看，成为出题者，既是一种刺激，也是一种提高。

综上分析，学生如果能认真进行自主命题活动，既符合新课程标准下历史教学的方向，也符合历史考试命题方向，对学生历史成绩的提高大有好处。

三、学生自主命题训练方法

在想清楚前两个问题后，就要考虑学生自主命题训练的方法了，大致有以下几种。

（一）最早的方法：学生趣味出题，同桌互出互做

最先设计的方案叫作学生趣味出题。学生在做各种历史练习册上的题目时，会觉得十分枯燥。为了让学生对历史具有浓厚的兴趣，笔者便提出了学生趣味出题这个方案。为了操作可行、易行，最初方案是同桌互出互做，每一位学生准备一个出题本，每周出一道题，题型不限，但要与最新教学内容相关，并且要有正确答案，出好后由同桌做题，出题者进行点评。以一个学生的作业为例。

串串烧

出题者：朱某 做题者：叶某 总分：30 分 得分：27 分

将下面的词语串连成一段具有创新性的纪录性文字。

闭关锁国 倒幕运动 佩里叩关 武士 王政复古 1868 年《五条誓文》 废藩置县 四民平等 殖民扩张 四大财阀 民族危机 文明开化 军国主义 侵略扩张

（此题难度系数：☆☆☆ 同桌，我相信你能！）

（答案略）

评价：条理清楚，掌握全面，但扣书面分 3 分，字迹要清楚点儿，我看得好辛苦！

这种方式的最大特点是趣味性强，题型丰富，容易操作。一时间学生掀起了一股历史学习热潮，无论是对教材知识，还是对教师补充的知识，抑或是对课程标准要求的有关历史知识，都产生了浓厚的兴趣。

时间一长，这种方法的不足便显现出来了。一是学生出题水平参差不齐；二是仅限于同桌互出互做，资料没有共享，好的题目没有及时在全班展示；三是为了更容易操作，往往采取在纸上手写的方式，无法及时保留与共享；四是学生的学习负担很重，各科作业很多，没有太多的时间投入历史自主命题活动。于是有了第二种方式。

（二）改进的方式：分组出题，全班都做

针对第一种方式的一些问题，结合学生的意见，笔者将趣味出题调整为分组出题，让全班学生都参与。具体做法是每四人组成一个命题小组，每一小组每周出一道题，每周抽一个时间（15分钟左右）让全班完成并当场讲评。每学期后进行汇总，并评选出一、二、三等奖。要求出题小组的每位学生都出题。

改进后的方法效果很明显：首先，小组出题体现了学生合作学习、合作探究的学习理念。其次，提高了出题的质量，全班分成十几个小组后，每个学生一学期只要出好一次题就行了，由于要在全班展示，进行评比，大多数学生都会尽力出好题。

但是，到了高三，这个方法就不太好用了。因为高三学生比较重视考试成绩，加上高三学生有大量的练习题要做，高考又只考选择题和综合题两种题型，所以高三学生自主命题的积极性降低，不愿意花时间在非高考题上。针对这种情况，笔者再次做出了调整。

（三）高三方式：师生共同命题，学生分组完成

为了迎接高考，如何让高三学生高效练习，不陷入题海战术，是高三教师面临的难题。基于现在高考命题趋势的变化，设计高三练习题有更大的难度。基于前两次学生自主命题练习，笔者再一次做了改进，调整为师生共同命题，学生分组完成。具体做法是每四人组成一个命题小组，每一小组每周出一道题。与前两种方式相比，这种方式主要有以下几个变化：一是题型上的变化，学生自主命题只出一种题型，即改错题。这么做一是因为对于其他题型，学生很难设计出达到或接近高考难度的题目，如选择题、材料问答题，既然达不到高考水准，那不如不出；二是因为学生自主出改错题，能很好地理解历史知识，同时学生互相补充有利于发现历史知识掌握的不足之处。二是教师参与进来，在每次自主命题练习中，教师要精心准备一个材料问答题，以提高命题的质量。三是做题方式有变化。以前学生自己完成，现在学生自己做完之后，要进行分组讨论，协作完成。这么做的原因是高三学生在做材料问答题时都能进

行思考并组织答案，但由于每个学生的思路、知识储备、分析能力、看问题的角度与方法各有不同，每个学生往往只能给出其中部分答案，而把几个学生的答案综合在一起往往就是一份漂亮的答案。所以，每周拿出一定的时间让学生对同样的问题分组讨论，能够让高三学生在讨论、协作的基础上共同进步。

四、让学生进行自主命题训练引发的几点思考

学生自主命题训练带来了一些收获，也引发了一些思考。

第一，如何真正实现学生自主命题，而不是抄题？

第二，如何指导学生有效地阅读原始的历史资料以增强其对历史本来面目的认知？

第三，如何增强学生对历史学科的兴趣？学生自主命题只是一种方式，还有更多的选择。

第四，高中历史学生自主命题训练值不值得做？怎么做更好？

第十节　必修与选择性必修知识融合的深度学习实践

——以三国两晋南北朝时期为例

三国两晋南北朝时期的知识分散在必修模块《中外历史纲要（上）》第二单元的各个课程中，在选择性必修的不同课时中也有出现。为了让学生更好地掌握三国两晋南北朝时期的知识，加大了学习的深度、广度、高度，可以开展将《中外历史纲要（上）》的必修知识与选择性必修知识融合的深度学习实践。

【阶段特征】

总体特征：三国两晋南北朝是国家分裂和民族交融时期，也是政治、经济、文化大变革时期，上承秦汉、下启隋唐，为隋唐的大一统奠定基础。

政治：国家分裂，政权更迭频繁；中央集权制受到冲击，三省制雏形出现；九品中正制为主要选官制度；北魏均田制形成，实行

租调制；门阀士族政治特色鲜明，成为这一时期封建统治的社会基础。

民族关系：民族政权并立与民族交融；边疆民族内迁，北民南迁，各民族之间经济文化交流频繁，出现了民族交融的高潮；农耕文明与游牧文明不断碰撞交融；北魏孝文帝改革加速了民族交融的过程，为统一多民族国家的发展奠定了基础。

经济：社会经济在曲折中仍有发展。江南经济得到开发，为经济重心南移奠定了基础；各民族经济交流加强，封建生产方式向边疆扩展；北方农耕经济遭到破坏；庄园经济和寺院经济占有重要地位；商品经济水平较低。

思想文化：思想活跃，呈现多元特征，佛教盛行，道教广为传播，儒学正统地位受到挑战，魏晋玄学、农学和数学成就突出，书法、绘画成为自觉艺术，南北文化差异明显但走向交融。

中外关系：以佛教传播为载体的中外文化交流密切。

一、政治：政权更迭，门阀士族崛起

（一）政权更迭，分裂中孕育统一

1. 三国

220年，曹丕称帝，定都洛阳，国号魏。221年，刘备定都成都，史称蜀汉，简称蜀。229年，孙权定都建业，国号吴。

2. 西晋

266年，司马炎代魏称帝，国号晋。280年，西晋灭吴，完成统一。316年，西晋被内迁匈奴贵族所灭。

3. 东晋与十六国

（1）东晋：317年，司马睿在建康重建晋朝，史称东晋。东晋北边的疆域，大致到淮水为止。420年，刘裕夺取皇位，改国号宋。

（2）十六国：西晋末年到东晋时期，北方先后出现了一批割据政权，最主要的有 15 个，加上西南地区的成汉，合称"十六国"。十六国大部分由内迁少数民族建立，它们都采用了中原模式的国号、年号，学习汉族的典章制度。

（3）淝水之战：4 世纪下半叶，氐族建立的前秦统一北方，随后大举进攻东晋，被击败于淝水。强大的前秦政权在淝水之战后迅速崩溃。

4.南北朝

（1）南朝：420 年刘裕夺取皇位后的 170 年间，南方先后经历了宋、齐、梁、陈四个王朝，合称南朝，均定都于建康。

（2）北朝：4 世纪末，鲜卑拓跋部建立的北魏强大起来，于 439 年统一北方。5 世纪后期，北魏孝文帝拓跋宏大力推动民族交融，都城从平城迁到洛阳。6 世纪前期，北魏分裂为东魏和西魏，稍后又分别被北齐、北周取代，上述五个王朝合称北朝。北周灭掉北齐，不久，隋朝取代北周，统一全国。

（二）国家制度创新：新制度不断酝酿发展

1.政治制度

（1）中央中枢机构：自三公九卿制向三省六部制转变。

三省的初步形成：魏晋南北朝时期，尚书台改称尚书省，与中书省和门下省形成三省，它们共同辅助决策，行使权力。

（2）地方行政机构：魏晋南北朝主要是州、郡、县三级制。

2.官员的选拔与管理：九品中正制

（1）背景：①东汉末年政治与社会秩序大乱，豪强大族控制了地方选人权。②人口流动加剧，乡里清议失去社会基础。③察举制不适应选拔需求。

（2）推行：220 年，魏王曹丕正式推行。

（3）内容：①设置中正，在各州、郡设置大中正、中正，由本籍在中央任高官的人担任；②品评人物，中正根据家世、道德和才能评定州、郡士人的资品，分为九等，写出评语，称为"状"；③按品授官，获得资品的士人，由吏部授官。

（4）实质：成为维护士族特权的工具。

（5）特点：由地方向中央推荐人才；强调德行；重视儒学。

（6）演变：①选拔权力，由中央掌握演变为世家大族控制；②选拔依据，由家世、道德、才能并重演变为主要看重家世。

（7）评价。

积极评价：①早期为曹魏政权选拔了大量的人才；②选官权收归中央，加强了中央集权；③对魏晋南北朝时期的家学教育起到了促进作用，推动了儒家思想的传播。

消极评价：随着门阀士族势力的发展，中正选人只看家世，不看道德和才能，逐渐形成"上品无寒门，下品无士族"的局面；成为巩固门阀政治的工具，具有垄断性和封闭性的特点，不利于人才选拔和中央集权。

3.官员的考核管理

魏晋南北朝时期门阀士族势力强大，战乱频繁，虽制定了相应的考核法规，但大都流于形式。

（三）法律与教化：律令儒家化，重视家训

1.律令儒家化

（1）原因：①汉武帝以后儒家思想成为主流思想，儒家知识分子以经注律。②魏明帝命令专用儒家思想来解释律令，进一步推动了律令的儒家化。

（2）表现：法律以亲属之间的尊卑亲疏作为量刑的重要原则之一。

（3）目的：维护儒家提倡的三纲五常。（三纲：君为臣纲、父为子纲、夫为妻纲；五常：仁、义、礼、智、信。）

（4）影响：①礼法结合，强化了对君权、父权和夫权的维护，成为巩固专制的工具；②儒家与法家的法律思想逐渐融合，经隋唐采用后便成为中国古代法律的正统，并延续到中国近代。

2.重视家训

东汉灭亡后，中国历史进入了魏晋南北朝时期。这是一个战争连年不断、政权频繁更替的大分裂时期，官学兴废无时，对子弟教育的任务逐渐由家庭来承担，从而使家训理论趋于成熟。

（四）户籍制度：黄籍和白籍

1. 原因

（1）社会动乱和人口流动打破了原有的户籍管理制度，封建政府无法掌握人口、田亩等信息。

（2）封建土地私有制的发展，导致部分人口失去土地成为地主阶级的依附阶层。

（3）为保障赋役征发，封建政府不得不适应变化了的社会现实，重新制定新型户籍分类标准。

2. 措施

（1）黄籍：西晋短暂统一中国，以黄纸登记户主姓名、年龄、家庭情况，装订成册，称为"黄籍"。东晋政府对南方土著居民仍然以黄籍进行登记。

（2）白籍：对从北方南渡而来侨居的州、郡、县人口以"白籍"进行登记，不向白籍人口征发赋役。

（3）土断：在东晋后期和南朝，政府为增加赋役，不时将侨居户口编入所居郡县户籍，称作"土断"，使白籍人口土著化，承担赋役。

3. 影响

（1）促进了民族融合和南北文化的交流，增加了政府财政收入和兵源。

（2）将流民正式编入户籍，在一定程度上缓和了社会矛盾，有利于社会稳定。

（3）打击了豪强士族势力，有利于加强中央集权，维护统治。

> 【历史概念】土断：东晋和南朝为解决侨置问题而推行的整理户籍及调整地方行政区划的政策。由于侨置引起户籍混乱，影响政府财政收入，从晋成帝时开始推行"土断"。所谓土断，就是以土（居住地）作为断定户籍的依据，使之著籍，取消侨人原来的临时户籍（白籍），改由居住地编制统一的黄籍，同时取消了侨人免除赋役的优待。土断推行后，国家控制的户口数大量增加，赋税收入增长，缓和了土侨矛盾。

（五）门阀士族

门阀士族是以宗族为纽带形成的封建贵族特权集团。魏晋时期，一些声名显赫的士大夫家族世代把持官位，享受政治、经济等方面的特权，形成一个特殊的社会阶层，称为"士族"，成为东晋政权的主要支柱。（庶族是指士族以外的一般中小地主，也称寒族、寒门。）

1.原因

（1）历史根源：东汉以来豪强地主势力迅速发展。

（2）经济原因：土地兼并严重，经营庄园，渐成割据。

（3）政治原因：魏晋政权统治的基础是士族，皇帝依赖士族的支持；九品中正制是士族制度的政治保障。

2.表现

（1）政治上：按门第高低分享特权，世代担任重要官职。

（2）经济上：士族占有大量土地和劳动力，建立起自给自足、实力雄厚的庄园经济。

（3）社会生活上：不与庶族通婚，甚至坐不同席。

（4）文化上：崇尚清谈。

3.影响

门阀士族政治特色鲜明，成为魏晋时期封建统治的社会基础；皇权受冲击，士族把持官位；士族渐成割据，影响中央集权；士族经营庄园，影响政府财政收入；门阀士族长期把持朝廷要职，缩小了选官的范围，以致出现"因人设官"的现象，降低了统治集团的素质。

4.衰落

隋唐时期，废止九品中正制，实行科举制。

衰落原因：①士族自身的腐朽；②隋唐科举制的实行动摇了士族的政治基础；③均田制和租庸调制在一定程度上削弱了士族制度的经济基础；④唐朝统治阶级内部争权夺利的斗争；⑤农民起义此起彼伏，庶族地主乘机以军功崛起，进一步摧垮了腐朽的士族。

【历史概念】侨州郡县：东晋和南朝为侨人设立的地方行政区划。永嘉南渡后流寓江南的北方人口称侨人。为控制侨人，东晋政府在侨人比较集中的地区，暂时借地重置了许多侨人的原籍州郡县，并沿用旧名，称侨州、侨郡、侨县，是为侨置。原来郡县称"土郡县"。初置侨州、侨郡、侨县时，规定侨人编入白籍，免除赋役，这对招徕北方人和鼓励登记户籍都起了一定的积极作用。侨州郡县的设置对缓和南北士族矛盾、安抚北方流民、发展南方经济发挥了作用，但也导致了户籍混乱、财政收入减少等严重后果。

二、民族关系：民族政权更迭与民族交融

（一）民族大交融

民族交融是指各民族间共同生活、彼此学习、共同发展、逐渐交融的过程，包括经济生活、文化语言、风俗习惯、民族心理等趋向一致。

1. 背景

（1）中原地区分裂割据，政权更迭频繁。

（2）民族大迁徙，各民族杂居相处，如匈奴、羯、氐、羌、鲜卑内迁，促进了民族交融。（边境民族内迁、北方人口南迁、中原民族北迁、南方山区民族外迁。）

（3）少数民族建立一系列政权，学习汉族典章制度。

（4）统治者实行正确的民族政策。

（5）各民族政权间的战争，客观上有利于民族交融。

2. 方式

（1）民族迁徙。

（2）联合斗争。

（3）友好往来。

（4）频繁交往。

（5）民族征战。

（6）统治者改革。

3. 表现

（1）经济：经济农耕化。内迁的各族人民与汉族错居杂处，生产生活由迁徙到定居，由畜牧业为主到农业生产为主；北民南迁，传播先进生产技术；蜀、吴两国加强对南方少数民族地区的治理。

（2）政治：政治封建化。民族政权统治者采用了中原模式的国号、年号，学习汉族的典章制度。

（3）文化：华夏文化认同。文化交流、交融，民族之间的文化互动逐渐增多。少数民族讲汉话、穿汉服、学习中原汉族文化等；西北少数民族的饮食、服饰、乐器、舞蹈等受到中原汉族人的喜爱。

（4）心理：中华民族共同体意识形成，民族之间的隔阂与偏见逐渐减少。

4. 特点

民族交融的内容具有双向性。以少数民族学习中原先进的生产方式与文化为总体趋势。

5. 影响

（1）少数民族内迁促进民族大交融，有利于少数民族的进步，加强了各族之间的经济、文化交流。

（2）北方人民因战乱南迁，促进了江南地区的开发，有利于发展封建国家的经济。

（3）为统一多民族国家的发展和隋唐繁荣奠定了基础，有利于封建国家的巩固和统一。

（4）促进了中华民族共同体意识的发展，增强了中华民族的凝聚力。

【知识拓展】中国古代各民族交往、交流、交融的方式。

（1）民族迁徙：如汉朝向北方大量移民；魏晋时期北方少数民族内迁。

（2）民族战争：如秦汉与匈奴之间的战争；宋朝与辽、西夏、金之间的战争。

（3）友好交往（互市贸易）：如唐朝与回纥之间互派使节，明朝在边境与蒙古、女真开展贸易。

（4）政治改革：如北魏孝文帝改革。

（5）和亲联姻：如西汉与匈奴和亲，清朝前期的满蒙联姻。

（6）会盟和议：如唐朝与吐蕃的"长庆会盟"，北宋与辽的"澶渊之盟"。

（7）进行册封：如唐朝册封南诏王，明朝敕封西藏僧俗领袖，清朝册封达赖、班禅。

（8）设置机构：如秦朝设立南海三郡，西汉设西域都护。

（9）羁縻政策：唐朝设羁縻府州，元明清实行土司制度。

（二）北魏孝文帝改革

1. 背景

（1）北魏统一黄河流域，初步结束了北方长期分裂割据的局面。

（2）各民族杂居相处，经济文化交流频繁，民族交融成为历史发展的潮流。

（3）冯太后和北魏孝文帝拓跋宏深受汉族先进文化的影响，具有改革意识和才能，大力推动民族交融。

2. 目的

（1）改变鲜卑族落后状态，促进北魏的社会发展，实现政权的封建化。

（2）缓和民族矛盾与阶级矛盾，巩固统治。

3. 进程

前期：冯太后主持，重点是创建新制度。废除宗主督护制，实行三长制、俸禄制，推行均田制。

后期：孝文帝主持，推进民族交融。采取迁都洛阳、易服装、改汉姓、说汉话、通婚姻等改革措施。

4. 措施

（1）经济：推行均田制。把国家控制的土地分给农民耕种，抑制了土地兼并，缓和了社会矛盾，有利于国家征收赋税和徭役，促进了北方经济恢复与发展。落后的游牧经济向先进的农耕经济转型。

（2）政治：废除宗主督护制，实行三长制，设邻、里、党三长，直属州郡，负责清理户口和田亩，征发徭役和兵役。健全了中央到地方的行政体制，有利于中央集权的巩固。

（3）税制：实行租调制，与均田制相适应，受田农民承担定额租调，规定一对夫妇每年向政府缴纳粟二石（称为租），帛或布一匹（称为调），成年男子负担一定的徭役。农民负担减轻，政府收入增加。

（4）将都城从平城迁到洛阳；迁到洛阳的鲜卑贵族一律将籍贯改为洛阳，死后不得归葬平城。打击了保守势力，保证了改革的深入，加强了对黄河流域的统治，促进了民族交融。

（5）仿汉制、易汉服、讲汉话、改汉姓、与汉人通婚。

5. 评价

（1）北方社会经济有了明显发展：农业生产工具得到改进，兴修水利、开垦荒地，粮食产量增多，畜牧业得到发展。手工业生产日益活跃，商业活动也日趋活跃。

（2）政权封建化加速：迁都洛阳以后，鲜卑统治者接受了汉族先进文化和制度，大大加速了北魏政权的封建化进程，对北魏社会政治生活乃至整个中国历史产生了深远的影响。

（3）促进了民族的交流和交融：北魏孝文帝改革缓和了民族矛盾，巩固了封建统治，为统一多民族国家的发展做出重要贡献。

（4）促进了洛阳的繁盛，使洛阳成为国际性商业城市。

（5）为结束长期分裂局面、重新走向国家统一及隋唐盛世的出现奠定了基础。

6.成功的原因

（1）根本原因：顺应当时历史发展的潮流。

（2）民族交融趋势的推动。

（3）改革从实际出发，内容全面，措施得当，符合人民群众的愿望。

（4）冯太后的支持和孝文帝本人的改革决心。

【知识拓展】孝文帝迁都洛阳的原因。

（1）地理：地处中原，交通便利。

（2）经济：地处黄河之南，农业发达。

（3）政治：远离保守贵族集中的平城，有利于减少改革的阻力，争取汉族地主的支持。

（4）文化：是政治文化中心，有利于推行汉化政策。

（5）军事：有利于控制中原。

【知识拓展】少数民族华夏认同的主要角度。

（1）血缘认同。

（2）文化认同。

（3）制度认同。

【知识拓展】民族交融的历史启示。

（1）各民族之间既有冲突碰撞，又有相互学习，共同发展进步是主流。

（2）民族交融是多边相互交融，体现为"多元一体"。

（3）魏晋南北朝时期的民族交融为隋唐统一多民族国家的发展和强盛奠定了基础。

（4）杰出人物对民族交融起推动作用。

（5）民族交融过程中要注意保留本民族特色，这有利于中华民族多元一体格局的发展。

三、经济发展

（一）生产工具

（1）农业：东汉末期出现翻车，三国时期马钧对其进行了革新，其主要用人力。

（2）手工业：①灌钢法出现；②南朝时工匠已经懂得把坯件放在匣钵中。

（二）土地制度

土地制度从曹魏"屯田制"、西晋"占田制"发展到北魏"均田制"。

（1）原因：魏晋时期，北方长期战乱，人民流离失所，户口迁徙，田地大量荒芜，国家赋税收入受到严重影响。

（2）条件：①政府掌握大量无主土地；②社会上存在大量无地的劳动力。

（3）内容：封建王朝将无主土地按人口数分给小农耕作。土地为国有制，部分土地在耕作一定年限后归农民所有，部分土地在其死后还给官府。地主阶级的土地并不属于均田范围。大部分土地只允许使用，不允许买卖。农民向政府缴纳租税，并承担一定的徭役和兵役。

（4）评价：该土地制度具有积极性。①在一定程度上限制了土地兼并；②保证了政府的财政收入和徭役；③有利于调动农民的生产积极性；④促进了北方经济的恢复和发展；⑤加速了北方少数民族的封建化。其也存在局限性，如未触及封建土地私有制，不可能从根本上抑制土地兼并。

> 【知识拓展】北魏均田制部分规定。
>
> 男子 15 岁以上，授露田 40 亩、桑田 20 亩；妇女授露田 20 亩，不授桑田。年满 70 岁或死亡者，露田归还国家，桑田为世业。露田不得买卖，桑田则永为个人所有，在一定条件下可以买卖。
>
> 【知识拓展】三国两晋南北朝时期的土地制度——占田制。
>
> 含义：农民按限额占有土地，交纳田租；士族地主有占田、荫客、荫亲属等特权。

影响：保护士族已占到大量土地和户口的既成事实，巩固了士族的特权和地位。

（三）赋税制度

（1）魏晋：租调制，按户征收粮食和绢帛。204年，曹操颁行租调制，规定百姓每亩田地向国家缴纳粟四升，称为田租；每户出绢二匹，绵二斤，称为户调。

（2）北魏：孝文帝改革时，颁布均田令，授田农民承担定额租调（纳粟为租，纳帛或布为调），成年男子负担一定的徭役。

（3）意义：①使土地制度和赋税制度结合得更加紧密；②有利于增加赋税收入，恢复和发展农业生产，促进社会经济的恢复和发展。

（四）劳作方式

庄园经济（农业庄园劳作方式）：魏晋南北朝时期，坞堡除军事作用外，也带有庄园经济的色彩。

1.原因

社会动荡，豪强聚族而居，士族政治地位显赫，豪强地主占有地方大量土地（土地兼并），并招抚大量依附农民（流民）为其耕种土地，这种劳作方式逐渐形成庄园经济。

2.特点

（1）具有规模化、综合性和独立性。庄园经济是建立在大量地产私有化基础之上的，这就决定了这些庄园具有规模大、综合性强的特点，而地主豪强为避兵祸往往闭门自保，因此独立性、封闭性、自主性也是其主要特点。

（2）形成以宗法关系为纽带的封建经济组织。地主豪强为了维护自身的利益，在宗族内部形成了比较严密的、长幼有序的宗法关系。

（3）具有武装性。地主豪强在自己的大庄园中配置了武器装备，武装保卫家族利益。

3. 影响

（1）积极影响：庄园经济稳定了社会秩序，发展了社会生产，在一定程度上减少了土地兼并的危害，战乱时期可使失去土地的农民依附地主而得到生存空间；多种经营，规模较大，有利于农业生产，有一定的进步性；使江南地区得到进一步开发。

（2）消极影响：庄园经济影响国家赋税收入，地主豪强有私人武装，易形成封建割据，威胁中央集权；依附其的农民地位低。

【知识拓展】小农经济与庄园经济的异同点。

1. 相同点

（1）都属于自给自足的自然经济。

（2）农民都受到封建地主的剥削。

2. 不同点

（1）庄园经济下土地主要归领主所有，农民可领少量土地；小农经济下农民拥有少量土地。

（2）庄园经济下农民没有生产自主性，缺乏生产积极性；小农经济下农民有一定的生产自主性，生产积极性较高。

（3）庄园经济下农民受领主剥削，向领主缴纳租税；小农经济下农民受国家控制，向国家（或地主）交租服役。

（五）江南地区的开发

1. 原因

（1）从西晋末年起，北方长期战乱，北方人民大批南迁，带来了先进的生产工具和技术，充实了劳动力资源。

（2）自然环境：自然环境相对优越，江南地区雨量充沛，气候温润，土地肥沃，具有发展农业的自然条件。

（3）社会环境：江南地区战争相对较少，社会秩序相对安定。

（4）南方统治者重视发展经济，采取了劝课农桑、奖励耕织、安抚流民、兴修水利等措施。

（5）南迁的北方人口与南方人口共同辛勤劳动。

2.表现

（1）农业：东晋南朝时期，南方土地大量开垦，农作物品种增加，产量提高。

（2）手工业：纺织、矿冶、陶瓷、造船、造纸等行业都有明显进步。

（3）商业：以长江沿岸最为活跃，番禺是主要的外贸港口。

（4）民族关系：南方山区少数民族与汉族交融。

3.经济重心南移的特点

（1）经济重心的南移伴随着北方人民的南迁。

（2）南移趋势往往在国家分裂或封建割据、战乱时期最为突出。

（3）政治中心的南移（如南朝、南宋）对经济重心的南移有一定的影响。

（4）由北向南，从黄河流域转移到长江流域和江南一带；由内地向沿海逐渐转移。

4.影响

（1）对我国经济产生了深远的影响，为后来隋唐的统一和经济重心的逐渐南移奠定了基础。

（2）在南方经济开发的过程中，南方山区少数民族逐步与汉族交融。

（3）促进了江南地区的经济发展，缩小了南北经济差距，使南北经济趋向平衡。

（4）南部、东南部人口在全国总人口中的比重不断增大，促进了南方科技和文学艺术的发展。

（5）南方经济开发为六朝割据东南提供了物质基础。

（6）山区开发，破坏植被，造成水土流失，带来一些环境问题。

【知识拓展】江南地区开发的启示。

（1）政局稳定是经济发展的重要前提。

（2）统治者对经济发展的重视程度是影响国家经济发展的重要因素。

（3）及时引进、运用先进的生产技术是促进经济快速发展的重要保证。

（4）发展经济兼顾生态环境的保护。

【知识拓展】魏晋南北朝时期社会经济发展的主要特点。

（1）江南经济开发，北方发展相对缓慢。秦汉时期江南经济明显落后于黄河流域，三国两晋南北朝时期，动乱多发生在北方，且持续时间长，而南方相对安定。南北经济开始趋于平衡，以北方黄河流域为重心的经济格局开始改变。

（2）庄园经济占有重要地位。士族享有特权，佛教盛行，地主庄园经济、寺院庄园经济膨胀，造成土地和劳动力大量流失。

（3）商品经济总体水平较低，战乱破坏了城市和自然经济。

（4）民族交融促进了各民族经济交流，促进了经济的恢复和发展，为隋唐的繁荣奠定了基础。

【知识拓展】三国两晋南北朝时期分裂中孕育着统一的因素。

（1）民族关系：三国两晋南北朝时期，民族交融不断加强，特别是北魏孝文帝改革，加速了北方民族交融，缓和了民族矛盾，产生了强大的民族凝聚力和向心力。

（2）政治：三国两晋南北朝时期出现了局部统一，少数民族逐渐封建化，建立了相似的制度，为隋唐统一局面的出现创造了条件。

（3）经济：三国两晋南北朝时期，江南地区的开发、北方农业的恢复与发展，使南北经济趋向平衡，区域经济开发为国家统一提供了物质基础，经济发展使各地联系加强。

（4）社会层面：国家的分裂给人民带来苦难，人民渴望统一。在文化认同的基础上，中华民族共同体意识逐渐形成，长期战乱使人们渴望统一。

四、思想文化

（一）思想

1. 道教

东汉至魏晋南北朝是道教形成和确立的时期。魏晋南北朝时期，道教在民间广为传播，并受儒学影响，主张"贵儒"和"尊道"。

2. 佛教

68年，东汉明帝"永平求法"，建洛阳白马寺，译《四十二章经》，来自印度的佛教从西域传入中原。魏晋南北朝时期，佛教日趋兴盛，逐渐同儒家文化和道家文化相融合，渐趋本土化。

（1）反佛斗争的背景：佛教盛行产生一系列影响。

①经济：寺院经济发展，侵犯世俗地主的利益，影响国家的财政收入和兵源。

②政治：干扰国家机器的正常运转。

（2）反佛斗争的表现：①南朝无神论思想家范缜针对佛教宣扬的形神分离、形亡而神不灭的观点，提出人的精神和肉体是统一的，对佛教进行抨击。②北魏、北周及唐朝等统治者几度灭佛。

（3）反佛斗争的结果：佛教文化遭受损失，但佛教的发展并未从根本上受到遏制。

3. 儒学

儒学作为主流统治思想，开始吸收佛教和道教的精神，有了新的发展。

【知识拓展】魏晋南北朝时期道教和佛教兴起的原因。

1. 社会动荡

长期的战乱导致人民困苦，饱受战乱之苦的人民需要精神上的慰藉。

2. 思想特点

佛教所宣传的"生死轮回""因果报应"的思想，很容易安抚广大劳动人民。

3.统治阶级的支持

统治阶级利用宗教来维持不稳定的社会秩序。

4.魏晋玄学

（1）背景：魏晋之际，统治阶级内部斗争激烈，社会上出现逃避现实政治斗争，崇尚老庄的玄学。

（2）代表：以何晏、王弼为首的学者，以及"竹林七贤"（魏末晋初的七位名士：阮籍、嵇康、山涛、刘伶、阮咸、向秀、王戎）。

（3）内容：思想上主张虚无的"道"，宣扬"无"是产生万物的根本；政治上，主张"无为"；生活作风上，要任其"自然"；社会风气上，崇尚"清谈"。"越名教而任自然"，史称"魏晋风度"。

（4）影响：玄学兴起并在士族阶层长期流行。与汉代经学相比较，崇尚自然和自由、张扬个性的玄学具有冲破思想禁锢的意义。

（二）文学艺术

（1）文学：从东汉末年开始，以曹操父子为代表的建安文学、东晋陶渊明的田园诗、南朝骈文、南北朝民歌先后出现。

（2）书法：书法在东汉末年成为一种艺术，魏晋南北朝时期，隶书、草书、行书和楷书等各种书体均已完备，东晋王羲之博采众长，诸体兼精，世称"书圣"。

（3）绘画：魏晋南北朝时期的绘画成就斐然。东晋开始出现知名专职画家，以顾恺之为代表，顾恺之提出"以形写神"，代表作是《女史箴图》和《洛神赋图》。

（4）雕塑：魏晋至隋唐，因佛教广泛传播而修造石窟，如山西大同云冈石窟、河南洛阳龙门石窟、甘肃敦煌莫高窟等。

（三）科技

魏晋南北朝时期的科学技术在诸多领域取得新成果。

（1）数学：南朝祖冲之精确地算出圆周率。

（2）农学：北朝贾思勰著的《齐民要术》是中国现存最早的一部完整的农书。

（3）地理：西晋裴秀绘制出《禹贡地域图》，提出绘制地图的方法。

（4）医学：东晋葛洪所著的《肘后备急方》记载了青蒿对疟疾的治疗作用，并首次对天花这种传染病进行了记载，并有治疗药方。

（四）中外文化交流

魏晋南北朝时期，以佛教为载体的中外文化交流盛行。从东汉到北朝，陆续有中亚、天竺高僧来华，将大批佛经翻译成汉文。为求得佛教真谛，中国名僧西行取经，东晋法显从长安出发，经西域至天竺取经。伴随佛教东传而来的异域文化对中国产生了深远影响。

（五）教育

西晋开始设立国子学，它是除太学外古代中国的最高学府和教育行政机构。

【知识拓展】魏晋南北朝时期思想文化的特点。

（1）带有分裂割据的烙印。不同时期、不同地域的文化有明显的区别，特别是南北文化差异很大。

（2）体现民族交融的特色。重要的文化成就由来自不同民族的优秀知识分子取得；具有代表性的文化成就体现了不同民族的风格。

（3）思想领域异常活跃。玄学一度盛行，儒、道、佛三教开始出现融合的迹象。

（4）科技成就突出。如祖冲之对圆周率的计算、贾思勰的《齐民要术》、郦道元的《水经注》等。

（5）三国两晋南北朝时期文化的发展具有承上启下的意义，为隋唐文化的繁荣昌盛奠定了基础。

【知识拓展】魏晋南北朝时期文艺成就达到高峰的原因。

（1）经济的发展与繁荣为文艺成就达到高峰提供了物质基础。魏晋南北朝时期北方经济继续发展，江南地区得到开发。

（2）选官制度与官僚政治的发展，为文艺成就达到高峰提供了人才基础。魏晋南北朝的九品中正制促进了文学艺术的发展。

（3）魏晋南北朝时期南方相对安定的环境为文艺成就达到高峰提供了社会条件。

（4）民族交融及开放包容的外交政策，为文艺成就达到高峰提供了多元的文化基因。魏晋南北朝时期，印度、中亚文化传入，深刻影响了中国文化。

（5）社会动荡，促使士人群体精神觉醒。

（6）中国古代人民的努力，以及对之前科技文化成就的继承和发展。

第五章　深度学习的史料
研习教学设计

教师在开展基于史料研习的教学活动时，需要考虑四点：一是明确运用史料的目的；二是选择典型的、有价值的、有说服力的史料；三是将史料的展示与问题的解决相结合；四是如何根据史料的运用组织学生的学习活动。即要明确所要研习的史料是什么，为什么要进行研习活动，需要设计哪些问题开展研习活动，等等。因此，精选史料基础上的精准设问至关重要，下面以具体案例阐释以深度学习为目标的史料研习的教学设计及方法策略。

第一节　史料研习与问题境脉

素养导向的历史教学，强调以提升学生解决真实情境下复杂问题的能力与素养为根本旨归，而任何社会问题都是复杂的，这就要求在历史教学中引入完整、系统、真实的问题情境。然而，日常教学中的问题情境设计往往仅针对某一具体教学环节，碎片化的情境创设使学生无法完整体验整个问题的解决过程，不利于学生学科素养的提升。经过实践，笔者发现主张整体把握事物全部情境的境脉主义能较好地解决这一问题。下面以高中历史部编版教材选择性必修 3 第 14 课"文化传承的多种载体及其发展"为例，对历史主题教学中问题境脉设计模式及其实践进行探讨。

一、问题境脉的模型建构

境脉主义认为任何事物都可以解释为一种与其当前和历史境脉不可分割的正在进行的行为。其中，境脉中的"境"指的是情境在空间及时间维度的拓展，境脉中的"脉"则是事物发展的经历时域、历练环境与内在经验的诸多隐性关联。境脉与一般的情境不同，一般的情境是固定的、静态的，境脉则强调连续的、动态的。境脉是对情境更深的理解、挖掘和高阶应用。将境脉引入课堂，即为境脉课堂，其课堂中往往表现为"三界四步"的教学模式。笔者在此基础上融合问题情境的设置，建构出历史主题教学中问题境脉设计的基本模型，如图 5-1 所示。

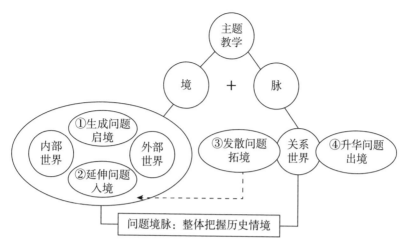

图5-1　主题教学中问题境脉设计模型

根据图5-1，境包括"内部世界"和"外部世界"，脉指的是"关系世界"。其中，内部世界是指意识、观念世界，既包括意识活动的过程，又包括意识活动过程所创造的观念，即意识活动的成果；外部世界是指物质的、可感知的世界，是人的意识活动之外一切活动的总和。关系世界是指内部世界和外部世界产生的结构关联。

这一模型下的问题境脉设计路径：通过"生成问题""延伸问题"连接内部世界和外部世界的情境，在此基础上通过"发散问题"拓展关系世界，最后通过"升华问题"，使关系世界得到提升。

二、问题境脉模型的实践探讨

《新课标》在"文化的传承与保护"板块的内容要求包括"了解历史上学校教育、留学、书刊出版、翻译事业以及图书馆、博物馆在文化传承与传播中的作用"。虽然这些教学内容均指向它们在文化传承与传播中的作用，但教科书中各册目录的设置以及目录下的诸多史实之间缺乏一定的关联，因而不利于学生形成对《新课标》内容要求的整体认知，也不利于提升学生的综合素养。因此，教师在教学时有必要选择恰当的教学主题以联结上述知识内容，进而开展问题境脉设计，引领学生开展探究活动，最终使学生在解决真实问题的实践中自主生成历史认识，提升学科素养。

（一）生成问题启境

有意义的学习是指学习者将新知识与已有知识、经验建立起明确的联系，并将新知识整合进原有知识结构的过程。依据主题教学中问题境脉设计的基本模型，教师在教学中首先应通过生成问题将学生的内部世界与外部世界进行关联。这种关联应基于恰当的教学主题，并考虑学生的先验认识，在学生通向新知的"临界点"实施教学。

1866年于福州市马尾区创建的福建船政，在中国近代史上影响巨大而深远。在其漫长的历史发展进程中形成的船政文化，内涵包括近代教育、科技、翻译、制造等成就及其所造就杰出人物的思想。它既体现了近代中国对中华优秀传统文化的传承与发展，也反映了当时对西方先进文化的借鉴与吸收。而今在福建船政旧址上建设起来的船政书局和中国船政文化博物馆，使船政文化跨越了时光和地域，展示了文化延续中的精神长存和价值永恒。对于身处福州地区的高中生而言，船政文化就是身边的历史，属于学生相对熟悉的外部世界。同时，学生此前已在《中外历史纲要（上）》第16课中的"洋务运动"和选择性必修2第5课中的"机器大生产与工厂制度"等部分学过洋务运动的相关内容，这些已有知识属于学生的内部世界。因此，教师在教学中可以将船政文化作为教学主题，聚焦福州船政学堂的创办与发展，设置问题情境，以联结学生的内部世界和外部世界，引导学生理解洋务企业的创办和新式学堂的开办之间的内在关联。

呈现材料：

材料一：左宗棠说："执柯伐柯，所得者不过彼柯长短之则，至欲穷其制作之原，通其法意，则固非习其图书、算学不可，故请于船局中附设艺局，招十余岁聪俊子弟，延洋师教之。"

材料二：左宗棠指出，船政"为造就人才之地"；沈葆桢进一步提出，"船政根本在于学堂""创始之意不重在造，而重在学"。

设问：为何在设"船局"的同时，要开办"艺局"？近代工业的创办与新式学堂的开办之间有何关系？

教学中通过引导学生运用已有洋务运动中的相关知识开展问题探究，从而使学生认识到，左宗棠创办船政的目的固然在于制造轮船、建设水师，提高中国的抗敌御侮能力，实现自强，但是不能只停留于仿造，仿造只能永远跟在别人后面爬行，要自主设计制造，这样才能够紧跟时代潮流。这是"自强"的根本之义。因此，必须培养中国的科技人才，使中国自己掌握造船驾驶的技术。培养新式人才需要向西方学习先进的科学技术文化，开办新式学堂则是传播西方科技文化、培养新式人才的重要举措，马尾船政局在开办近代工业的过程中，学习西方文化培养人才具有其重要性和迫切性。

通过挖掘学生内部世界的已有知识，并将其与外部世界进行关联，在关联的过程中引导学生重返历史现场，从而使这种关联逐步紧密，也就开启了关系世界，启动了境脉中的"脉"。这也为进一步延伸问题、探究船政学堂对先进文化的传承和传播的作用奠定了基础。

（二）延伸问题入境

问题境脉启动后，应进一步延伸外部世界的问题情境，使外部世界反作用于内部世界，以丰富学生的认知。因此，教师在教学中可抓住知识的发展点，顺着知识发展的路向，引导学生进入新的问题情境。教学时，笔者渐次呈现如下材料，引领学生探究：

材料三：船政学堂的课程与教学重在实用。各学堂课程分为堂课、实习两大类，即堂课（理论课）、舰课或厂课（实践课）。堂课又分为内课、外课和中文三部分，其中外课开设体育（田径、游泳等）与军训（队列、枪械使用等）；中文学习四书五经，课余默诵《孝经》《圣谕广训》等书籍。以内课为重点，包含外文课、自然科学基础课和专业技术课。

材料四：船政学堂前学堂制造专业课程设置（表5-1）。

表5-1　船政学堂前学堂制造专业课程设置

课　程	教学内容	教学方法
外文课	法文（教材均采用法文原版教科书），兼习英文	半天堂课、半天厂课；在课堂上讲授专业基础课，在实践中讲授专业课；除中文外，其他课程英文讲授
自然科学基础课	算术、几何、三角、解析几何、微积分、物理、机械学等	
专业技术课	蒸汽机的制造与操作；舰体制造	

设问：根据材料三、材料四，船政学堂是如何传播西方先进文化的？在传播近代文化方面起到怎样的作用？

材料五：《算学辑要》（图5-2、图5-3）。

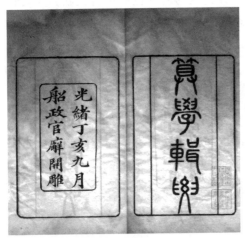 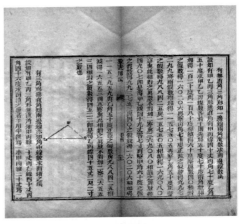

图5-2　《算学辑要》书影　　　　　图5-3　《算学辑要》内页

材料六：清代数学家潘绍经究心学术，乃至涉足数学研究，集20余年心血，在1820年撰成数学专著7部，可惜尚未来得及设法刊印出版，即抱憾辞世。其手稿由马尾船政整理，于1887年出版为《算学辑要》丛书，共分《算法原本》《借根方算法节要》《测量用法》《比例规解》《数表用法》《算法纂用总纲》《几何原本》7部著作。

材料七：《华英译本》（图5-4、图5-5）。

图5-4　《华英译本》封面

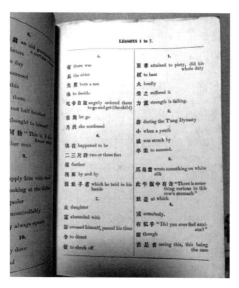

图5-5　《华英译本》内页

材料八：《华英译本》出版于1886年，由船政后学堂外籍教师邓罗根据自己课程的讲义进行编写并出版。邓罗在序言中提到，为了让更多中国人有学习英文的途径，决定公开出版。译本封面、扉页印有"别发印书馆在福州印制"，这意味着近代活跃在香港和上海的著名外文出版商别发印书馆，当时在福州也有分支机构。译本前半部分是中文范文，引述55篇中国传统知识和典故，后半部分是针对每一课范文生词的中英文对照，教授学生如何把中文翻译为英文。整本书的第一个生词是"至孝"，这也是第一任船政大臣沈葆桢所出的入学试题。

设问：船政教材在新式学堂建设中起到了怎样的作用？与语言传播、文字传播相比，印刷书在文化传承与传播方面有何优势？

通过对材料三、材料四的研习，学生可以认识到，船政学堂注重学习西方的科技文化以培养新式人才，外文课、自然科学基础课、专业技术课、实习课等课程的设置，反映了船政教育不仅积极学习西方的科学理论，更注重把理论

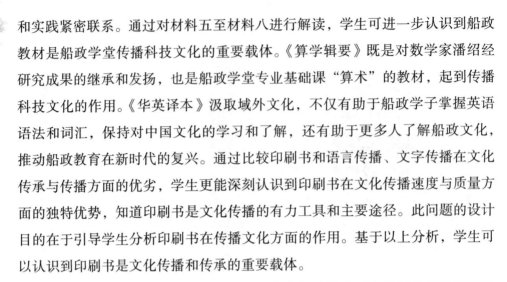

和实践紧密联系。通过对材料五至材料八进行解读，学生可进一步认识到船政教材是船政学堂传播科技文化的重要载体。《算学辑要》既是对数学家潘绍经研究成果的继承和发扬，也是船政学堂专业基础课"算术"的教材，起到传播科技文化的作用。《华英译本》汲取域外文化，不仅有助于船政学子掌握英语语法和词汇，保持对中国文化的学习和了解，还有助于更多人了解船政文化，推动船政教育在新时代的复兴。通过比较印刷书和语言传播、文字传播在文化传承与传播方面的优劣，学生更能深刻认识到印刷书在文化传播速度与质量方面的独特优势，知道印刷书是文化传播的有力工具和主要途径。此问题的设计目的在于引导学生分析印刷书在传播文化方面的作用。基于以上分析，学生可以认识到印刷书是文化传播和传承的重要载体。

在此教学环节中，笔者将前一教学环节中船政学堂开办的情境延伸到船政课程设置的问题情境，再进一步细化到船政教材的问题情境，通过这种由宏观到微观、由抽象到具体的问题境脉设计，使学生对学校教育、书刊出版等在文化传承与传播中的作用的认识渐次深入，从而使问题境脉发展路向中的"延伸问题入境"得以实现。

（三）发散问题拓境

聚合思维和发散思维是人类认识事物的两种主要思维模式。聚合思维是指将与探究主题相关的信息集中重组进行推理，以深层次探求事物的真相；发散思维是指以已有信息为中心，向多个方向拓展以认识事物的全貌。可见，要想对事物有全面而深刻的认识，需要将这两种思维有机结合起来。因此，教师在教学中设计问题境脉时，应在生成问题和延伸问题的基础上，进一步发散问题，使关系世界得以拓展。

在教学过程中，笔者引导学生再次阅读材料三和材料八，并探究以下问题：从材料三、材料八来看，福州船政教育有何矛盾之处？福州船政教育为何会呈现出这样的特点？请结合所学知识分析说明。福州船政教育是真的矛盾吗？为什么？

通过研读材料三、材料八，学生能够发现福州船政教育一方面主张学习西方的先进技术，另一方面又强调中国传统儒学主体地位的矛盾之处。而对于为什么会呈现出这样的特点，教师可结合学生的反馈，适时地、有针对性地予以点拨。19世纪60年代，随着清朝统治危机的加深，出于"师夷长技以自强"的迫切需要，清政府不得不在传统儒学文化的框架里，容纳以教授西方近代科学技术等为主要内容的西学。举办新式学堂的主要目的是培养能够从事各项洋务事务的新型职业人才，但在此过程中不能不警惕学生被西化为朝廷不容的异端分子。因此，在创办船政学堂之初，沈葆桢明确其教学导向："今日之事，以中国之心思通外国之技巧可也，以外国之习气变中国之性情不可也。"学生必须学习《圣谕广训》和《孝经》，兼习策论以明义理。同样，天津水师学堂也规定："教之经俾明大义，课以文俾知论人，瀹其灵明，即以培其根本。"可见，在"中学为体、西学为用"方针的指导下，学堂用儒学经典等举措强化教学，目的是培养忠实的洋务人才。"读经"与"至孝"所透视的封建主义教育与西式近代科学教育并存，成为学堂的办学特色，这既体现了近代中国的时代特征，也反映了封建阶级的统治需求。教学中通过指导学生观察和解析船政课程和船政教材留存的历史信息，可以看到当时封建传统教育依然在传承，但其壁垒已然被打开了缺口，中西文化在冲撞中有所排斥、有所兼容。正如陈旭麓所说的那样："如果没有'中体'作为前提，'西用'无所依托，它在中国是进不了门，落不了户的。因此，'中体西用'毕竟使中国人看到了另一个陌生的世界，看到了那个世界的部分，并移花接木地把这一部分引进到中国来，成为中西文化交冲汇融后两者可能结合的一种特定形式。"①

教学中通过指导学生解读船政课程和船政教材留存的历史信息，发现能引发学生认知冲突的矛盾之处，并以此为中心进行发散对比和分析，引导学生将自身置于近代中国社会变迁的时代背景及清朝的阶级属性等视角下进行分析，拓展了问题情境的认知维度，使内部世界和外部世界的关联进一步发展，进而引导学生认识到在晚清中西文化剧烈冲突的特殊背景下，福州船政要推进新式教育的发展，就必须保留传统文化。这样，学生对学校教育在特定历史环境中

① 陈旭麓.近代史思辨录[M].上海：上海人民出版社，2019：116.

的文化传承与传播中的作用就有了更为全面、深刻的认识。

（四）升华问题出境

现实是历史的延续，历史是昨天的现实，今天的现实在明天也将变为历史。从已知到未知，是为创造。创造者可利用历史提供的条件去创新。这就是任何创造行为的运作原理。认识到这个原理，历史学习者就可以基于外部世界，发挥内部世界的作用，综合利用内部世界和外部世界来进行创造活动，升华关系世界。在问题境脉的发展路向上，基于对历史上的船政学堂、船政留学教育、船政教材、船政印刷业的情境的学习探究，学生可以进一步对船政历史文化现实进行思考，升华问题情境。从历史到现实，教学至此，可以顺势呈现"船政书局"（图 5-6）和"中国船政文化博物馆"（图 5-7）等相关材料。

材料九：

图 5-6　船政书局

材料十："船政书局"位于福州市马尾区船政文化广场内，该建筑原来是马尾造船厂的机装课仓库。改造完成后，船政书局占地 1203 平方米，藏书 15300 多册，其中，船政方面书籍约 800 册。……

一楼作为阅读与展示的区域，引导人们进入知识的海洋。在二楼，设计师通过"甲板"的设计，打造了一个休闲与活动的区域，邀人登上"船首"后，可以在一个开放性的空间中停留与思考。中庭之下，设计师利用可移动的书架，构建出了一个满足阅读、展示等多种场景的复合型图书室。"船尾"的圆形阅读区是一个较为封闭的"船室"，为喜欢安静的读者提供独立的阅读空间。

材料十一：

图 5-7　中国船政文化博物馆

材料十二：中国船政文化博物馆是以弘扬船政文化为主题的专题博物馆，筹建于 1997 年，原名为中国近代海军博物馆，2004 年全面改版后更名为中国船政文化博物馆。2022 年 1 月中国船政文化博物馆迁至船政文化城马尾造船厂片区原综合仓库内，展厅面积约 4450 平方米，设有"自强之道——船政历史文化陈列"和"闽都瑰宝——船政文化揽胜"两个基本陈列，从千年变局、船政诞生、船政教育、船政制造、船政海军和船政文化等六个方面，全面展示船政对中国社会近代化的积极影响及其在发展过程中形成的以科学与爱国为重要标志的船政文化。

——中国船政文化博物馆简介

材料十三：博物馆是一个为社会及其发展服务的、向公众开放的非营利性常设机构，为教育、研究、欣赏的目的征集、保护、研究、传播并展出人类及人类环境的物质及非物质遗产（国际博物馆协会的定义）。

设问：在马尾船政的旧址上，今人是如何保留和传承船政文化、弘扬船政精神的？与中国古代"官藏""私家藏书"相比较，船政书局和中国船政文化博物馆在传承文化的功能上有何发展？据此，人们应如何更好地保护并发扬船政文化？

学生分析材料可知，船政书局将船政百年建筑与现代艺术设计相结合，面向大众读者开放，并保存了大量的船政书籍，对船政文化起到了保留、传承和传播的作用，它所具有的公共开放的职能，具备了现代图书馆的特征。在此基础上，将"船政书局"与中国古代的"官藏"和"私家藏书"进行比较，可以看出，尽管它们都发挥了传承文献的作用，但无论是"官藏"还是"私家藏书"，都没有形成面向整个社会的文献信息体制，这和船政书局形成了鲜明的对比。从材料十一、材料十二中，可看出中国船政文化博物馆通过陈列展示，全面展现船政文化，对船政文化起到传承作用。结合材料十三，可以认识到中国船政文化博物馆具备了面向公众服务的公共职能，起到了对普通民众进行教育以及文化传播的作用。

通过问题探究，学生能切身体会到，文化不管以何种载体存在，只有面向大众才具有生命力。那么，当今的人们应如何更好地让船政文化为大众所认识，以更好地传承和传播呢？学生很自然地将本课的学习所得迁移到现实问题的解决中来，呈现了以下回答：可以使中国船政文化博物馆成为一个文化中心，分享城市、民族、国家共同的"记忆"；让博物馆与教育机构合作，为不同年龄的学生提供直接接触第一手史料的学习机会；与图书馆、档案馆、剧院、艺术中心等其他文化机构合作，共同开展以船政为主题的文化活动和项目；基于中国船政文化博物馆的资源出版船政文化的相关书籍；举办船政文化读书沙龙；等等。这些回答表明，通过基于教学主题的问题境脉设计，引领学生开展学习探究，能使内部世界创造性地利用外部世界，并使关系世界得到进一步升华，学生的创新意识得以发展，学科素养得到有效提升。

三、基于实践探讨的几点认识

笔者认为，基于教学主题的问题境脉设计与实践，可有效提升学生的理解力、判断力和反思力。

（一）提升理解力

只有设身处地并尽可能地辨识各种历史叙述与历史事实之间的差别以及复原历史语境，符合历史实际地对史事加以理解，从历史发展的视野中理解历史的变化与延续、继承与发展，才能正确、客观、辩证地认识历史。本课通过基于教学主题的问题境脉设计，引导学生从已有的洋务运动知识出发，创设左宗棠论述创办近代工业与培养新式人才关系的情境，将自己"投射"到历史中去，在生成问题的过程中通过学习情境触发已有知识与新知识的关联，理解近代工业与新式学堂的关系。在延伸问题的过程中，通过船政学堂、船政课程、留学教育、船政教材的情境设置，使学生理解福建船政在传播科技文化中的重要功绩。

（二）强化判断力

《新课标》指出，历史课程要以唯物史观为指导，对人类历史发展进行科学的阐释，将正确的思想导向和价值判断融入对历史的叙述和评判中。价值判断是基于事实判断的。因此，在问题境脉设计中，基于真实情境，将内部世界与外部世界联结，最大限度地接近历史真相，可做出较为客观的事实判断。同时，历史学科的重要功用在于鉴往知来，这要求历史教学应做出价值判断。在本课的问题境脉设计中，首先，要基于船政学堂、船政教材等素材设置问题情境，引导学生对福建船政做出客观的事实判断。其次，通过升华问题联系内外世界，对所发生的事实进行客观评价，并由此对现实中的问题提供解决问题的行动指导，引领学生对"基于船政文化遗址，人们应如何更好地保护并发扬船政文化？"做出价值判断。

（三）增进反思力

反思力即批判性思维力，包括善于质疑和智慧推理的知识、运用逻辑询问和推理的技能、对问题进行深思的态度。历史学习是学生对知识的探究、批判与意义创造的过程，只有拥有怀疑和批判的态度，学生才能摆脱权威，并且通过反思获得有效知识，具备判断力和辨别力，解决现实问题，自由畅意地生活。本课教学中的发散问题环节，通过引导学生对船政课程和船政教材既传播西方科技文化，又保留传统文化的这种新旧并存的特征进行反思，使其认识到福建船政是在保留传统文化的前提下传播西方科技，是在清末中西文化剧烈冲突背景下的一种抉择，以此提升学生的反思力。

综上所述，在以核心素养为导向的历史教学中，设计问题境脉需要依据相关理论原理，基于恰当的主题教学，依据课程标准要求，合理取舍并重新架构课程内容，通过问题境脉的生成问题、延伸问题、发散问题和升华问题四个阶段，连接内部世界和外部世界，拓展和升华关系世界，以提升学生对历史的理解力、判断力和反思力，最终提升学生的学科素养。

第二节　史料研习与史识达成

史学家要有判断史事重要性的能力，即史学家的观察力，又称为史学家选择事实的能力，梁启超则称其为"史识"。在判断史事的重要程度上，历史学家张荫麟在《中国史纲》中提出了五种标准，其中一种便是"新异性的标准"。其具体含义是史事在时间和空间里占有特殊的位置，这个叫作"时空位置的特殊性"；它容有若干品质，或所具品质的程度为而其他任何事情皆无，这个叫作"内容的特殊性"。

中学历史教学中的史识是什么？高中生的史识又该如何达成？历史学习中，观察力是首要的，其次才是研究历史问题的方法。史料教学的首要任务是培养学生的洞察力，即观察力，特别是训练学生置身于历史发展进程中的观察力。高中生的史识达成要让其掌握观察的方法和选择的标准。在平时的历史教学实践中，笔者尝试引入"新异性的标准"来培育学生的史识。以下结合铁犁牛耕的教学内容，探索如何基于"新异性的标准"来提升学生的史识。

铁犁牛耕看似知识性强，但知识中也有逻辑，其产生发展过程有自身的因果关系，也与政治行为、社会因素等密切相关。要想启发学生认识这种联系，就要培养学生对史料的观察力，引导学生对铁犁牛耕、冶铁技术、国家政策等方面进行思辨。对此，笔者尝试以"新异性的标准"的方法来引导学生将铁犁牛耕置于内容、时间、空间等方面的特殊性背景下进行观察，发现问题并加以探究，以求得到更加完善的认知，并在此过程中提升学生观察史料、分析问题、解决问题等能力。

一、基于"内容特殊性"的深度理解

牛耕的发展过程，必然涉及耦耕、犁耕等概念，不分析清楚犁耕区别于耦耕的"内容新异性"，仅凭教科书直白的表述，学生是无法理解牛耕的起源及其发展的。为此，笔者提供材料引导学生以"内容特殊性"为标准进行观察，以获得对春秋战国时期牛耕与耦耕的发展关系和存在状态的深度理解。材料如下：

> 耦耕都是指两人并力耕作的。用的工具是耒耜，大概都是木制。耜的前端或嵌有锐利的燧石或骨蚌。牛耕的工具是犁，犁的前端犁錧就是由耜逐渐演化而成，犁錧又作犁冠，嵌在犁的前端，像人有冠一样，现在又称作铧头。铧錧是铁做的。
>
> 摘编自徐中舒《古器物中的古代文化制度》

基于上述史料，引导学生探究：耦耕与犁耕有何区别，它们之间有何联系？耕作方式与冶铁业之间有着怎样的互动关系？通过对上述材料的观察，学生找出犁耕区别于耦耕的"新异性"在于牛耕需要以铁器为前提，也就深刻认识到在铁器出现以前，是没有用牛拉动有铁铧头的犁来耕作的，也就没有牛耕。

在学生区分耦耕与犁耕的基础上，笔者再呈现出《诗经》中的"十千维

耦""千耦其耘"、《论语》中的"长沮、桀溺耦而耕"和战国时期《吕氏春秋》中记载的有季冬月"命农计耦耕事，修耒耜，具田器"等材料，引导学生在春秋战国时间定位下观察耦耕和牛耕的存在状态，学生可认识到从西周到春秋战国时代，牛耕并没有完全取代耦耕，牛耕在这一时期并不普遍。之后，笔者进一步提供《中华文明史》中的一段材料，"春秋至战国早期，有限的铁器基本掌握在上层统治者的手中，往往被用作防身的短兵器，少量的铁器被用来修筑城池、宫殿、陵墓之类，真正用于农业和手工业生产的机会很少"。学生也就进一步理解了早期牛耕与铁器之间的关系，从而能够推断出：春秋至战国前期，铁犁牛耕还谈不上对生产力有多大的促进作用，在此时期也就无法成为社会变革的决定性因素。在这一时期，牛耕这一"内容特殊性"历史作用也就表现得极为有限。

在探究过程中，学生基于教师提供的史料，不自觉地以"内容新异性"为标准去观察史料，深度理解铁犁牛耕这一历史现象与耦耕之间的横向与纵向的联系，对"犁耕"这一概念有了更理性的认识，并从历史发展的角度对铁犁牛耕在产生初期的历史作用有了更加深刻的理解。

二、基于"时空位置特殊性"的相互印证

铁犁牛耕的"新异性"在战国这一特殊的历史时期，对于不同地域之间，其新异程度是不同的。因此，铁犁牛耕在战国时期还具备"时空位置的特殊性"的特征。为了引导学生运用时空位置特殊性这一标准来观察史料，分析战国时期的铁犁牛耕，笔者采用了二重证据法，先用纸张材料（文本资料）去推导、证明一个史事，然后再用地下之资料（实物）加以求证，即提供给学生文献材料和考古材料进行相互印证。

笔者提供的文献材料如下：

> 赵豹于公元前 261 年（长平之战前一年）说：秦以牛田水通粮，其死士皆列之于上地，令严政行，不可与战。
>
> ——《战国策·赵策》

教师引导学生探究赵豹认为赵国不可与秦国交战的原因，从中可得出战国时期牛耕的发展特点是什么。学生通过对文献史料的观察，可以发现这段记载在牛耕方面至少体现两层信息：秦国牛耕运用较为广泛，赵国还未达到秦国牛耕发展的水平；秦国已普遍使用牛耕，从而得以富强。并且，学生在探究史料的过程中也就对秦赵两国在使用牛耕方面做了对比，也就认识到赵豹把秦国已使用牛耕视为赵国无力与秦国为敌的一个重要原因。

在此基础上，笔者为了引导学生进一步运用"时空位置特殊性"对战国时期秦国的牛耕发展情况进行考察，为他们提供了考古材料《云梦睡虎地秦简·厩苑律》中的有关记载。该秦简是在湖北省云梦县睡虎地秦墓中出土的，据考证，这些竹简书写于战国末期至秦始皇统一六国后五年间。呈现竹简内容，有助于学生重返历史现场。《云梦睡虎地秦简·厩苑律》从考核时间、考核标准、奖惩方法等方面对官牛的考课做了严格规定。学生从中观察，认识到从秦国方面的记载来看，秦国相当重视耕牛的喂养，秦国在法律层面对牛耕进行推广，也进一步印证了《战国策》中赵豹对秦国"以牛田"的认识。在课堂有限的时间内，每一个历史问题都运用史料进行探究是不现实的，因此教师的讲述是必不可少的。教师可进一步补充说明：秦国对于铁农具的使用也是比较普遍的，这在考古不断发现战国时期秦国的铁农具中得到充分体现，这也是秦国水利兴修和精耕细作农业发展的重要条件。在此探究过程中，基于教师提供的史料，学生将观察的时间标尺定位于战国时期，将空间定位于秦国，利用文献史料和考古史料加以考辨，从赵国和秦国两个角度进行分析考辨，得到相互印证的结论：战国时期，铁犁牛耕只是在局部地区得到推行。在这一探究环节中，"时空位置特殊性"这一观察标准的设置，提升了学生的史识。

二、基于"新异性"的"深浓的度量"和"广袤的度量"的合理解释

张荫麟先生认为，"新异性"不仅有"深浓的度量"，而且有"广袤的度

量"。①因此，要引导学生在观察和探究史料的过程中把握"新异性"的程度，以及注意"新异性"的范围。对于汉代铁犁牛耕的推广与发展，笔者在教学过程中注重引导学生观察并分析"新异性"的"深浓的度量"和"广袤的度量"。

（一）基于"新异性"的"深浓的度量"的合理解释

在教学部编版高中历史选择性必修2《经济与社会生活》第4课"古代的生产工具与劳作"中"农业工具的变化"的内容时，教师提到，东汉使用牛耕，因二牛挽犁的耦犁回转不便，在一些地方已有较轻便的一牛挽犁。学生必然产生这样的问题，既然二牛挽犁回转不便，为何只是在局部地方转向一牛挽犁？这就需要教师引导学生分析汉代一牛挽犁的发展程度，即在"新异性"的"深浓的度量"基础上对汉代的铁犁牛耕做出合理解释。笔者引导学生带着以上问题阅读相关材料：

> 二牛抬杠的犁，犁的铁铧和带犁壁的铁铧是生铁铸造的，韧性有限而且不是斜插入土，是在行进中近于平直入土、翻土，因一头牲畜拉着费劲才用两头。两汉使用的铁农具还不是包刃熟铁，只是韧性铁具。韧性铁具是指铸造生铁后磨刃，比较笨厚、易断裂。有了钢刃熟铁的铁铧，一头牲畜就可以拉动。但我国历史上采用熟铁和钢来制造农具是一个逐步发展的过程。直到东汉时期，熟铁和钢的产量还很有限，不可能大量用以制造农具。大量推广并使用钢刃熟铁农具，开始于唐宋时代。这是锻造熟铁和炼钢的技术进一步发展的结果。

> 摘编自杨宽《中国古代冶铁技术发展史》

学生从材料中可看出，一牛挽犁的使用与冶炼技术的发展紧密相连，受制于炼钢技术的发展程度。东汉虽已出现局部地区由二牛挽犁转向一牛挽犁的现象，但极为有限。其原因是东汉炼钢技术发展程度有限，从而影响了钢制农具的产量，制约了一牛挽犁的推广过程。因此，东汉时期"一牛挽犁"这一新事

---

① 张荫麟.张荫麟讲中国史学之大观[M].南京：河海大学出版社，2021：自序6.

物，在"新异性"的"深浓的度量"方面就比较有限。

（二）基于"新异性"的"广袤的度量"的合理解释

要想分析汉代牛耕的推广，就必然要了解汉代不同地域耕作方式的发展。这就需要以"新异性"的"广袤的度量"来把握汉代牛耕的推广情况。

笔者在教学中引导学生观察并分析《汉书·食货志》中"汉武帝末年，赵过任搜粟都尉，教民用耦犁，以二牛三人的方式进行耕种，使收成大大增加"的材料，学生从中认识到汉代以前虽有牛耕，但到汉武帝时赵过开始普遍推行，并起到了垦荒、丰收等作用。又抛出问题：西汉时是否就已经实现在全国范围内普遍推行牛耕呢？激发了学生的疑问意识后，笔者继续提供《后汉书》中的有关材料：《后汉书·王景传》中记载，汉光武帝时，王景调任庐江太守，而在此之前，庐江百姓并不知道用牛耕地，出现了土地肥力有余而粮食不够的现象，王景于是教百姓用犁耕地，使田地得到开垦，粮食获得丰收；《后汉书·任延传》中，九真百姓长期以打猎为业，并不知道耕地种粮，直至汉光武帝年间，任延任九江太守，教民制作农具、垦荒种地，使耕地增多，百姓充给。学生观察《后汉书》中这两段史料并与《汉书》中有关记载进行对比，在王景和任延努力推广牛耕之前，庐江和九真是没有牛耕的，说明东汉时期牛耕才在庐江和九真等地方逐步得到推广。学生进一步做出西汉时期牛耕开始推广，东汉时期牛耕得到进一步推广的历史解释。学生通过对《汉书》和《后汉书》的相关记载进行对比，基于"新异性"的"广袤的度量"对两汉时期牛耕的使用范围做出合理解释。

总之，以"新异性的标准"来引导学生观察史料，能够提升学生的观察力，选择重要信息的能力，进而形成发现问题和分析问题的意识，有助于学生对史实的掌握。以"内容特殊性"标准观察史料，有助于学生发现错综复杂的历史现象本身存在的横向或纵向联系；以"时空位置特殊性"标准来认识史料，有助于学生将历史事实置于具体的时空框架下做出分析判断；以"新异性"的"深浓的度量"和"广袤的度量"来把握史事，有助于学生对史事的演进程度和范围广度做出合理解释。将"新异性的标准"引入历史教学，可以提升学生的史识。

第三节　史料研习与历史观察

"历史解释"是高中历史学科五大核心素养之一。《新课标》指出，历史解释是指以史料为依据，对历史事物进行理性分析和客观评判的态度、能力与方法。人们通过多种不同的方式描述和解释过去，通过对史料的搜集、整理和辨析，辩证、客观地理解历史事物，不仅要将其描述出来，还要揭示其表象背后的深层因果关系。通过对历史的解释，不断接近历史真实。如何依托史料来观察历史，从而得到正确的历史解释，需要有相应的历史观察路径。梁启超在《中国历史研究法补编》中提出，观察的程序包括两种：一是由全部到局部；二是由局部到全部。这两种观察历史的方法，对于中学历史教学中历史解释这一核心素养的达成有很大启示。在历史教学中，笔者依托史料，基于整体与局部对历史进行观察，尝试在宏观视域下开展微观史料研习活动，以期提升学生的历史解释核心素养。以下以《中外历史纲要（上）》第五单元第16课"国家出路的探索与列强侵略的加剧"中的"洋务运动"的教学过程为例，进行阐释。

一、基于历史解释核心素养达成的历史观察设计理路

本单元的课标要求是，"认识列强侵华对中国社会的影响，概述晚清时期中国人民反抗外来侵略的斗争事迹，理解其性质和意义；认识社会各阶级为挽救危局所作的努力及存在的局限性。"其中，"认识列强侵华对中国社会的影响""认识社会各阶级为挽救危局所作的努力及存在的局限性"均与"洋务运动"紧密相连。洋务运动是清政府在面临内忧外患的情况下，为挽救统治危机进行的一场自我革新运动，也是近代中国在西方工业文明冲击下所做出的反应。洋务运动因模仿一部分西方器物而异于传统，又因主其事者以新卫旧的本来意愿而难以挣脱传统。结果是"东一块西一块的进步。零零碎碎的。是零买

的，不是批发的"①。中国社会从中世纪到近代的最初一小步实始于这种支离斑驳之中。从一定意义上说，洋务运动迈出了中国近代化的一小步。

笔者任教的学校位于福建省省会城市福州，福州是近代中国较早开辟为通商口岸的城市之一，福州的历史变迁折射了近代中国社会的变迁。福州也见证了洋务运动对近代中国社会所产生的影响，位于福州闽江口的马尾船政局便是洋务运动中洋务派兴办的近代企业的典型代表。为了有效实现教学目标，笔者特意前往马尾的中国船政文化博物馆参观学习，查阅了《洋务运动史》《福州船政局》等学术资料，挖掘、整合了课程资源，并将此课程资源用于教学过程中，在宏观的历史背景下探究马尾船政局的发展史实的微观历史事件，引导学生对教材中的"洋务运动"做出深刻的宏观解释。笔者将洋务运动置于中国"近代化的一小步"的地位中，通过对马尾船政局的发展史实进行分析，透视洋务运动和中国近代化的关系，以期提升学生的历史解释素养。

对于洋务运动的学习，教师不仅要引导学生将其置于半殖民地半封建化的进程中，更要将其置于先进国人向西方求索的进程中、中国近代化的进程中。因此，"洋务运动"教学内容的教学重点设置为：通过分析马尾船政局的功绩与存在问题，认识洋务运动的进步性和局限性；通过分析马尾船政局的发展史实，认识洋务运动反映的近代中国社会变化和先进国人在探索救国道路过程中的求索精神。教学难点则是，在对马尾船政局的探究过程中，理解洋务运动与近代中国社会变化的互动关系。在此，笔者采用了从"全局"到"局部"，再从"局部"到"全局"的历史观察路径，以提升学生的历史解释核心素养。

二、基于历史解释核心素养达成的历史观察设计与实施

（一）宏观背景下的微观事件分析

要求学生探究洋务运动的开启与近代中国社会的变局的关系，必须将微观历史事件置于宏观的历史时代背景下，通过给学生提供史料，让学生对史料进行观察，并做出辨析、拼接、解读，进行严密论证，思考微观事件与宏观背景

---

① 杜威.杜威五大讲演 [M].张恒，编.北京：金城出版社，2010：9.

的因果关系，以此认识洋务运动的开启与近代中国社会变局的关系。首先，笔者从全局入手，观察微观事件。这是历史解释核心素养培育的重要抓手。据此，笔者设置了"变局"这一教学环节，提供的材料如下：

材料一：1865 年，左宗棠说："自海上用兵以来，泰西各国火轮兵船直达天津，藩篱竟成虚设""此时而言自强之策，又非师远人之长，还以治之不可。"

——《左文襄公全集》

材料二：向来靠江浙棉布供应的福州、厦门地区的市场，也被"其质既美，其价复廉"的洋布洋棉所占领，造成"民间之买洋布洋棉者，十室而九"的局面。

——道光二十五年三月十七日福州将军敬穆奏

材料三：从前贼匪打仗，并无外国枪械；数年以来，无一支贼匪不有洋枪、洋火……上年陈炳文赴鲍军门处投诚，禀缴洋枪七千余杆，而本部堂一军截剿湖州逆贼，于皖、浙、江三省边境，所得洋枪亦不下万余杆。

——左宗棠《答福州税务司美里登》

其次，笔者要求学生画出从鸦片战争至洋务运动的启动之间的重大历史事件的时间轴。同时设计了以下问题：洋务运动的产生与鸦片战争后中国社会的变局有着怎样的关联？有哪些表现？

从以上材料中，学生首先认识的是洋务运动的历史时代背景，在外国资本主义入侵下，林则徐、魏源等人"师夷长技"的思想为洋务运动的开启奠定了一定的思想基础，太平天国使用新式武器对洋务运动也起到了刺激作用。这些历史元素是在宏大的近代中国社会背景下产生的，洋务运动也是在近代化的潮流中兴起、在变贫弱为富强的探索过程中发生和发展的。学生也就从中认识到，将近代工业的发生、发展提到实践日程上，是近代中国变局的产物，也是这一变局的重要表现。学生进一步分析得出洋务运动与中国社会的互动关系：洋务运动是中国面对西方工业文明冲击做出的反应；洋务运动的推行反映了先进的中国人在探索近代化的不懈努力；农民阶级较早在实践中"师夷长技"，对洋务运动有刺激作用；中国的近代化是在中国半殖民地半封建化进程中开启的；洋务派官员浓厚的国家意识和自主自立意识开启了中国近代化的进程。

在此环节的设计中，笔者旨在让学生分析洋务运动的开启与近代中国社会变迁之间的关系，以多则史料作为洋务运动开启原因的判断依据，引导学生在中国近代社会变迁的视域下对洋务运动进行观察，从分论出发获得认识，从特殊出发获得启示，从而得到近代中国社会的"变局"与洋务运动之间存在着互动关系的历史解释。

（二）微观细节中的历史时代映射

历史的微观细节往往是历史的时代缩影。通过观察历史的微观细节，学生可以丰富对历史时代的认知，从而做出相应的历史解释。笔者在"求索"这一教学环节中，对微观细节进行历史时代的映射。在这一环节中，展示的材料如下：

材料四：左宗棠于 1866 年 6 月 25 日上奏朝廷，提出大规模的设厂自造轮船的主张。他说："如虑机器购雇之难，则先购机器一具，巨细毕备，觅雇西洋师匠与之俱来。以机器制造机器，积微成巨，化一为百。机器既备，成一船之轮机即成一船，成一船即练一船之兵。比及五年，成船稍多，可以布置沿海各省，遥卫津沽。由此更添机器，触类旁通，凡制造枪炮、炸弹、铸钱、治水有适民生日用者，均可次第为之。"

——中国近代史资料丛刊《洋务运动　5》

材料五：丁氏（丁日昌）一针见血地说："今不急图开炼煤铁，而但图制造，是灯无膏而求其明，木无根而求其茂也。"为了解决这个问题，沈葆桢于 1875 年请开采与马尾一水之隔的台湾基隆煤矿，得到清王朝批准，基隆煤矿于 1878 年开工投产，经过努力经营，产量连年递增，到 80 年代初，基本上已能满足船政局的需要。但钢铁由自己生产以供应船厂的目的，由于资本、技术、资源等多种原因，未能达到。尽管船厂在钢铁方面没有摆脱对洋货的依赖，但船政局预定的发展计划照常进行，并取得可喜的成绩。

——夏东元《洋务运动史》

设计的问题如下：材料四、材料五反映了中国向近代化转型中左宗棠、丁日昌哪些思想主张？

"最接近事件的证人是最好的证人"，历史人物往往受到时代、社会、情感、经验的影响，很多当事人的思想是他从所处的时代和立场中而得出的。洋务派重要历史人物，亦是如此。在此环节的学习过程中，通过呈现洋务派代表人物的主张，使历史人物更丰满，这种历史细节，使历史事件更具体，有助于学生深入历史现场进行体验，设身处地地去理解洋务派代表人物的拳拳爱国之心和他们所做出的努力，进一步分析洋务派所做的努力与中国近代化的互动关系。

学生从材料中可得出，左宗棠、丁日昌二人的思想主张有：兴办近代造船业，不仅要购买外国先进的机器设备，还要暂时雇用外国的技术人员；用自制的轮机建造轮船，并在此基础上加快军队的近代化建设；造轮船的目的主要是防御外寇；引进西方技术的目的是提高整个国家的科技水平，并进一步发展工农业生产；要把轮船制造和原料获得结合起来。引导学生将此认知与近代中国社会的变迁联系起来，则可以使学生进一步认识到，洋务派作为当时的先进国人，具有较鲜明的忧患、自立意识，这是中国近代化的重要动力。

笔者继续追问：材料五反映了中国在早期近代化的尝试中有哪些特征？

学生通过进一步解读材料五，从丁日昌的分析、沈葆桢的努力、船政局的运营微观细节中探究中国在早期近代化的尝试中的特征主要有：中国的早期近代化由军事工业逐步转向军事工业和民用工业并存；洋务运动的开展缺乏原料，重工业基础较为薄弱，体现了中国近代化起步的艰难；中国的早期近代化在艰难的境遇中取得了一定的成效。

在此教学环节中，笔者展示的历史细节还包括从中国船政文化博物馆中拍到的"船政学堂主要课程设置"表。

材料六：船政学堂主要课程设置（表5-2）。

表5-2　船政学堂主要课程设置

前学堂制造班学制五年	后学堂驾驶班学制五年
圣谕广训	圣谕广训
孝经	孝经
策论	策论
法语	英语
高等数学	高等数学
代数	代数
几何	几何
几何制图	直线三角
解析几何	球面三角
三角	航海天文
微积分	航海数学
物理	航海地理
化学	航海学
机械学	枪炮
锅炉构造	兵操
蒸汽机构造	船艺

——中国船政文化博物馆

基于此材料，笔者设计了问题：根据材料六概括福州船政学堂的办学特色。

让学生接触原始资料复活历史的细节，呈现出来的历史是立体的，有助于学生重回历史现场，更直观地了解历史。笔者借助"船政学堂主要课程设置"表这一历史细节作为课程资源，使洋务运动的内容更加具体，可以使学生更好地了解洋务运动的内容，对史料进行合理观察，还可以使学生的历史解释核心素养得到提升。学生从表格中具体的课程设置可得出办学还具有"中体西用"、课程设置全面、注重西文西艺、以培养近代化实用型人才为核心等特点。学生对表中的"前学堂制造班"和"后学堂驾驶班"进行对比可看出船政学堂的办学注重对轮船的制造和驾驶，船政学堂把轮船制造人才和驾驶人才的培养都提至重要的地位，在此基础上，引发学生思考马尾船政局对人才的培养所带来的作用。福州船政学堂培养的人才不仅为马尾船政局的发展振兴提供了极为有利的条件，还为中国近代海军的建设准备了必要的人才。据此，笔者进一步设计的问题为：分析从"船政学堂主要课程设置"表中所折射出的洋务运动对中国社会的影响。在此教学环节中，学生从思考福州船政学堂对马尾船政局的影响，再进一步深入思考洋务运动对中国社会的影响，以历史细节来映射历史时代，以微观分析得出对历史的宏观解释。

（三）微观、宏观交融中的历史认识提升

要做出历史解释，需要明白微观历史是宏观历史的具体表现，宏观历史是微观历史探究的方向。认知宏观历史需要建立在对微观历史探究的基础之上。微观历史有了宏观规律的指引也就有助于学生发现历史背后的线索与规律。笔者在"回响"这一教学环节中，先让学生对微观历史进行观察，进而融合宏观历史进行思考。笔者展示的材料为：

材料七：马尾船政局资金来源于闽海关的固定拨款，产品不作为商品出售而通过清政府调拨给各单位使用。

摘编自夏东元《洋务运动史》

材料八：沈葆桢办船政之初，上奏道："今则督艺徒者匠首也，而匠首之智不如艺徒；督匠首者绅员也，而绅员之智不如匠首；督绅员者臣也，绅员能知其大意，臣则一无所知而已矣。"

——沈葆桢《复陈洋务事宜疏》

笔者抛出了问题：材料七、材料八体现了马尾船政局在发展过程中有何局限？反映了洋务运动存在的实质性问题是什么？

历史总是留给人深刻的思考，马尾船政局曾经是亚洲最大的造船厂，洋务运动时期的马尾船政局却在1907年全面停产。期间必然存在许多问题。学生

从教师提供的材料七中可认识到，船政局的发展不是依靠内部积累，而是完全依赖政府的财政支出，生产不计成本，船政局的经营方式违背资本主义积累与分配的规律。学生从材料八中可认识到，船政局中缺乏拥有专业知识的管理人员，外行人滥竽充数，这反映了近代机器工业发展与洋务运动采取封建官僚衙门式的管理之间的矛盾，进而得出马尾船政局在发展过程中的局限：封建经营管理方式与资本主义大工业发展的矛盾，从中剖析出洋务运动中存在的实质问题是封建主义的生产关系不适应资本主义生产力的发展。

学习至此，学生必然产生这样的问题："闭关自守"并未给中国带来安全，洋务事业不同样没有使中国富强起来吗？左宗棠等人所创办的船政局，原来的设想和愿望不也是化为泡影了吗？基于以上微观历史的分析，学生已经不自觉地将微观历史的探究结果融入宏观历史的认知。学生认识到洋务破产、造船失败是事实，然而问题的实质不在于该不该办，而在于能不能办成和办好。在国门已被打开，民族危机日益严重，新的阶级力量和经济政治力量尚未形成，人民群众也还没有形成新的政治觉醒的情况下，封建统治集团中，相对进步开明的官员，在强敌虎视的险峻形势下做出了探索。对于当时的统治阶级来说，除了兴办洋务，还不能要求他们拿出超越封建主义范畴的更加高明的办法。左宗棠、沈葆桢等人审时度势，在阻碍重重、责难纷纷的情况下，坚决兴办洋务，首倡造船，应该说是势所必至、尽其所能的举动。然而，在半殖民地半封建社会，外有列强的压迫，内有封建主义的桎梏的社会历史背景下，他们无法完成这个伟大的使命。但是历史并不因此就抹杀他们的积极作用和历史功绩。在此基础上，教师进一步让学生去感受船政精神，并进一步认识到，没有民族民主革命的胜利，没有社会主义革命的胜利，就不可能有真正的中国工业化和现代化。学生从中更加坚定道路自信、理论自信、制度自信、文化自信。

在此教学环节中，通过对微观历史细节和宏观历史时代的融通，学生将历史细微处学习的目光投射到整个历史发展的过程中，也就能获得更深入、更持久的不断提升认知的观察力，进而做出历史解释。

三、基于历史解释核心素养达成的历史观察教学反思

（一）微观分析是宏观解释的基本元素

微观分析是构成宏观解释的基本元素。没有微观分析，宏观解释就不可能存在。教材纲要式的写法具有言简意赅、微言大义的特点。宏大的时空跨越、丰富的历史议题全部囊括在一节课的体量中。如果将教材的知识点和结论生硬地灌输给学生，长此以往，不经过理解就做出评判，学生在历史学习中很容易妄断，所谓的"宏观解释"就只能停留于记忆的层面，从而不利于对学生认知能力、创新能力等的培养。上述教学过程中，通过对"马尾船政局"的微观视角分析，学生对教材中的"洋务运动"做出更丰富的阐释，可以使学生知道、理解、体悟，对于历史因果脉络的阐释，是随着史料的丰富而逐渐完善进步的。因此，使微观分析真正丰富起来，宏观解释才能够水到渠成并富于深刻。

（二）微观分析必须立足于宏观视域

从微观分析到宏观解释的逻辑前提是，微观视角的事件是宏观历史背景下作用的结果，也是宏观历史事件下的典型表现。因此，微观分析必须建立在宏观的视域下，才具有扩展的意义。在上述教学过程中，基于中国近代化进程的宏观视域，通过微观地描述马尾船政局的发展过程，揭示各种因素相互作用的过程、特征和结果，能够使学生认识洋务运动与中国近代化的互动关系。

（三）微观例证应具有宏观事件中的普遍性

从微观分析中所得出的结论只有具有宏观历史事件中研究的普遍性意义，才能合理地说明宏观层面的问题，才能使微观分析承载宏观解释的合理性。否则，从微观分析中得出的宏观解释将是荒谬的。马尾船政局作为洋务运动中的一个典型企业，笔者在整合课程资源的过程中，对比了马尾船政局与江南制造总局、金陵机器制造局的发展历程，从中找出具有普遍性的特征，使马尾船政局成为学生探究洋务运动、探究中国近代化的一个例证，从而使学生在微观分析马尾船政局的基础上，得出洋务运动与中国近代化关系的宏观解释。

第四节　史料研习与理性质疑

学习贵有疑。我国明代哲学家陈献章说过："学贵知疑，小疑则小进，大疑则大进。"《美国科学家》杂志在 2018 年刊发了《理性质疑与非理性质疑》一文，文中认为，质疑的展开和演化可分为四种类型：理性质疑、不正当选择一种质疑的立场、对选择不正当质疑立场的谴责、对理性质疑的谴责。其中，理性质疑是指对获得的结论及其得出结论的实验过程的合理性、严谨性进行质疑，并加以论证。理性质疑有利于科学和知识的进步，其价值人所共知。例如，正是对他人实验的严格性和证据力的理性质疑，使巴斯德推翻了微生物自然发生说。

《新课标》将历史学科核心素养分为唯物史观、时空观念、史料实证、历史解释、家国情怀五个方面。通过核心素养的培育，以达到立德树人的目标。立德树人，要着力培养具有正确的世界观、人生观、价值观的人，培养会思考的人。这与基于理性质疑的探究所达成的目标高度契合。根据理性质疑的理论，结合《新课标》的要求，笔者尝试在历史教学实践中以正确的价值导向引领学生的理性质疑，以唯物史观作为指导，以史料研习为载体进行史料实证、学习探究，从而使学生认清历史的发展规律，对历史获得全面而正确的认识，对人类历史发展进行科学的阐释，形成实事求是的研究态度和正确的世界观、人生观、价值观。以理性质疑为出发点，开展高中历史课堂的史料教学，以促进学生批判性思维的形成和历史学科核心素养目标达成的路径如图 5-8 所示。

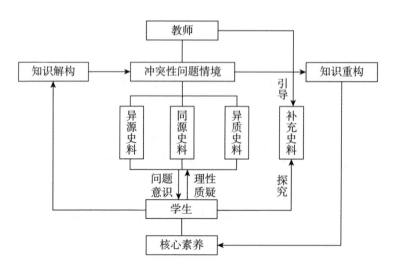

图 5-8　基于理性质疑的核心素养达成路径

　　下面，笔者将结合人教版高一历史必修1第9课"资本主义政治制度在欧洲大陆的拓展"中的资料回放内容《德意志帝国宪法》，探索如何运用理性质疑的方法来指导课堂教学，培养学生的历史学科核心素养。

一、基于异源史料引发的理性质疑——统一是靠铁和血，还是靠煤和铁

　　异源史料即不同来源的史料，它们往往会从不同的立场、角度对同一史实进行描述或解释，它们之间往往是相互矛盾的，这极易激起学生的理性质疑。通过异源史料引发学生的理性质疑，有助于学生对同一史实进行客观分析，产生多方面的认识，也有助于学生透过纷繁复杂的历史表象获得深层次的认识。

　　要充分认识德意志帝国的代议制，首先要对德意志帝国统一的历史背景加以探究。笔者在"统一是靠铁和血，还是靠煤和铁"的教学环节中，运用了异源史料来引发学生的理性质疑，即展示了两段观点截然相反的材料：俾斯麦说："一场只有通过铁与血才能解决的斗争来达到目的。"[1]英国经济学家凯恩斯则说："德意志帝国与其说是建立在铁和血上，不如说是建立在煤和铁上。"[2]对

① 丁建弘. 德国通史[M]. 上海：上海社会科学院出版社，2012：212，223.

② 丁建弘. 德国通史[M]. 上海：上海社会科学院出版社，2012：223.

于德意志帝国统一的原因，学生最熟悉的莫过于普鲁士强大的军事实力，以及俾斯麦灵活的外交手段。然而，凯恩斯的观点则给学生提供了另一个思考方向。基于俾斯麦和凯恩斯这一对冲突的观点，学生必然质疑：德意志帝国的统一是靠铁和血，还是靠煤和铁？凯恩斯的观点有无道理？

在学生质疑的基础上，需要引导学生进行论证和反思。教师需要做的是继续提供史料，让学生在讨论探究的过程中辨明各种信息的可信度，辨明相同指向的信息之间相互一致与矛盾之处，最后找到对德意志统一原因更客观的认识，为下一步对《德意志帝国宪法》进行探究做准备。教师继续提供三则史料（表5-3至表5-5）：

表5-3 德意志和普鲁士 1840—1870 年钢产量状况

年份 / 年	1840	1850	1860	1870
德意志钢产量 / 千吨	122.0	196.9	426.3	1 044.7
普鲁士钢产量 / 千吨	92.1	149.3	352.5	916.7

表5-4 德意志和普鲁士 1840—1870 年石煤开采量

年份 / 年	1840	1850	1860	1870
德意志石煤开采量 / 千吨	3 180.0	5 184.0	12 348.0	26 398.0
普鲁士石煤开采量 / 千吨	2 821.0	4 575.0	10 657.0	23 316.0

表5-5 德意志关税同盟大事表

时　间	事　件
1828 年	普鲁士加快关税一体化进程
1834 年	以普鲁士为主导的德意志关税同盟建立
1852 年 11 月	关税同盟条约有效期延长，而奥地利没有被同盟接纳为成员
1837—1844 年	德意志关税同盟与荷兰、希腊、土耳其、英国、比利时等国签订了商业协定
1862 年	普鲁士同法国缔结自由贸易条约，根据此条约，不在关税方面予以奥地利优惠政策

在展示材料的同时，教师提出问题链进行追问："这三则材料反映了普鲁士在德意志统一前什么样的实力？""普鲁士能够统一德国的根本原因是什么？""这对德国统一后的发展进程将带来怎样的影响？"通过以上三则材料，引导学生将历史时间定位于"1871年德意志统一前半个世纪"这一特定的历史时期，即德意志第一次工业革命时期，在此历史时间架构的基础上，学生通过对史料的分析，认识到普鲁士经过第一次工业革命，已经成为德意志的经济霸主，并主导建立了德意志关税同盟，也就确立了普鲁士对德意志的经济领导权，同时，也逐步地把奥地利排挤出德意志的统一大业。基于此分析，学生可进一步展开思辨，认识到普鲁士之所以能完成德国的统一大业，除了军事因素以外，还在于普鲁士的经济强权。第一次工业革命和德国关税同盟的建立对德意志的统一既提出了历史要求，也起到了巨大的促进作用。而担当起统一重任的普鲁士容克贵族，也必然会使德意志帝国的发展带上浓厚的专制色彩和军国主义色彩。俾斯麦的观点意在倡导普鲁士用强大的武力完成德国的统一。凯恩斯的说法则强调的是普鲁士军事强权背后强大的经济实力对德意志统一的巨大推动作用。二者的观点体现了不同的解释角度。

学生在探究德意志统一原因的问题过程中，在教师提供相应史料的基础上，对俾斯麦和凯恩斯两种不同观点进行比较分析，客观地分析出德意志统一的历史原因，并得到俾斯麦和凯恩斯的论述角度不同的认识，学生的历史解释核心素养得以提升。同时，学生对历史时间的定位也更加明确。从工业革命的开展来看德意志的统一，能够使学生在探究过程中将德意志放在工业革命时期的时间框架中，选择工业革命这一尺度对德意志在统一前后进行分析，由此，学生时空观念的核心素养也能够得到强化。

二、基于同源史料引发的理性质疑——宪法是畸形怪胎，还是稳中求进

作为历史教师，挖掘出相同出处的史料对同一史实提出的看似矛盾的解释或观点也能够引起学生的理性质疑，并进一步培养学生的核心素养。历史教材是一种重要的课程资源，创造性地使用教材是为了让学生更准确地理解教材，

并尽可能超越教材对历史的认识。在学习部编版高中历史选择性必修1《国家制度与社会治理》第2课"西方国家古代和近代政治制度的演变"中"西方资本主义制度的产生与发展"时，笔者在授课过程中引用了《德国通史》中的内容，一方面阐述了《德意志帝国宪法》具有浓厚的专制色彩，同时又说是帝国宪法的颁布使德国的经济得到迅速的发展。这很容易引发学生质疑：一个政治上专制色彩浓厚的国家，为什么能有上述作为？在学生质疑的基础上，教师又提供了以下材料（表5-6、表5-7）：

表5-6 享有选举权的德意志帝国公民参加帝国议会选举投票的百分率

年份 / 年	1871	1874	1878	1884	1887	1893	1903	1907	1912
选民参加选举的百分比 / %	50.7	60.8	63.1	60.3	77.2	72.2	75.3	84.3	84.5

表5-7 1871—1913年德国工业生产指数

年份 / 年	1871	1880	1890	1900	1910	1913
生产指数 / %	21.0	49.4	57.3	61.0	86.0	100.0

根据表5-6，学生能够认识到，德意志帝国成立后四十多年间，拥有选举权的帝国公民参加帝国议会选举投票的比例在整体上呈现出逐步上升的趋势。由此可见，民众参与政治生活的热情在上升。而表5-7则体现了在德意志帝国成立后四十多年间，工业的高速增长。一切似乎都在朝着健康的方向发展。学生必然进一步质疑：《德意志帝国宪法》是否真如教材所述，如同畸形怪胎？如果让学生仅仅就事论事，就宪法论宪法来对《德意志帝国宪法》、对帝国的代议制做出一个绝对性的进步或保守、优或劣的判断，是很困难的，甚至会出现错误。

真理越辩越明，真理从来不怕被质疑。当教师努力开启学生的思辨，客观理性地分析教材的结论时，也需要告诉学生，并不是发现错误才是批判性思维，通过检验和查看发现别人的正确也是批判性思维。德国虽然设有帝国议会和联邦议会,帝国议会还是由普选产生的,但是,事实上这个貌似民主的议会并无太多的民主权利,帝国的重大决策几乎全部由行政首脑决定。教师还应指出的是,由于德意志长期受到军国主义和专制主义的统治,强权主义、国家至上和权力意志的思想极为浓厚,形成了"崇拜强有力的领袖""崇拜权威"的极端观念,所以民主和平等的意识极为淡薄。《德意志帝国宪法》体现了德意志带有浓厚的君主专制色彩和军国主义色彩与其历史传统和统一王朝战争的形式,即走上资本主义道路是密不可分的,是由德国特殊的国情决定的。同时,《德意志帝国宪法》是基于德意志长期分裂的历史做出的一种选择,即维持普鲁士在帝国中的优势和主导地位的同时赋予帝国以联邦主义的色彩,以平衡各方面的利益,稳中求进的政治制度有助于德意志在第二次工业革命中实现经济的飞跃。而与西欧其他国家相比,德意志帝国的普选权还体现了一定的进步性。但是,专制色彩政治形态下的资本主义经济发展只是暂时的现象。专制主义与资本主义经济虽然在短期内可以相容,但是随着时间的推移,资本主义经济的进一步发展,专制主义就无法继续维持下去了。

在这一内容的探究过程中,学生分析了普鲁士受军国主义和君主专制传统的影响,使《德意志帝国宪法》刻上深深的专制色彩的烙印,时空观念得到进一步的强化。而通过资本主义经济的发展和德国代议制之间联动关系的分析,学生深刻理解了"经济基础决定上层建筑,上层建筑反作用于经济基础"的辩证关系,有利于学生唯物史观核心素养的形成。

三、基于异质史料引发的理性质疑——帝国的社会保障是出于恶劣的动机,还是伟大的社会制度

所谓异质史料,是指不同类型的史料。笔者在"帝国的社会保障是出于恶劣的动机,还是伟大的社会制度"的教学环节中运用了不同类型的史料——历史观点和历史事实,来引发学生的理性质疑。德意志帝国议会通过一系列社会保障立法,对德国甚至世界的社会保障产生了深远影响。对基于德意志代议制建立的德意志帝国的社会保障进行探究,能够使学生更深刻地理解德意志帝国的代议制。

教师首先展示的是俾斯麦的观点：社会保障是一种消除革命的投资。和俾斯麦的观点一同呈现给学生的是一段历史事实：从 1882 年到 1889 年，议会先后通过了由俾斯麦提交的《疾病社会保险法（草案）》《工伤事故保险法（草案）》《老年和残疾社会保险法（草案）》，这分别是世界第一部疾病社会保险法、工伤事故保险法、老年保障法。

学生从俾斯麦的观点分析得出，德意志帝国推行社会保障制度，具有摧垮革命运动的目的。教师补充说明，面对风起云涌的工人运动，俾斯麦用"鞭子政策"——《非常法》严厉镇压工人运动，面对严厉的镇压，工人的斗争却更加激烈。这一方法未能奏效，俾斯麦则采取了"蜜糕政策"，积极改善工人福利，以化解矛盾。学生通过 19 世纪 80 年代德意志第二帝国创建了世界上第一个较为完备的社会保障制度的立法的历史事实，可以认识到社会保障制度对缓和社会矛盾、推动经济继续发展确实起到了重要作用。教师同时指出，德意志帝国的社会保障立法也对世界其他国家的社会保障制度的创建起到了示范作用。欧洲、美洲、亚洲的许多国家纷纷效仿。在这一环节的学习过程中，学生在探究的过程中对俾斯麦创立社会保障法的初衷和结果进行反思，认识到德意志帝国代议制下的社会保障立法本来是出于俾斯麦的恶劣动机，却催生了伟大的制度。这使学生正视动机和效果出现分离的现实，唯物史观的核心素养得以提升。同时，学生认识到德意志帝国代议制机构创立的社会保障制度在人类历史发展进程中的作用，培养了家国情怀，拓展了国际视野。

从以上教学案例的分析可知，教师通过积极创设冲突的材料情境，让学生的思维处于发现的状态中，学生的问题意识极易被激活，在勇于探究的过程中，学生得到的往往是创新性和更加完善的认识。基于理性质疑的历史课堂要达成核心素养培育的目标，需遵循以下原则：首先，要坚持价值导向引领的正确性，要以唯物史观作为指导进行探究，缺乏正确的价值引领，那样的质疑是非理性的质疑，基于其上的探究也就必然异化为不科学的、偏激的争吵和争执，也就会失去历史学习求真的本质与功能，立德树人的目标就无法达成；其次，要注重论证历史问题的史料性，在论证历史问题的过程中坚持"论从史出，史论结合"的原则，学生对于历史因果脉络的阐释是随着史料的丰富而逐渐完善的，如果离开了具体的史料，要学生对冲突性的问题情境进行分析，那只能停留在纯粹推断和臆想的层面；最后，要把握立德树人目标的明确性，作为历史教师，要准确把握历史学科的性质及其功能，深刻领会历史课程立德树人的教育目标，全面认识历史学习对学生全面发展和终身发展的重要意义，基于理性质疑的历史课堂要让学生养成谨慎断言的意识，培养学生大胆质疑的习惯，而不是有预期地揭露缺点或为了故弄玄虚而说"不"。

基于理性质疑的历史课堂能够激发学生的问题意识，点燃学生的学习思维。教师应敢于运用、善于运用理性质疑的教学方法来培育学生的核心素养，应让历史课堂显得更加有人、有思、有理、有趣。

第五节　史料研习与历史判断

一个完整的历史认识，是由一个个的历史判断组成的。历史判断分为三个层次：事实判断、成因判断和价值判断。事实判断指的是通过对史料的分析批判来获得历史事实的认识，属于"确定事实"或弄清楚"是什么"层次上的判断；成因判断是在事实判断的基础上，对因果关系或规律性的方面做出的判断，属于"解释事实"或弄清楚"为什么"层次上的判断；价值判断则是评价性判断，它是指在事实判断和成因判断的基础上对历史事件、制度、人物等进行评价并借鉴现实做出的判断。

批判性思维，是一种把重点置于值得信赖与值得行动的反思式的理性思维。必须注意的是，非难有别于批判。批判性思维不是过分纠缠于争论短处和缺点的非难，而是包含了"共鸣""创造性"等因素。批判性思维有三个维度：分析、评估、创造性。批判的本质强调质疑、分析，并最终得到更完善的认识。因此，学生在学习过程中秉持批判性思维，不是说被动地接受，而是不断激发出自身的问题意识，对于应当学习什么有自己的思考，并能够主动地行动。在平常的历史教学中，笔者基于史料，引导学生在历史判断三个层次的推进过程中对史料展开分析、评估并形成创造性认识，有助于学生批判性思维的达成。基于历史判断三个层次的历史课堂教学的基本策略如图5-9所示。

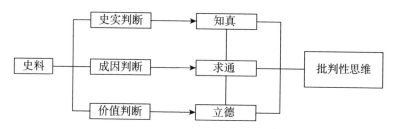

图5-9 基于历史判断三个层次的历史课堂教学的基本策略

下面，笔者将结合"新文化运动"这一内容的教学，来探索如何基于历史判断三个层次来培养学生的批判性思维。

一、知真：基于事实判断的批判性思维达成

事实判断是基础，如果离开这一基础，其余历史判断都将成为无本之木。事实判断的直接目标在于"知真"。学生要想获得历史的真相，就必须做出正确的事实判断。"知真"是中学历史学科育人价值的基石。历史的"真"，并不仅仅强调其确已发生且不可再现的客观性，更强调后人对史料证据认识与把握的科学性。

学生获得的事实判断是需要通过对史料的分析批判来获得的。学生探究的史料，哪怕是一则关键性的史料或史实依据被证明是不真实的，都会偏离历史的真相，导致学生不能做出正确的事实判断，知真的育人目标无法实现，批判性思维无法达成，还会导致基于事实判断的成因判断和价值判断的全面错误。

新文化运动对传统文化的批判，达到了历史上前所未有的激烈程度。在教材中，新文化运动被定位成"全面批判"传统文化的思想解放运动。新文化是否真如"全面批判"四字那样简单呢？历史的认识源于证据，证据源于史料，正所谓无证不信，孤证不立，在"新文化运动：反叛？反思！"的教学内容中，教师基于"吴虞'打孔家店'"和"陈独秀的另一面"两则史料，引导学生进行分析评估，以做出关于新文化运动对待传统文化态度的正确的事实判断。

两则史料如下：

材料一：吴虞"打孔家店"。

吴虞断言："以君父并尊，为儒教立教之大本"，历代统治者教忠教孝，使中国成为"制造顺民的大工厂"，而忠君观念又是以孝悌观念为前提的，吴虞认为欲铲除君主专制，必先铲除家族专制，直斥孔二先生的礼教为"杀人吃人"，胡适称之为"只手打孔家店的老英雄"。吴虞认为，胡适、陈独秀诸先生把他当作"打孔家店的老英雄"实在是误解了他。

材料二：陈独秀的另一面。

陈独秀在 1937 年谈道：现代知识分子的评定之下，孔子有没有价值，我敢肯定地说有。

摘编自《新文化运动与传统文化》

笔者提供的材料中不仅有吴虞对传统文化的复杂态度，更有陈独秀在 20 世纪 30 年代对孔子的重新认识。学生在材料中得到的认识是新文化运动健将们的反传统言论和其自身的文化选择构成了一种耐人寻味的冲突，笔者提供这一组材料意在以矛盾激发学生的问题意识：新文化运动对待传统文化的态度究竟是怎样的？

这两则材料呈现了新文化运动中具有代表性的两位文化大师——吴虞和陈独秀，他们的思想态度使学生认识到，这种冲突并非发生在一个人的身上，而是在一代人的身上。当学生通过史料进行分析，重新审视新文化运动，得到的事实判断是，在面对西方文化冲击之时，中国的激进知识分子对儒学、孔教、文言文等传统文化进行了极为猛烈的攻击，这是新文化运动重要但并非唯一的特征。新文化运动既有着向西方学习的先锋姿态，也有着对传统文化的继承和延续。新文化运动的干将并未想要真正将以孔子为代表的传统文化全盘推翻，在对传统文化反叛之中更有一种对传统文化的"反思"。如果认为用"全面反传统"几个字就能将这种新旧文化交织的复杂性简单概括，不仅是对新文化运动精神的误解，也是对传统文化的重大误解。

新文化运动所反对的也只是传统文化中禁锢人性自由发展、维护封建专制统治的那一部分糟粕，而并非传统文化本身。教师进一步引导学生认识，一个民族优秀的传统文化从来都不是封闭的、静态的，相反它是开放的、不断发展的。中国的传统文化从先秦时代起就不断被丰富、传承，小到日常起居、大到政治国是，它都深深地扎根于每个华夏儿女的生命生活之中。它是一个民族得以延续、得以生长的根脉，它并不是一"反"就倒、轻易就断的。

在这一探究过程中，教师选取了有针对性的史料，与教材中的事实判断形成了冲突与矛盾，引发了学生的质疑。基于史料，学生进行反思、评估，得出创造性的事实判断，新文化运动与传统文化的关系远非"全面批判"四个字那样简单，对传统文化也有了更新的认识。学生也进一步认识到，历史很多时候都不是非此即彼的。而且，在学生的批判性思维达成的过程中，学生史料实证和唯物史观核心素养也得以达成。

二、求通：基于成因判断的批判性思维达成

学生在做出对新文化运动事实判断以后，必然会追问新文化运动的先驱对传统文化为何既有相当激进的态度，又有向传统文化回归的双重特征。这就需要引导学生对新文化运动先驱的这种看似矛盾的态度做出正确的成因判断。如前文所述，成因判断即回答历史中"为什么"的问题。成因判断是关键，做出正确的成因判断与历史学习"求通"目标的实现高度契合。

历史有其内在的发展脉络，"求通"指的是找出历史的发展脉络和内在逻辑。要想让学生求得历史的"通"，就要引导学生在事实判断的基础上找出时序上的沿革发展与空间上的关联，以追求历史发展的内在逻辑。

在"新文化运动：原动力与合力"的教学内容中，教师为学生提供了以下两则材料：

材料一：激进者的轨迹——陈独秀大事记（部分）。

1879 年，出生于书香门第。

1881 年，父亲病逝，随祖父学习四书五经。

1896 年，中秀才。

1897 年，入读杭州求是学院，开始接受近代西方思想文化。

1901 年，赴日留学，就读高等师范学校，半年后回国。

1902 年，参与组织学社，办藏书楼，宣传反清革命，被列名首犯受追捕，亡命日本。

1903 年，回国后在上海参与创办《国民日报》，主张反清革命，反对君主专制。

1904 年，在芜湖创办《安徽俗话报》，用浅显文字暗中鼓吹革命，提倡兴办实业，剖析陋俗，启迪民智。同年在上海加入反清组织"暗杀团"。

1905 年，任教芜湖安徽公学期间，组织半军事性的秘密组织岳王会，参与策划吴樾炸五大臣事件。

1911 年，武昌起义后任安徽都督府秘书长。

1913 年，参加"二次革命"失败后成为通缉要犯，出走日本。

1914 年 11 月，始用"独秀"笔名发表《爱国心与自觉心》一文，倡言不爱"残民之国"引起强烈反响。

1915 年夏，回国。

1915 年 9 月，陈独秀创办《新青年》，高举科学与民主的大旗，向封建文化和封建礼教展开了猛烈的攻击。1915 年 12 月 12 日，袁世凯改国号为"中华帝国"，将年号定为"洪宪"。与此同时，在思想文化领域，封建复古派开始大肆活动，尊孔复古甚嚣尘上。

摘编自《五四运动史话》

材料二：保守派的攻击。

《新青年》在"批判"的同时，也一直被"批判"，处于"四面受敌"之中。例如，对西学极为精通的辜鸿铭在外国报纸上发表文章，他用流利的英语对《新青年》上的各种主张和思想进行嘲讽，他认为"文学革命"是相当"愚蠢"的，还把胡适等人讥讽为"外表标致的道德上的矮子（pretty well dwarfed ethically）"；北大国学派教师黄侃，每次上课必对白话文痛骂一番，并且还在他所编的《文心雕龙札记》中，将白话诗文斥为驴鸣狗吠。

摘编自《"骂"与〈新青年〉批评话语的建构》

在人教版高一历史必修 2 的学习基础上，学生可知新文化运动出现的根本动力是 1914 年至 1920 年前后民族工业出现短暂的春天，但新文化运动绝不是单纯经济动力的结果，而是各种历史合力的最终爆发。基于此，教师抛出这样的问题："新文化运动是哪些历史合力的结果？"学生通过对材料一进行分析，根据陈独秀经历的时代背景可知，宪政转型失败、袁世凯复辟帝制、尊孔复古、皇权专制利用孔家店这些都是新文化运动的刺激因素。

教师还要引导学生将新文化运动放在中国近代化的大背景下进行探讨：为了挽救民族危亡，有志之士从其他国家的强大中去寻找方法，近代化的进程缓慢而又艰难。洋务运动学习西方器物，戊戌变法是尝试学习君主立宪制的方案，辛亥革命则欲效仿民主共和国的建设。但是，在向西方学习的每个阶段，知识精英都不能达成其既定目标。毛泽东在《湖南农民运动考察报告》中指出："矫枉必须过正，不过正不能矫枉。"面对几千年来根深蒂固的尊君意识和封建思想，如果没有新文化运动那种急风暴雨的、深刻彻底的方式，要唤醒民众，从而进行社会改造的任务，那几乎是不可能的。新兴知识分子见证民初宪政转型的失败和复辟帝制的丑剧，就必然有猛烈的文化反弹的激进态度。

材料一还体现了新文化运动主要人物都有过更为开放的教育经历：他们普遍到海外留过学，多少已掌握西方传来的新学，当然，他们也普遍接受过一定的旧学训练。因而，其完整的知识结构是在传统的文化之外增添西方文化。这一点对于新文化运动思想者对传统文化持有双重性态度有着重要的影响。而从材料二中，学生可认识到新文化运动的知识分子在对传统文化反思的同时，保守派攻击新文化的态度同样是非常激进的，甚至是偏激的。这也是新文化运动知识分子对传统文化持激进态度的重要因素。

在对史料的分析过程中，学生将陈独秀的个人命运、学习经历和国家命运置于19世纪末20世纪初的特定时空背景下，并将其与中国近代化进程中的探索和挫折相结合。通过探究与概括，学生基于事实判断进一步进行分析、评估，从而对新文化运动思想者对待传统文化的"二重性"特征进行成因判断。在此过程中，学生深切感受到个人命运与国家命运息息相关，其历史学科的时空观念和家国情怀等核心素养得以强化。通过引入"保守派的攻击"材料，拓展学生思维，使其分析得出：保守派对新文化的攻击同样偏激，而这一现象正是新文化运动知识分子对传统文化持激进态度的重要原因。学生由此更全面地认识到历史现象是多重合力作用的结果，唯物史观的核心素养目标亦在此过程中达成。最终，学生在成因判断的过程中，实现了"求通"的目标。基于对史料的分析与评估，学生得出创新性结论：新文化运动是多重历史力量共同作用的产物。其批判性思维亦在此过程中得到提升。

三、立德：基于价值判断的批判性思维达成

价值判断包括两个层次的要求：一是做出是非善恶或利弊得失的评价，二是得出借鉴于现实的认识。价值判断的目标指向是"立德"，历史学科的"立德"指的是以史为镜、以人为本，立德是历史学科培养合格公民的终极目标。

"立德"应建立在"知真""求通"之上，学生基于事实判断和成因判断，知道新文化运动在促进中国思想解放中具有打击封建旧文化的统治地位、极大地解放人们的思想、为马克思主义在中国的传播准备了条件等作用。而基于事实判断学生知道，新文化运动中的一些激进的知识分子，确实存在着偏激的情绪，对东西方文化的看法存在着绝对肯定或绝对否定的偏颇，教师应进一步指出，将部分理应由封建统治者承担的历史责任推到整个中国传统文化上，这可以说是时代的局限。而对传统文化进行正本清源的任务，则必须由如今的学者来完成，这才是对新文化运动真正的继承和发展。

触摸历史的意义在于更好地面对当下，梳理新文化运动与传统文化的复杂关系。厘清新文化运动对传统文化的真实态度及其丰富的历史背景，对学生继承发扬传统文化具有重要意义。

教师同时提供了这样一则材料：习近平总书记在谈到对待中国传统文化的态度时强调，"不忘本来才能开辟未来，善于继承才能更好创新"。同时，抛出这样的问题："今天该如何继承发扬传统文化以应对外来文化的冲击？"

学生在探讨后回答，继承传统文化不应只是以过去为导向，崇尚复古，更应该以未来为方向，在对传统的继承中寻找面向未来的新的价值，使传统文化活在国人日常生活中，活在未来的发展中，也活在对历史和现实的传承中。这也正是新一代青年的重要使命。要引导学生认识全球化的潮流对于中国传统文化的冲击是巨大的，在全球化的背景下一方面对传统文化要不断传承、发展，另一方面要借鉴外来的经验，同国际接轨、走向全球化。在此基础上，学生做出如下价值判断也就水到渠成：对传统文化要有鉴别地加以对待，有扬弃地予以继承，还要同国际接轨，与未来相连；对传统文化不是复古而是要复兴。在对新文化运动做出价值判断的过程中，学生对如何继承传统文化有了更新的认识，家国情怀核心素养达成，国际视野得到了拓展。

根据以上的课例可知，基于历史判断三个层次的史料课堂有助于学生批判性思维的达成。而要想让这种课堂充分地发挥功用，就要注重以下原则：首先，要坚持唯物史观的导向性。学生对历史判断的认识是逐渐深化的由表及里的过程，透过历史的表象去认识历史的本质，运用怎样的历史观相当重要。唯物史观是揭示人类社会历史客观基础及发展规律的科学历史观和方法论，学生只有运用唯物史观的立场、观点和方法，才能在历史判断的三个层次的推进过程中对历史有全面、客观的认识。其次，要坚持三个判断层次的渐进性。历史判断三个层次是紧密联系的整体。事实判断是基础，成因判断是关键，价值判断是目的和归宿。三个层次是循序渐进的，事实判断为成因判断和价值判断奠定了基础，成因判断是基于事实判断做出的认识判断，而价值判断又是事实判断和价值判断的归宿。学生基于史料探究做出三个层次的判断也应当是循序渐进的。最后，要注重历史教师的感召性。批判性思维的形成与新课标"立德树人"的教育目标高度契合，育人的途径不仅在于教师对学生思维的引领，也在于教师言传身教的感召性。因此，教师在历史课堂中要以严密的论证逻辑彰显身教，如应具有深厚扎实的史学功底、严谨求实的治学态度、有感召力的教学风格和人格魅力，还要注重在课堂中营造平等、民主、自由的氛围，这是实现"立德"目标的重要途径。

基于历史判断三个层次的史料课堂，符合学生对历史的认知规律，有助于学生批判性思维品质的提升和历史学科育人品质的优化。因而，教师应更好地驾驭基于历史判断的三个层次的史料课堂，以使历史课堂焕发出更加璀璨夺目的人性光辉与思辨色彩。

第六节　史料研习与课堂导入

一、课程标准对历史课堂的要求

课堂导入是课堂教学的重要环节之一，其成败直接影响着整堂课的效果。在传统的课堂导入中，通常存在以下几种问题：有的导入方法单调，未能根据课程内容、课标要求、具体学情以及教师的个人特点采取有效的导入方法；有的导入不注重激发学生的学习兴趣，内容过于平淡，形式呆板。这样的导入导致课堂缺乏生机和活力，难以引发学生发现问题并解决问题，更无法促成学生的深度思考以及进行探究性学习。

《新课标》指出："教师要充分调动学生的学习积极性，促使学生主动学习和积极探究，通过多样的教学活动，激发学生结合已学的历史知识，在新情境下运用多种类型的材料，对历史上的文化交流与传承进行探究，形成对人类文化发展的正确认识。"在此背景下，笔者尝试运用多元化的历史课堂导入方式，创设多样化、开放式的学习环境，以激发学生的学习兴趣，激活探究思维，提升课堂的有效性。

二、采用多元化的历史课堂导入方式的实际应用

（一）借助电影片段进行课堂导入，创设趣味性的问题情境

通过电影片段创设引人入胜的场景，能够拨动学生的心弦，引发学习兴趣，使其自然、巧妙地进入渴望获取知识的境界。笔者在进行"辛亥革命"一课的教学过程中，采用了影片《十月围城》的片段进行课堂导入。《十月围城》作为一部精彩的影片，颇能吸引学生的眼球，学生在观看电影片段的过程中，产生了浓厚的兴趣。教师顺势提出以下问题：这是发生在 1906 年的一场孙中山保卫战，从影片中可看出参与保护孙中山的那些人，他们是出于对孙文的热爱和对革命的朴素的热情。这反映出 20 世纪初的清政府的统治已处于怎样的一种状况之中？而当中"十月"指的是什么？这样就实现了电影片段和历史知识的连接，学生则带着兴趣和疑问对辛亥革命的背景进行探究，进入新课学习。在此教学案例中，以电影片段来激发学生学习历史、探索历史的求知欲，从而激活整个历史课堂。

（二）巧用音乐进行课堂导入，在歌曲的历史信息中进行知识迁移

音乐以表现人的精神境界为特点，以表现人的思想感情、反映社会现实生活为主要任务。旋律与歌词是音乐的两大要素，旋律和音调能够引起情感共鸣，而历史歌曲中的歌词多是历史的缩影。这两大要素在历史课当中都能够为历史教师所用，以有效点燃学生学习的激情。

在进行部编版高中历史必修《中外历史纲要（下）》第 15 课"十月革命的胜利与苏联的社会主义实践"的教学过程中，针对"战时共产主义政策"这一难点，笔者在课堂导入时采用的是苏俄革命歌曲《我们勇敢去作战》。此首歌曲是苏俄国内战争时期较有代表性的战斗进行曲之一，歌曲的节奏和旋律有一股勇往直前的气势。《我们勇敢去作战》中唱道："你听吧同志，那战争已来临，快放下你工作，来，一起去参军……机枪在呼啸，炮弹在轰鸣，再凶猛的敌人也吓不倒我们……白军的队伍正一步步逼近，上前决一死战，绝不放弃斗争。我们勇敢去作战，为苏维埃政权，我们万众一心，为自由生存！"这首歌

曲表达了战士们为保卫苏维埃敢于牺牲的精神，歌词富含丰富的历史信息，透露出苏维埃政权所面临的严峻形势的历史信息。笔者依托歌曲设计了以下问题：从歌词中可看出新生的苏维埃政权，面临着怎样的形势？面对严峻的形势，红军的英勇作战必不可少，而新生的苏维埃政权又将通过怎样的措施来保证前线红军击溃敌人？

学生在铿锵有力的歌曲中深受震撼，针对教师设计的问题，对歌词进行探究和分析，加深了对"战时共产主义政策"的必要性的理解。

（三）借助时事热点进行历史课堂导入，拉近现实与历史的距离

历史学科重要的特征之一就是过去性，教师如果能将时政热点与课本内容有机地结合起来，会拉近学生与历史知识的距离，激发学生学习的兴趣和探究的欲望。

在进行部编版高中历史必修《中外历史纲要（下）》第 18 课"冷战与国际格局的演变"一课的课堂导入时，笔者采用的时事热点素材是"克里米亚事件"：2014 年 3 月，针对"克里米亚事件"，美国和西方步调一致，对俄罗斯进行严厉制裁，而俄罗斯也针锋相对，普京不惧"冷战第二季"。笔者依托此时政材料设计了以下问题："冷战"一词从何而来？"冷战第一季"指的是什么，又是在怎样的历史背景下发生的？

将克里米亚公投问题上的美俄对峙和二战后的美苏冷战相联系，既抓住了学生学习的兴奋点，又拉近了学生与"冷战"这一概念的距离，激发了学生对冷战探究的兴趣。

（四）借助网络语言进行课堂导入，在幽默中启迪思维

在互联网飞速发展的今天，基于互联网的网络语言也随之发展起来。其中，有的网络语言富有情趣，意味深长，可以将之适当、巧妙地应用到历史课堂的导入中。

例如，同样在进行"美苏争锋"一课的教学过程中，笔者还采用过以网络词语"hold"来进行课堂导入。"西欧辉煌不在，美国独占鳌头，苏联，你hold 住吗？欧洲已是明日黄花，苏联空前强大，美国，你 hold 住吗？"学生

在会心一笑中认识到国际格局与国家力量对比的重要关系。

网络语言虽然有许多优点，符合青少年心理特点和张扬个性的风格，但它只是辅助工具。教师在教学过程中不能任意地编造和滥用网络语言。在运用网络语言时，既要寓庄于谐，又要适可而止。

三、采用多元化的历史课堂导入方式应遵循的原则

在中学历史教学过程中，采用多元化课堂导入方式，应遵循以下原则，才能真正起到创设有效的问题情境、启迪学生思维的作用。

（一）遵循目的性原则，处理好方式与目的的关系

历史课堂导入，不管采取何种方式，都必须服务于本节的课标要求，服务于教学目标的实现，千万不能游离于课程标准和教学目标之外来设计新奇的课堂导入方式。如果为了导入而导入，就在根本上失去了导入的价值和意义，使课堂变得低效，学生思维也会被引入歧途。因此，在课堂导入中要遵循目的性原则，处理好方式与目的的关系，避免喧宾夺主、舍本逐末的做法。

（二）在趣味性的基础上，遵循启发性的原则

美国心理学家布鲁纳认为，学习的最好刺激，乃是对所学材料的兴趣。[①]历史课堂导入所采用的方式一定要能够充分激发学生的学习兴趣，但不能仅停留在自发兴趣的水平上，还要起到启迪思维的作用。所采用的课堂导入方式及问题情境，应当有利于"发现问题—分析问题—解决问题—发现新问题"的过程，这样才能起到启迪学生思维的作用。

（三）遵循量力性原则，切忌"一刀切"

所采用的课堂导入方式必须结合学生的具体实际情况，考虑差异，否则会适得其反，影响学生对新知识的接受。教师应针对不同的教材和教学内容采用灵活多样的课堂导入方式，即便是针对同一教材、同一教学内容，课堂导入的

---

① 布鲁纳.教育过程 [M].上海师范大学外国教育研究室，译.上海：上海人民出版社，1973：10.

方法也应因时因地因对象而异，切忌"一刀切"。笔者同时教授多个班级，同样的教学内容和同样的课堂导入方法在有些班级效果好，而在有些班级效果差，这就说明针对不同的班级，应采用不同的课堂导入方式。

第七节　史料研习与电影运用

一、"鲶鱼效应"的内涵

挪威人喜欢吃沙丁鱼，尤其是活沙丁鱼。市场上活沙丁鱼的价格要比死沙丁鱼高许多，所以渔民总会想方设法让沙丁鱼活着回到渔港。可是经过种种努力，绝大部分沙丁鱼还是会在中途因窒息而死亡，只有一条渔船总能让大部分沙丁鱼活着回到渔港。原来是船长在装满沙丁鱼的鱼槽里放了一条生性爱动的鲶鱼，鲶鱼进入鱼槽后，由于环境陌生，便四处游动；沙丁鱼见了鲶鱼则十分紧张，左冲右突，四处躲避，加速游动。这样一来，一条条沙丁鱼便欢蹦乱跳地回到了渔港，这就是著名的"鲶鱼效应"。

"鲶鱼效应"的实质是引入新鲜因素，打破平衡，挑起竞争，激发活力。激活学生的思维是课堂教学的关键。笔者在平时的教学实践中，将"鲶鱼效应"引入高中历史课堂教学过程中，尝试将电影素材作为"鲶鱼"引入课堂，精心设计具有共鸣感的问题情境，激发学生学习兴趣和思维活动，提升历史课堂教学的有效性。

二、将电影作为"鲶鱼"来激活历史课堂的实际应用与作用

在学习部编版高中历史选择性必修 3《文化交流与传播》第 2 课"中华文化的世界意义"的过程中，为了进一步加深学生对教材中所阐述的"19 世纪中叶，随着中国国门被迫打开，西学进一步传入，中华传统文化受到前所未有的冲击"的理解，笔者大胆引入了《黄飞鸿》系列电影的片段素材创设情境，激活学生思维，取得了良好的效果。本课讲述了近代以来物质生活和社会风俗

的变迁情况。课程标准要求学生了解近代以来人们物质生活和社会习俗变化的史实，探讨其变化的因素。

（一）以电影作为"鲶鱼"来进行课堂导入，能够起到"激发兴趣、开启思维"的作用

在本节课的课堂导入中，笔者将《黄飞鸿之三：狮王争霸》电影海报作为本节课的第一只"鲶鱼"。海报中，在宏伟的故宫太和殿广场上，几位主要人物形象各异，服装各异。此电影素材作为此课的第一只"鲶鱼"，学生兴趣瞬间得到调动。笔者同时抛出以下问题："从海报中能看出这些人的穿着有什么特点？这反映了晚清社会生活出现了哪些方面的变化？除了衣着以外，中国近现代社会生活又有哪些方面发生了深刻的变化？变化的实质又是什么？《黄飞鸿》电影的英文译名为 *Once Upon Time in China*，意思为'中国往事'。本节课，我们将伴随着这许多的'中国往事'来探究中国近现代社会生活的变迁。"学生在感兴趣的基础上，带着疑问和探究欲进入新课学习。

在此课堂导入中，以电影海报作为"鲶鱼"起到了"激发兴趣，启迪思维"的作用。

（二）以电影作为"鲶鱼"来创设问题情境，有利于问题发现、激发探究欲望

在本课第一子目"变化中的男女服饰"教学过程中，笔者运用了两段电影片段作为发现问题与探究问题的"鲶鱼"。其一是黄飞鸿与十三姨的一段对话。十三姨："我给你量身做西装。"黄飞鸿："西装？中国人穿西装干吗？"十三姨："将来你到外国有的穿。"黄飞鸿："到外国？十三姨，外国真这么好吗？为什么我们什么都要向人家学呢？"十三姨："人家发明了蒸汽机和好多东西，科学比我们发达，小学就落后。"黄飞鸿："有时间你真要好好告诉我，外面的世界到底是什么样的。"其二是黄飞鸿穿上了西装的电影片段。学生从影片中强烈感受到黄飞鸿的穿着由长袍马褂到西装的变化，体现了从封闭到开放变化的时代趋势。笔者基于学生对两段影片的感受设计了这样的问题："晚清中国人的服饰出现了哪些变化？从影片中可看出变化的原因是什么？通过这两段电

影片段来创设引人入胜的问题情境，拨动学生的心弦，自然、巧妙地引导学生进入渴望获取知识的境界。

又如本课第二子目"并行于世的中西餐"的教学过程中，笔者引用了另一极富代表性的电影片段作为激发学生思维的"鲶鱼"。电影中，身着中国传统长衫的黄飞鸿师徒与身着洋装的十三姨登上了火轮车，黄飞鸿师徒第一次乘坐火轮车并与西餐"亲密接触"，着实闹出了不少笑话。此段电影片段夸张幽默，却是晚清中西文化激烈冲突的一个缩影，学生深刻地感受到近代社会在交通、衣着和饮食方面的变化。笔者同时设计了以下探究问题："这反映了晚清社会生活在哪些方面的变化，变化的实质是什么？请同学们结合课本知识分析西餐是在什么时候传入中国的？它对中国的饮食有何影响？"从趣味性的电影片段到问题探究，有利于引导学生从感性认识向理性认识深入。此电影片段同样起到了激发学生探索历史求知欲的作用，成为激活课堂的又一只"鲶鱼"。

再如本课第四子目"习俗风尚的变革"的教学过程中，笔者所采用的"鲶鱼"是电影片段"十三姨让黄飞鸿学会握手"与"晚清官员在洋人酒会上跳舞、碰杯"，学生从影片中所反映的近代国人在见面礼仪和交际礼仪方面发生的变化，认识到随着西方文明的传入，近代中国人在习俗与风尚方面悄然发生了改变。在"鲶鱼"的作用之下，学生的思维再次被激活，笔者顺势引导学生探究中国近现代还有哪些社会习俗发生了变化。

（三）以电影作为"鲶鱼"，有利于教学重难点的突破

如前文所述，本课的课程标准要求学生了解近代以来人们物质生活和社会习俗变化的史实，探讨其变化的因素。根据课标要求和高一学生正处于感性认识向理性认识转变、历史分析能力还处于提升阶段的学情特点，"探讨近代以来人们物质生活和社会习俗变化的因素"既是本课的教学重点，也是教学难点。

对于此教学重难点的突破，笔者选取了电影中黄飞鸿与洋人杜文奇的一段对话作为"鲶鱼"。黄飞鸿："蒸汽机坏了就由它坏嘛！"杜文奇："你这个说法太落后了。你绝对不可小看这台蒸汽机，就是它令工厂提高了很多倍的生

产量。人力不能做到的，它也可以做得到。这个就是改变世界的工业革命！所以，将来拥有大量蒸汽机的人，就是这个世界的新贵族，他们的影响力甚至可以取代皇帝。俄罗斯帝国和大清帝国一样，都避不开这个历史的命运！"黄飞鸿："既然避不开，大家都不要避。"本段影片是社会两种不同阶层以蒸汽机为焦点展开的一段争论，同样是中西文化激烈冲突的一个写照。学生从中可直观地感受到工业革命所带来的工业文明对中国社会的剧烈冲击。将近现代物质生活和社会习俗的变迁置于工业文明的大背景下，使学生认识到它的发生是必然的，同时，它的特点也是时代造就的，从而得到文明史观的教育。

学生通过电影片段及所学知识，小组探究后得出结论：外因是西方工业文明的冲击；教师在"鲶鱼效应"的基础上再引导学生探究分析内因是中国历史的巨变（政治环境、社会形势的变化，生产力发展水平，思想、文化观念的变化等）；近代以来物质生活和社会风俗的变迁是内外因素合力下的必然结果。

在此教学环节中，电影这一"鲶鱼"起到了有效突破重难点的作用。

（四）以电影作为"鲶鱼"，有利于延伸课堂、拓展兴趣

本节课内容丰富，在课堂有限的时间内不能做到面面俱到，因此笔者将本课第三子目"居室建筑的演进"作为了课后探究模块，有利于延伸课堂。为了持续激发和拓展学生探究历史知识的兴趣，笔者设计了基于电影素材的课后探究，搜集了反映近现代居室建筑演变的电影素材，并结合课本知识分析了近现代居室建筑的演进的表现及特点。

从课内的"鲶鱼"到课后的"鲶鱼"，真正起到了激发兴趣、维持兴趣和拓展兴趣的作用。

三、将电影片段作为"鲶鱼"引入历史课堂教学实践应遵循的原则

本课教学过程中以电影片段抓住学生的兴趣点，进行进一步的探究。学生能积极主动参与教学过程，闪现出众多富有智慧的思维火花。将电影片段作为"鲶鱼"引入历史课堂教学实践同时需要遵循以下原则：

（一）遵循激活原则，切忌平淡刻板

积极的思维活动是课堂教学成功的关键。"鲶鱼效应"的实质是引入新鲜因素，打破平衡，挑起竞争，激发活力。孔子说过："知之者不如好之者，好之者不如乐之者。"要让学生保持"乐知者"的角色，教法必须创新，灵活且有趣。只有精心选取有代表性的电影片段，设计具有共鸣感的问题情境，才能激发学生学习的热情，活跃学生的思维，使他们热切地去分析和解决问题，从而为一节课的成功打下良好的基础。因此，教师一定要在作为"鲶鱼"的电影素材的选取和合理运用上下功夫，让其在历史课堂中真正起到激活的作用。

（二）遵循针对性原则，切忌牵强附会

苏联著名教育学家巴班斯基认为："一堂课之所以必须有趣味性并非为了引起笑声或耗费精力，趣味性应该使课堂上掌握所学材料的认识活动积极化。""引"是辅助，"入"才是根本。所以，引入电影片段要考虑教学内容的整体，要服从全局，不能舍本逐末。电影素材引入的目的性要明确，要有较强的针对性，要服务于课程标准和教学目标。只有选取适当的电影素材，才能把学生的思维活动纳入课程的学习目标、学习任务、学习方法中去。

（三）遵循连接原则，切忌表面化

把电影的"鲶鱼"运用到课堂教学过程中，不能只是片面地追求生动性和形象性，为了"趣味"而"趣味"，这样学生只能停留在自发兴趣的低水平上。在历史课堂中引入的电影"鲶鱼"应该做到形神兼备，不仅要具有趣味性，而且要能够以其为契机来揭示历史事件丰富的实质内涵及其深刻的历史哲理，增强学生的历史思维能力。

这就要求教师引入的电影素材与以之创设的问题情境必须在学生的新旧认知之间建立联系，这样才能激发求知欲，激起学生学习的认知需要。因此，教师应充分把握学生原有的历史认知结构，精心选取电影片段，让课堂引入的电影"鲶鱼"起到连接新旧知识的作用，为学生获取新知识做好准备。

第八节　微课环境下的史料研习

一、微课在提升历史核心素养中的作用

当今社会变化日新月异，世界发展一日千里，社会已是多元而互动的社会，世界已是竞争而合作的世界。如何培养适应终身发展和社会发展需要、能够参与世界竞争与合作的人才成为重要议题，对此，世界多个国家和重要国际组织提出了人才培养的核心素养，我国也于2016年9月13日发布了中国学生发展核心素养研究成果，公布了中国学生发展核心素养总体框架和基本内涵。核心素养是指高于一般能力或一般素养的最重要的必备品格和关键能力。历史学科核心素养，是指具有历史学科特征的最重要的必备品格和关键能力，主要包括唯物史观、时空观念、史料实证、历史解释、家国情怀五个方面。

近几年的高考愈加注重对学生核心素养的考查。在高考历史总复习中，更要将对学生核心素养的培养作为重点。"信息化在高三历史复习中的有效性应用研究"课题研究组在高三的教学实践中，注重发挥信息化手段的特点，以微课为载体，优化高三课程的品质和结构，涵育学生历史学科的核心素养，提升高三备考的有效性。下面，笔者将以2014年全国高考文综卷Ⅰ卷第41题为例，来谈谈如何以微课为载体，提升学生的历史学科核心素养，以求教于同仁。

（一）微课利于唯物史观的引导

唯物史观是揭示人类社会历史客观基础及发展规律的科学的历史观和方法论。利用微课进行历史教学有利于对学生在历史学习中运用唯物史观进行引导。

1. 微课示例

（1）题目呈现。

41.（12分）阅读材料，完成下列要求。

材料 下面是1960年我国中学历史教科书中"抗日战争"内容的目录摘编。

第二十章 全国抗日战争的开始

第二十一章 两条战线、两个战场

1. 抗日战争中的两条路线

2. 国民党军队的大溃退

3. 平型关大捷

4. 敌后抗日根据地的建立和迅速发展

第二十二章 毛主席《论持久战》的发表和中国共产党的六届六中全会

第二十三章 国民党反共高潮的被击退和《新民主主义论》的发表

第二十四章 日本帝国主义在沦陷区的殖民统治

第二十五章 解放区的巩固和发展

第二十六章 国民党的黑暗统治和民主运动的开展

第二十七章 抗日战争的最后胜利

1. 中国共产党第七次全国代表大会

2. 解放区军民大反攻和日寇的无条件投降

3. 抗日战争胜利的伟大历史意义

根据材料并结合所学知识，对该目录提出一条修改建议，并说明修改理由。（所提修改建议及理由需观点正确，符合历史事实。）

（2）思维解析。

1960年的教科书体现浓厚的革命史观，阶级斗争史观色彩浓烈，更多体现的是政治史、军事史，没有运用唯物史观全面看待经济与军事、政治之间的关系。（在此环节中提示学生按下暂停键，根据思维解析进行思考并自行作答，再按播放键，继续观看视频，对照自主答题的文本与微课中的"答案提示"进行比较，下同。）

（3）答案提示。

建议：增加"抗日战争时期的经济情况"。理由：1960年版历史教科书体现的基本都是政治史、军事史的内容，缺乏经济史的内容，而抗战内容既包括政治、军事，也包括经济。而且，军事、政治、经济之间有着密切的联系，对抗日战争的发展起到重大作用。1960年版历史教科书的抗战内容如果缺少了经济内容，就不利于学生全面学习抗战内容，也不利于分析政治、军事、经济之间的关系，更不利于全面客观分析抗日战争胜利的各方面因素。

（4）深化探究。

结合唯物史观的一个基本观点，对该目录提出一条修改建议，并说明修改理由。

2.微课分析

在此教学过程中，教师发挥了微课短小精悍的特点，充分利用了碎片化的时间，在6分钟左右的时间内先后展示"题目呈现""思维解析""答案提示""深化探究"四个环节，触发了"微课引导学生思考—学生作答对比答案提示—进一步深化探究"一系列环节，以微课为载体，起到了生本互动、深化历史思维的效果。只有掌握唯物史观的基本立场、基本观点和方法，才可对历史形成全面、客观的认识。此微课课例注重引导学生理解唯物史观是科学的历史观，并通过深化探究使学生将唯物史观运用于抗战历史的探究中。

（二）微课增强时空观念构建

时空观念是在特定的时间联系和空间联系中对事物进行观察、分析的意识和思维方式。利用微课进行历史教学有助于增强学生历史时空观念的构建。

1.微课示例

（1）题目呈现（同上文）。

（2）思维解析。

动态展示：世界反法西斯战争形势变化地图。

解析：中国是世界反法西斯战争中抵抗时间最长的国家，也是世界反法西斯战争中做出了最大牺牲的国家，中国是世界反法西斯战争中相当重要的组成部分，为世界反法西斯战争做出了不可磨灭的贡献，也得到世界其他反法西斯战场的配合。因此，对于抗战内容的学习，不能不将中国的抗战置于特定的时空框架下，与世界反法西斯战场联系起来。

（3）答案提示。

建议：增加"国际反法西斯联盟"的内容。

理由：中国的抗战是世界反法西斯战争中相当重要的组成部分，为世界反法西斯战争做出了不可磨灭的贡献，也得到世界其他反法西斯战场的配合。1960 年版的历史教科书受当时冷战国际形势和意识形态斗争的影响，不能客观看待中国抗日战争与国际反法西斯同盟的关系，也没有看到国际反法西斯同盟的积极作用。1960 年的教科书对抗战的学习较为孤立。

（4）深化探究。

结合抗日战争的时段分析，提出修改建议，并说明理由。

2.微课分析

任何历史事件都处在相应历史条件的时空坐标中，此微课正是要引导学生将抗日战争置于历史进程的时空框架当中。微课中依托动态展示的世界反法西斯战争形势变化地图来启发学生定位时空坐标，解析世界反法西斯战争与中国抗日战争之间的关系。而微课中的深化探究则是要基于学生对世界反法西斯战争形势地图的动态变化分析，进一步在时间定位上深化学生对中国抗日战争的理解与认识。

（三）微课拓宽史料实证路径

史料实证是指对获取的史料进行辨析，并运用可信的史料努力重现历史真实的态度与方法。利用微课进行历史教学有助于拓宽史料实证的学习路径。

1.微课示例

（1）题目呈现（同上文）。

（2）思维解析。

展示：纪录片《东方主战场》中第二集"抗日民族统一战线的建立""八路军奔赴华北抗日前线""淞沪会战"等视频剪辑片段。（为保证微课"微小"的特征，此处视频共 2 分 10 秒）

解析：抗日战争中，建立了抗日民族统一战线，国共两党共同抗击日军。1960 年版的历史教科书作为重要史料，受到当时政治形势和阶级斗争意识形态的影响，忽略了国民党在抗日战争中的重要贡献，其中包括国民党军队在正面战场和敌后战场的抗敌。

（3）答案示例。

建议：增加"国民党积极抗战史实"，包括国民党"淞沪会战""忻口会战""武汉会战""太原会战""徐州会战"等。

理由：在抗日战争期间，中国共产党在敌后战场给予日军以沉重打击，国民党军队在正面战场同样展开了艰苦卓绝的斗争，消耗大量日军，粉碎了日军的计划。国民党军队的抗战史是抗日战争的重要部分，应该得到更客观公正的对待。

（4）深化探究。

国民党在敌后战场是否发挥过重大作用，并以此对 1960 年历史教科书目录提出一条修改建议及说明理由。

2. 微课分析

此微课通过《东方主战场》中的视频片段，与题目中的教科书目录的对比，引导学生对该目录进行辨析，去粗取精，形成对抗日战争中的国民党军队抗战的正确认识。国民党军队的抗战有其重要的意义。深化探究中关于国民党在敌后战场抗战的内容，则是要引导学生去搜集、整理和辨析抗日战争期间国民党军队进行的敌后游击战争的史料，以拓宽史料实证的学习路径。

（四）微课提升历史解释能力

历史解释是指以史料为依据，对历史事物进行理性分析和客观评判的态度、能力与方法。利用微课进行历史教学有助于提升学生的历史解释核心素养。

1.微课示例

（1）题目呈现（同上文）。

（2）思维解析。

展示：忻口会战的视频片段。忻口会战是抗战时期国共两党军队配合较成功的一次战役。视频片段中，八路军和国民党军队在战场上各司其职，默契配合，有力阻击了日军的南进，大量消耗了日军的有生力量和物资装备。

解析：抗战时期的主要矛盾毋庸置疑是中日民族矛盾。抗战时期，国共之间有矛盾，但不是主要矛盾。1960年版的历史教科书过多强调了国共之间的矛盾和斗争。

（3）答案提示。

建议：把"国民党反共高潮的被击退"和"国民党的黑暗统治"合并为"抗战时期的国共关系和国统区"。理由：1960年版历史教科书中，这两方面内容过多，有意突出了国共两党间的斗争和矛盾。由于抗战时期的主要矛盾是中日民族矛盾，抗战时期，国共之间有矛盾，但不是主要矛盾。在以国共合作为基础的抗日民族统一战线领导下的全民族抗战才是历史的主流。

2.微课分析

对于历史的解释，由于所处的阶级立场、唯物史观的不同，因此对同一历史事件会有不同的解释。要引导学生更客观、更辩证地理解抗日战争时期，在以中日民族矛盾为主要矛盾的大背景下，国共关系在中国近现代史中的地位。此微课基于国共合作的典型战役"忻口会战"，体现了国共两党在抗日战争中同仇敌忾、抗日救亡的精神，这有助于引导学生对抗日战争中的国共关系做出历史解释，不断接近历史真实，使学生以对历史真相的追求，以及以全面、客观、辩证、发展的眼光看待和评判抗日战争中的国共关系。

（五）微课促使家国情怀升华

家国情怀是学习和探究历史应具有的人文追求。家国情怀是学习历史和认识历史在思想、观念、情感、态度等方面的重要体现，是实现历史育人功能的重要标志。充分发挥信息化手段的作用，能使学生的家国情怀核心素养得到进一步的升华。

1.微课示例

（1）题目呈现（同上文）。

（2）思维解析。

展示：①"九一八事变"后，东北义勇军、东北抗日联军等军民英勇抗战视频片段。②英国中国研究学会学者托比·林肯接受采访时说："不同国家的人民，是在不同的时刻感受到这场战争的，美国人认为战争始于1941年太平洋战争爆发。英国人认为是1939年。无论是英国还是美国，我们都承认中国人民在抵御日本侵略者中所做出的努力和牺牲，这个时间的开端当然是1931年。"视频片段。

解析："九一八事变"标志着中国人民局部抗战的开始。中国的局部抗战与全面抗战是一个密不可分、有机联系的整体。局部抗战为全面抗战奠定了基础，全面抗战是局部抗战的深入发展。

（3）答案提示。

建议：增加"局部抗战"子目。理由：日本对中国的侵略从1931年至1945年没有停止过，中国人民的抗战从局部抗战到全面抗战都没有间断过。因此，局部抗战同样体现了中国人民英勇不屈的反侵略精神，在教材中更应完整地体现局部抗战与全面抗战的关系。

2.微课分析

学习历史要以服务于民族的独立自强、国家的繁荣复兴为使命。此微课呈现了局部抗战时期相关影视资料和外国学者的观点，体现了局部抗战与全面抗战是密不可分的整体，也能使学生更深刻地体会到十四年抗战过程中，中华民族英勇不屈的斗争精神和捍卫国家主权的坚强决心，有助于学生更准确、更全面地铭记抗战的历史，家国情怀核心素养也能得到进一步的升华。

核心素养的提出引发了教师新一轮专业发展的要求，微课是促进核心素养达成的有效载体。微课提升学生核心素养的关键有两方面。一在于教师，微课与历史学习的整合教学中，教师已成为教学情境的创设者、学习工具运用的帮助者、协作学习的组织者、学生对知识进行意义建构的指导者和促进者、学习活动的评价者。要想使用微课提升学生的历史核心素养，就要不断提升历史教师的信息素养，使微课真正成为创设有效情境、激发历史思维、提升核心素养的工具。二在于微课，微课资源的建设要与学生的学习和反馈充分结合，历史教师要依据历史学科核心素养，从教学实践、具体学情出发，制订完整的微课教学计划，使历史微课与历史教学有机融合，使整个教学过程浑然一体。教师还要通过对微课教学过程的评价和反思，不断改进微课资源建设，使微课在提升学生核心素养中发挥更大的作用。

核心素养的提出催生了新一轮课程改革、高考改革。教师在新形势下，不断提升教学能力，增强信息素养，促进角色意识和教育策略的形成与完善，一定能让微课在提升学生的核心素养中发挥独特的功用与魅力。

二、有限时间与有效情境——微课环境下的历史问题情境设置

运用微课教学，可以突破传统教学模式，拓宽时空概念；运用微课进行翻转课堂教学，有助于学生发挥主体性，使教师以学定教，优化教学的内容、方式和过程。微课通常以主题突出、短小精悍的视频为载体，其目的是提供可以利用的碎片化时间，使学生进行个性化的自主学习。微课的设计应做到在有限的时间内实现情境有效、重点突出、教学思路清晰。课堂教学的特色与创新应深挖课程内涵，提高教学质量。基于此，微课环境下，问题情境的有效设计是关键，也是激发学生创造性思维的重要抓手。

（一）精选文字史料创设问题情境的微课，能够提升学生课内合作探究的针对性

微课短小精悍，为了在有限的时间内帮助学生完成学习任务，微课中问题情境所依托的文字史料应做到精选、精简。例如，为了帮助学生分析近代中国服饰变迁的内因，笔者设计的微课中创设的问题情境所依托的文字史料如下：

材料一："今物质修明，尤尚机器，辫发长垂，行动摇舞，误缠机器，可以立死，今为机器之世，多机器则强，少机器则弱，辫发

与机器，不相容者也。且兵争之世，执戈跨马，辫尤不便，其势不能不去之。"

——康有为《断发易服改元折》

材料二：在民国建立之后，清朝遗留的服饰制度、存在的封建等级制度不适用，政府与革命阶级者希望改变这种现状，重建一个全新的民主社会，创立新的服饰制度。

——王洁《从民国服制条例观服饰文化的历史变迁研究》

材料三：令法制局博考中外服制，审择本国材料，参酌人民习惯以及社会情形，从速拟定民国公服、便服制度……议定分中西两式。西式礼服以呢羽等材料为之，自大总统以至平民其式样一律。中式礼服以丝绸等材料为之，蓝色袍对襟褂，于彼于此听人自择。

——《袁总统饬定民国服制》（1912 年 5 月）

设计的问题是：根据材料并结合所学知识分析影响中国近代服饰变化的国内因素还有哪些？中国近代服饰变迁的过程呈现出怎样的特点？

精选的三段史料中，笔者对史料中的文字进行摘录、删减，使学生能在有限的时间内对以上文字史料进行有效探究。"万国竞争""辛亥革命""前清""民国政府"等关键字眼有助于学生在微课环境下挖掘出服饰变迁的国内因素，而"西式"和"袍褂式"则能让学生挖掘出近代中国物质生活变迁中具有新旧杂陈的特点。

（二）以视频歌曲创设提升立意的问题情境的微课，能够提升学生史学素养的全面性

在引导学生正确对待文化转型的微课中，创设的问题情境采用了歌曲《我的中国心》的歌词片段"洋装虽然穿在身，我心依然是中国心"。学生在此问题情境下需要探究的问题是：在当今经济全球化的背景下，西方文化对中国的冲击日益显现，对于西方文化，我们应当持有怎样的态度？应如何正确对待"洋装"与"中国心"的关系？

对于如何正确对待"洋装"与"中国心"的关系这一问题，学生进行合作

探究，发表看法。例如，要积极吸收西方文化；要立足本国文化，在保护好传统文化的基础上去吸收西方文化；对待西方文化，要克服崇洋媚外的心态；对西方文化要有选择地加以吸收、改造和利用。以视频歌曲创设问题情境有助于拓展学生的学习视角，使学生养成辩证的思维习惯，提升教学立意，并起到情感态度与价值观的教育作用。

（三）历史微课中有效问题情境设计的体会

本节课中系列微课紧紧围绕"近代物质生活变迁原因"的主题，设计了多种有效的问题情境，起到"一石激起千层浪"的作用，能够培养学生的历史思维，并渗透价值观教育。在微课的问题情境设计中，笔者有以下几点体会：

第一，微课资源的开发应注意选题的合理性和适切性。微课资源的开发应选择教学中的重点、难点问题，因为这些知识点在传统教学中不易解决，而制作和应用微课，在翻转课堂的形势下，有利于突破教学的重难点，为学生解惑，启发思维。此外，一个微课一般只解决一个知识点。因此，微课的资源建设还要充分考虑学生的实际情况，符合学生的认知水平，并与不同阶段、不同类型的学情相适应。

第二，问题情境的设置应体现趣味性和启发性。问题情境在一开始就要富有趣味，使微课从开始就能吸引学生，抓住学生的眼球，从无疑到生疑，激起学生探究问题的欲望；生成的问题要有启发性，使学生在经过探索发现真知后觉得有意义。

第三，系列微课问题的设置应讲求整体性和层次性。微课与微课之间是有机整体，问题之间应紧密相连，微课之间提出的问题链要做到层层递进，环环相扣。例如，本节课堂中一系列微课呈现出的问题链是"近代物质生活变迁的外因—根本原因—内因—正确对待西方文化的态度"，让学生进入一系列微课预设的问题中不断探究，寻根问底，学生在探究过程中运用已有的经验与技能，分析并解决问题，直到问题完全解决。

第四，对于问题的探究结果要注重知识归纳的有效性。图示法是较为有效的方法，用图示法对知识进行梳理归纳，能够帮助学习有困难的学生，契合

"先学后教，以学定教"的教学理念。用图片的形式展示，还有助于所学知识系统化。例如，在本课中设计的知识归纳的微课，就通过图片形式将近代物质生活变迁的原因展示了出来，如图 5-10 所示：

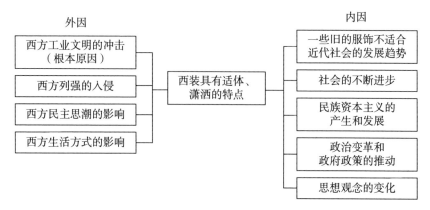

图 5-10　以西装为例，探究中国近代物质生活变迁的原因

在微课环境下，教师要有针对性地创设问题情境，才能够达到激发学生兴趣、拓展学生思维、提升学生核心素养和能力的目的，使微课教学、翻转课堂发挥其独特的作用。

第六章　史料研习的作业设计

第一节　作业与深度学习

在深度学习视域下，教师需要重新审视"作业"的概念，改造"作业"的系统，使之成为学生发现学习价值、发挥自己才智的新机遇。实现"课内课外""线上线下"一体化的"无缝学习"，从而获取更多的学习机会，这正是深度学习所需要的。

一、作业的转型策略

随着应试教育向素质教育的转变，作业也需要转型。

第一，明确学习责任的承担。单纯地通过布置作业就改掉学生丢三落四、时间安排不合理、计划性与责任感较弱的问题，是不现实的。教师应当采取示范类的有效方法，切实地告诉学生该采取怎样的行动。比如，怎样记住提交作业的日程，如何有效地管理时间，如何负责任地完成自己该做的事情。同时，教师需要引导学生掌握如下技能：①制订学习计划，尽可能地安排好时间；②将形成良好的学习习惯作为目标；③通过明确自己在班级中的角色分工（如负责资料管理、资料分配、监督、记录、告示、代理等），承担起自己的责任。

第二，构筑促进深度学习的建设性关系。构筑师生之间的信赖关系，既有利于教师更好地发现学生的闪光点，也有利于学生增强学习动机。这是因为教师真诚地面对每一个学生，比话语更有说服力，更有助于发现学生情绪状态的细微变化并及时做出反应。需要注意的是，教师不宜一味地夸赞学生的能力，因为这样做与否定学生的努力无异，教师做出的反馈应当有助于学生增强自我成长的信心。

二、作业与学习的关联

（一）作业是一个自我调节学习的过程

作业是一个自我调节学习的过程。自我调节学习是一个主动的、建构性的学习过程。在这个过程中，学生首先应确定学习目标，然后监视、调节、控制由目标和情境特征引导与约束的认知、动机和行为。自我调节学习过程一般涉及四个因素。

第一，学习的内在动机性因素，包括自我效能感、学习的价值信念、学习兴趣、归因倾向、合适的目标定向等。如果内在动机性因素的组合达到优化程度，学生就会自我激励去学习。

第二，认知策略系统，包含各种认知策略是什么、在什么条件下使用、如何使用的知识。在自我调节学习的过程中，学生要根据任务调节目标，从认知策略系统中选择相应的认知策略，并执行这些策略。

第三，元认知过程，包括学习的计划过程、学习的自我监控与调节过程、学习的自我评价过程、学习的意志控制过程等。自我调节学习主要通过学生自己完成对学习的计划、监控和调节。因此，元认知是个体独立学习不可或缺的条件。

第四，学习环境的营造或利用。在自我调节学习的过程中，学生可以合理利用学习环境与社会资源，如适时地寻求他人的学业帮助、营造舒适安静的学习场所、从图书馆查阅自己所需的学习资料等。

（二）作业对学习的积极作用

第一，作业有利于提高学生的自我调节学习能力。作业是典型的自我调节学习活动，为学生提供了参与自我调节活动的机会，在完成作业的过程中，学生能够提高自我调节学习能力，如元认知调节能力、情绪调节能力、时间管理能力、环境控制能力等。研究发现，作业将学习带入学生的日常生活当中，和具有竞争性的其他活动并列在一起，此时，学生需要承担更多的责任，来营造学习环境，并监控自己的学习活动，从而提高自我调节能力。

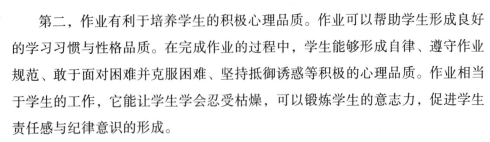

第二，作业有利于培养学生的积极心理品质。作业可以帮助学生形成良好的学习习惯与性格品质。在完成作业的过程中，学生能够形成自律、遵守作业规范、敢于面对困难并克服困难、坚持抵御诱惑等积极的心理品质。作业相当于学生的工作，它能让学生学会忍受枯燥，可以锻炼学生的意志力，促进学生责任感与纪律意识的形成。

第三，作业有利于提升学生的合作与沟通能力。作业是学生在课外时间从事的活动，学生可以在课外的任何时间完成，也可以单独完成，或以小组、与家庭成员合作的形式完成。学生在完成小组或集体形式的作业的过程中，团队合作、人际沟通与交流能力得到了提高。

三、影响学生完成作业的因素

学生完成作业并不是一个简单的过程，从教师设计、布置作业到学生完成作业，其中涉及多种因素。

（一）作业内容特征

作业内容特征包括作业数量与质量方面的特征。作业数量即人们通常所说的作业量，可以通过作业频率与作业时长两个指标加以理解。

作业频率：教师在一定时间内布置作业的次数。

作业时长：教师所估计的学生花在完成作业上的平均时间。

研究发现，作业量与学习成绩之间并不呈绝对的正相关。适量的作业可以提高学生的学习成绩，但过量的作业会增加学生的压力以及对学习的消极态度，从而产生负面影响。

与作业数量相比，作业质量对学生作业动机与行为以及学业成就的影响更大。高质量的作业是精心选择的、恰当的学习任务，能够诊断每一个学生的学习进步情况与学习困难，从而教师可以通过补救性教学为学生提供有效的帮助。在作业领域的研究中，通常通过作业的选择性与挑战性来反映作业质量。

作业的选择性：作业是否有趣、是否能够促进学生的理解、是否整合了课程内容、是否体现了知识的关联性与系统性、是否有利于学生所学知识在现实生活中的迁移和应用等。

作业的挑战性：学生所感觉到的作业难度，涉及作业是很容易完成还是需要付出很多努力才能完成这一问题。有挑战性的作业指其难度高于学生的现有水平，但又不过于难。

研究发现，如果学生感觉到作业是经过精心筛选的，则会表现出较高的作业动机与较好的作业行为。

从作业的挑战性来看，过于简单的作业不会给学生带来技能水平的提高，不能满足学生的成就感，容易导致学生滋生厌烦情绪；过于困难的作业则容易导致学生产生畏难心理，并且往往因为需要付出过多的努力而降低学生的成就感；中等难度的作业是学生经过一定努力就可以完成的，能使学生从中体验到技能的提高，以及较强的成就感。许多研究发现，重复性作业及过于简单的作业与学生成就之间呈负相关，学生更愿意选择完成认知参与度较高的作业，这类作业对增强学业成就感的影响更大。

（二）作业控制

作业控制对学生的作业动机与作业完成均具有积极或消极的影响。

作业控制：教师对各种作业特征的控制力度。

当教师对作业控制较严格时，学生更有可能完成作业，因为教师控制增加了完成作业的价值，但也有可能出现个别学生为了完成作业而抄袭的情况。而且，控制的环境会损害学生的学习动机以及他们的自主性与成就感。研究发现，当学生对作业具有选择权时，他们会表现出更强的完成作业的内部动机，产生更强的完成作业的成就感，且能获得更高的单元测试分数。

（三）作业反馈

作业反馈：教师对作业的批改与评价。

作业反馈能够促进学生对作业中存在的错误进行纠正，并对错误进行反思。研究表明，作业没有获得反馈的学生，对自己的学习情况往往心中无数，甚至同样的错误一错再错，以致形成消极思维定式。作业获得反馈的学生能够及时了解自己的学习情况。

第二节　单元作业与历史作业

学生对知识的掌握不应是"颗粒状"的，而应该建构起"知识树"，形成整体的认知。当教师期待以单元作业的设计来建立知识之间的联系，实现学生知识逻辑与心理逻辑的统一时，需要解决一些问题。因此，本部分依据《新课标》编写了作业指南，旨在引导教师调整作业设计，通过完善作业评价方式、作业指导课等途径解决合作型、表现型等作业带来的诸多问题，最大限度地发挥单元作业的效用。

一、单元作业的特点

什么是单元作业？单元作业并非一种既定的作业形态，而是相对于传统的单课作业的一种作业概念。单元作业以提高学生的学习兴趣和素养为目的，通过打破学科内容之间的界限，以教学单元为单位，结合教材单元编写的特点，基于对某一知识、能力学习后应完成的基础训练与后续发展要求的分析，从课前、课堂、课后三类作业的职能出发，综合设计的一类作业。教师设计单元作业的目的是在巩固学生已有知识、技能的基础上，引导学生构建完整的知识结构，提高学生的问题解决能力。

（一）"单元"的知识整合

着眼于"单元"是单元作业的表征。如果教师满足于一课一课地教学、一课一课地布置作业，很有可能造成学生习得的知识支离破碎，不能正确在知识之间建立联系。在这种情况下，单元作业成为必需。一些教师的做法是把单元内每一课的作业叠加在一起，这显然曲解了单元作业的真正含义。这样的作业虽然注重学生基础知识和基本技能的训练，但是单一的、机械性的操练非但不能达到预期目的，还可能导致学生怨声载道，最终导致作业的效能不能真正显现。

从目标看，单元作业是一个相对完整的过程，在这个过程中，学习目标的有机融合和有效落实得以逐步实现。从内容看，单元作业是以"单元"为相对独立的教学单位、强调从单元这个整体出发设计的作业，突出内容和过程的联系性与整体性。从方法看，单元作业不是单元内每一课作业的叠加，而是依据学生的认知特点和具体单元的教学内容，设计合理的、有一定思维梯度的作业。

单元作业要让学生体会到知识的系统性。如果一个单元的教学完成后，不从整体上加以总结、概括，那么学生所获得的知识就是零散的。这既不利于学生将学到的知识前后关联起来，也不利于充分发挥单元整体教学的作用。

教师在设计单元作业时，一定要明确单元的训练重点，强调单元知识的系统性和综合性，帮助学生逐渐构建起知识的内在联系。同时，在设计单元作业时，教师要把一个单元的教学内容、教学活动当成一个相互联系的整体来对待，单元作业设计应始终贯穿整个单元的主题教学。在单元作业实施伊始，教师就要通盘考虑、全面规划整个单元的内容、计划、目的、学习时间以及将要进行的主要活动，甚至将教学的设计、教材的整合、教学方法的选择等全盘告诉学生，和学生一起拟定方案。这样，借助教材中原有的编排，在作业中以单元为主题引领整个单元的教学活动，既避免了一课一练的作业形式，也避免了学生盲目进行题海训练。

（二）重知识的应用

强调知识的逻辑性和应用性是单元作业的内核。单元作业设计要注意两个方面的关系与整合：一方面是知识体系的内在和多重联系，以求整合；另一方面是学生个体诸方面的内在联系、互相协调和整体发展。单元作业倡导积极开展实践活动，让学生通过亲身感受来获取知识或加深对知识的理解。

（三）从知识逻辑转化为学生的心理逻辑

单元作业强调学生对学习过程的全程参与和体验，但是在实践过程中，不同学生面对单元作业的心理各不相同，完成作业的质量也参差不齐。单元作业相对于常规作业来说，量更大，完成所需的时间也会更长，这导致部分学生产

第六章 史料研习的作业设计

生了厌烦情绪。单元作业中通常会整合一些系统性知识，由于部分学生对这部分知识没有熟练掌握，因而在完成作业的过程中容易遇到困难，随之产生畏难情绪。同时，教师往往采用练习卷的形式给学生布置单元作业，导致学生误认为是一次考试，常常产生惧怕心理。

鉴于此，教师在设计单元作业时应充分了解学生的心理，从而实现知识逻辑与心理逻辑的统一。首先，随着年级的升高，各学科教材的编排随之发生变化，其中较明显的是单元的整体意识在不断加强，而这点恰恰常被教师忽略。单元作业不仅可以帮助教师梳理小学阶段各学科的知识系统，还可以帮助学生建构知识逻辑，引导学生将所学知识按照知识结构构建起自己的认知结构，逐步形成整体的、综合的、关系式的立体思维品质。

其次，单元作业的完成无论是从量上还是从质上都有一定难度，这种难度不仅体现在综合实践上，还体现在完成作业的过程需要持之以恒的耐心，以及学生、师生、学生与家长之间的合作上。正因为单元作业的这些特点，其成为培养学生在坚持中勇于实践、在实践中善于合作的最佳载体。具有实践性、整合性、合作性和一定挑战性的单元作业，既有利于激发学生的斗志，减轻学生的作业负担，提高学生的作业兴趣，也有利于学生情感、态度和价值观的形成与完善，还有利于提高学生的素养和能力，为学生的终身学习和发展打下基础。

二、历史作业

历史作业的开发与设计如何实现由"做题解题"到"解决问题"的转变，如何体现"价值引领、素养导向、能力为重、知识为基"的综合评价理念，是一个有重大现实意义且极具挑战性的课题，也是较易被忽视的环节。

在日常教学中，受传统"唯分数论"的影响，在一些学生甚至教师眼中，历史作业等同于做题或背诵。事实上，设置历史作业的目的不仅在于巩固事实性的历史知识，更在于引导学生多维、多元、多向地分析和解决问题，培养学生的创新精神和综合实践能力。因此，历史作业的设计应在保留历史学科特点的同时，朝着个性化、多样化、生活化的方向努力，强调对学生创新精神与实践能力的培养。在设计历史作业时，教师要以发展学生的历史学科核心素养为纲，努力做到以下两方面：一方面，在内容上提质，根据学生个性、认知水平、学习能力的差异，以新情境下的问题解决为中心，设计符合课程标准要求、能够考查学生历史学科核心素养具备程度的高品质历史作业；另一方面，注重形式上的创新，充分发挥学生、教师和学校的特色，除常规作业类型外，设计校本化、个性化的拓展型历史作业，组织学生以问题为中心开展项目化学习活动，聚焦学生获取和解读历史信息、分析历史问题及历史探究能力等关键能力的训练。

（一）历史作业设计的价值与原则

历史作业设计是历史教师以课程标准为依据，为培养学生历史学科核心素养，统筹思考作业内容、难度、类型等的过程。作业是历史课堂教学活动的必要补充，是实现课程目标不可忽视的环节。此外，高考在一定程度上影响着作业设计。近年来，高考实现了从传统的"知识立意""能力立意"评价向"价值引领、素养导向、能力为重、知识为基"综合评价的转变。这不仅为科学构建中国高考评价体系提出了明确目标，还为理想的历史作业设计指引了方向。

从组织学习活动的意义上说，历史作业是过程性教学反馈的主要途径，也是教师检查教学效果、学生自查学习状况的重要方式，还是培育学生历史学科核心素养的重要载体。历史作业的设计，不仅要有助于学生巩固基础性知识与技能，发展学生基于真实情境解决问题的能力，还要有助于激发学生的学习自信，培养学生的责任心、坚持力。因此，历史作业的设计要注重人文性、创造性和开放性，让历史作业与新课程理念相融合，将历史作业打造成价值引领的重要载体。具体而言，历史作业设计需要重点考虑以下几个方面。

1.聚焦核心素养，统筹科学性与创新性

《新课标》指出，学生的历史学科核心素养不能凭空形成，也不能只靠灌输形成。只有通过以学生为主体的活动，在做中学，进行自主学习、合作学习、探究学习，在认识历史的过程中联系和运用知识，掌握探究历史的方法和技能，逐步学会全面、发展、辩证、客观地看待和讨论历史问题，才能使学生的核心素养得以提升和发展。作业和教学、评价有着千丝万缕的联系，在新课程、新教材、新高考背景下，通过作业设计来助推学科核心素养的培育已成为高中历史教学的基本要求。聚焦核心素养的历史作业设计，要以唯物史观为指导，坚持正确的思想导向和价值判断，参照学业质量水平，科学地描述作业目标的达成度。从作业内容的取舍和作业形式的选择上看，还应关注与创新意识和创新思维密切相关的能力和素养，鼓励学生大胆创新，探索新方法，寻求新路径，解决新问题。

2.指向学生需求，体现差异性与层次性

高质量的历史作业设计不仅应能满足全体学生的共性需求，还应关注学生的个体差异。在尊重学生个体差异的前提下，根据学生个性、认知水平、学习能力的不同，对作业进行分组、分类、分层，使不同层次的学生在原有基础上获得最大限度的提升。具体而言，历史教师可以根据作业的难易程度进行分层设计，引导学生选择适合的作业，在完成基础性作业的情况下鼓励学生尝试更有挑战性的作业，激发学生的探究欲望。除常规的作业形式外，还可以布置多样化的作业，如绘制思维导图、梳理大事年表、制作历史模型、征集史料素材、制作历史海报、采集口述史料、组织辩论会等，以调动学生完成作业的动力，满足学生个性化的学习需求。

3.基于史料研习，兼顾基础性与拓展性

史料是认识历史的桥梁。学生历史知识的获得不是简单地接受现成答案，还要依靠分析可信的史料形成自己对历史的认识。基于史料研习的作业设计，除要满足基础性学习需求外，还要引导学生学会搜集、整理、辨析、运用历史材料来认识历史、解释历史，通过设计拓展性作业满足学生的发展性学习需求。以统编高中历史教科书的栏目设计为例，"思考点""学思之窗"栏目是面向全体学生的基础性要求，而"问题与探究"栏目及"活动课"的设计，则更多地体现了基于史料研习的拓展性要求。这些栏目不仅可以被纳入作业的范畴，还为教师设计作业提供了一定的范式与借鉴。

4.创设历史情境，凸显综合性与探究性

《新课标》指出，历史是过去的事情，学生要了解和认识历史，需要了解、感受、体会历史的真实境况和当时人们所面临的实际问题，进而才能理解历史和解释历史。历史学科具有广博性，它涉及语文、政治、艺术、地理、信息技术等诸多学科的知识。这就决定了历史作业的设计要基于真实的历史情境，体现综合性与探究性。以必备知识为例，各个知识点之间不是割裂的，而是处于整个知识网络中。基础知识内容之间、模块内容之间、学科内容之间应相互关联、交织成网。因此，教师可以将历史与其他学科进行适当的交叉综合，以生活实践问题情境与学习探索问题情境为载体，围绕问题或任务开展跨学科项目化学习活动，在综合探究中提升学生的历史学科核心素养。

（二）历史作业类型的多维界定

王月芬的《重构作业：课程视域下的单元作业》一书将不同教育家的作业设计思想和观点分为四种典型的类型，即"作业即游戏活动""作业即教学巩固""作业即学习活动""作业即评价任务"。事实上，作业类型的划分依据并没有统一的标准。为了便于研究和操作，本书从作业形态、作业周期和作业功能三个角度对高中历史作业类型进行了划分。

1.作业形态：书面作业和非书面作业

选择题和材料阅读题是当前考试中的主要题型，也是常见的书面作业。除此之外，书面作业还包括评析观点、撰写历史小论文等开放性试题。

历史非书面作业形式多样，包括制作历史模型、博物馆研学、采集口述史料、田野考察等。当前，项目化学习作为中小学教育探索中的"显学"，要求学生从真实世界中的基本问题出发，围绕复杂的、来自真实情境的主题，以小组方式进行周期较长的开放性探究活动，完成一系列诸如设计、计划、问题解决、决策、作品创建以及结果交流等学习任务。从作业设计角度看，历史学科项目化学习常以非书面形式呈现，如图片展、辩论赛、课本剧等。

2.作业周期：短周期作业和长周期作业

根据作业的完成周期，可以将其分为短周期作业和长周期作业。短周期作业是课堂教学的自然延伸和补充，对学生巩固、理解、掌握和深化课堂所学知识以及养成良好的学习习惯具有重要的作用。通常，课时作业和单元作业都属于短周期作业。长周期作业没有固定的形式，主要依赖教师的自主设计，往往是围绕某一主题，以问题、项目或表现性任务为载体，需要较长时间才能完成。例如，《中外历史纲要（上）》的活动课"家国情怀与统一多民族国家的演进"就适合设计长周期作业，学生可以根据教科书提供的活动过程，分几步完成作业。第一步以个人自学的方式，回顾和梳理中国从古代、近代到现代统一多民族国家的演进进程；第二步分成若干小组并确定每一小组的研究内容；第三步确定本组的研究计划，明确组员的具体分工并确定研究成果的呈现方式；第四步结合研究成果完成本组的研究报告（报告除文本外，还可以包括图片、视频及相关课件等）；第五步形成成果汇报材料，在全班举行专题论坛。此类长周期作业更多地指向历史知识的综合运用，有助于培养学生坚持与合作、探究与表达的素养。

3.作业功能：导学型作业、巩固型作业和拓展型作业

作为连接课程、教学和评价的关键环节，作业具有一定的功能和作用。根据作业的功能，可以将历史作业分为导学型、巩固型和拓展型三类。导学型作业是教师在讲授新课前，围绕教学重难点为学生设计的前置性作业，如导学案、预习下一课等。巩固型作业是教师在学生完成相应学习后，为及时巩固已学知识、训练关键能力而设计的作业，如课时训练、单元检测等。拓展型作业更多指向学生知识、能力和体验的拓展延伸，具有综合性、应用性、创新性等特点，助力学生的全面发展、个性发展和持续发展。

第三节　深度学习驱动下的史料研习作业创新设计

历史，不仅是人文社会科学领域的重要学科，更是培养学生人文素养、批判性思维的关键学科。历史作业则是帮助学生巩固所学知识、提升综合素养，增强分析能力和思维能力的重要途径。然而，在当前的历史教学中，历史作业

的设计存在一定的问题，主要表现在三个方面：一是作业形式单一，多以识记和复述为主，缺乏深度思考和批判性分析；二是史料选择缺乏系统性和针对性，难以有效支撑教学目标的实现；三是作业反馈机制不健全，学生缺乏足够的指导和反馈，难以形成持续的深度学习路径。这些问题严重制约了历史教学的质量和效果，急需通过创新设计加以解决。

深度学习作为一种新兴的学习理念，强调学习者的主动建构、深度理解和迁移应用，并能为解决当前历史作业设计存在的问题提供新的思路。

接下来，以人教版高中《历史必修中外历史纲要（上）》第五单元的第17课"寻求国家出路的探索与列强侵略的加剧"的作业为例，聚焦深度学习视角下的史料研习作业创新设计，旨在探索如何通过优化作业设计，促进学生深度参与历史学习，提升其历史素养和综合能力。

一、构建作业设计框架

历史教学应注重学生历史思维的培养以及时空观念、史料实证、历史解释等学科核心素养的提升。深度学习强调学习的主动性、情境性和反思性，这与课标要求高度契合。因此，史料研习的作业设计应明确目标导向，围绕时空观念、史料实证、历史解释等核心素养的培养，设计具有挑战性、情境化的学习任务，实现课标要求与深度学习理念的深度融合。

要设计本课的作业，首先要厘清单元的知识线索和内容立意。课程标准规定本单元的学习要求包括两个：一是认识列强侵略对中国社会的影响，概述晚清时期中国人民反抗外来侵略的斗争事迹，理解其性质和意义；二是认识社会各阶级为挽救危局所作的努力及存在的局限性。相应地，本单元的教材内容也包括两大部分：一部分讲述了晚清时期列强对中国的侵略，包括两次鸦片战争、列强在中国边疆造成的危机以及中法战争、甲午中日战争和八国联军侵华战争等。列强的侵略对中国造成了一系列严重的社会影响。列强强加给中国一个不平等条约体系，导致中国的独立主权受到严重危害，中国沦为半殖民地半封建社会。另一部分则讲述了中国人民面对外来侵略进行的顽强反抗，既包括清政府组织的反抗，也包括民间的反抗。鸦片战争后，中国开始沦为半殖民地半封建社会，社会各阶级为了挽救危局做出了各自的努力。这些努力包括林则徐、魏源对鸦片战争的反思，地主阶级改革派即洋务派推行的洋务运动，农民阶级发动的太平天国运动和义和团运动，以及资产阶级维新派发动的戊戌变法运动。所有这些挽救危局的努力，由于历史的局限性，都未能成功。教材依历史发展时序，用四个子目讲述了太平天国运动、洋务运动、边疆危机与甲午中日战争、瓜分中国的狂潮，四个子目在历史发展顺序上大致是相连的。

《新课标》指出："重视以学科大概念为核心，使课程内容结构化，以主题为引领，使课程内容情境化，促进学科核心素养的落实。"深度学习驱动下的历史作业设计，可以主题为引领，依托史料研习，注重问题的情境化，引导学生从掌握陈述性知识到把握程序性知识，从而形成历史思维，提升学科核心素养。据此，此课的作业设计目标有三：一是通过时间轴和地图史料，将太平天国运动、洋务运动定位于其所处的特定时间和空间框架下，并能够把握列强侵略、太平天国运动、洋务运动的时间和空间联系；二是能够选择、组织和运用曾国藩、左宗棠的言论，《太平天国形势图》，马尾船政局等史料，对太平天国运动、洋务运动的国家出路探索及阶级实质做出自己的历史解释；三是能够按照时空尺度，对太平天国运动、洋务运动、甲午中日战争、民族危机等知识内容进行综合分析，并在此基础上对"变局""应变""求变"做出合理的论述。

本课的作业分为导学型作业、过程型作业和拓展型作业三类。作业设计立足于完善学生必备知识、提升学生学科核心素养、培育学生历史学科思维能力，设计过程遵循"基—精—通"的基本原则，逐层递进，辅助教学。三类作业的具体内容如表6-1所示。

表6-1 导学型、过程型和拓展型作业的具体内容

作业类别	基本原则	作业任务	主要内涵	素养（能力水平）	具体表现形式	预计用时
导学型作业	基	时空定位：变局与求索	课前完成知识的梳理、生活感悟意识	水平2	完成预习作业，构建单元知识结构	20分钟
过程型作业	精	史料研习：变局之下的天国探索与天朝自知	课中提升主题探究能力	水平3、水平4	阅读史料，合作探究	30分钟
拓展型作业	通	认知提升：变局、应变与求变	课后提高知识迁移能力以及分析综合能力	水平4	延伸阅读，归纳总结	20分钟

二、情境化的作业设计

（一）导学型作业

导学型作业要求学生在预习的基础上，在时空定位图（图6-1）上填入相关的历史事件，梳理工业革命与太平天国运动、洋务运动之间的关联性，并对变局下的国人求索进行初步理解，从而培养学生的时空观念，并帮助他们做出一定的历史解释。通过对导学型作业的诊断，发现学生虽然能列举出1840—1897年发生的重要历史事件，但对工业革命、第二次工业革命、列强侵华和国家出路的探索之间的关系不甚清晰。导学型作业既有助于学生初步构建知识框架，也有助于教师对学生的作业进行反馈，从而更精准地把握学情，增强课中史料研习的针对性、有效性。

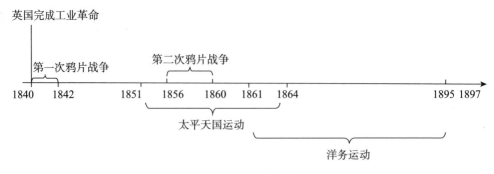

图 6-1　时空定位图

（二）过程型作业

过程型作业产生于课堂教学过程中，要求教师提供史料创设情境，特别是陌生情境，并将教师设计问题和学生产生问题相结合，形成问题链。开展史料研习的过程，有助于培养学生获取和解读历史信息的能力、分析历史问题的能力和探究历史问题的能力。针对本课，过程型作业应注重把农民阶级和地主阶级对国家出路的探索置于特定的历史背景下，分析列强侵华的加剧引起的中国社会的剧变，太平天国运动和洋务运动正是在近代中国变局中，对国家出路进行的探索。"变局"与"探索"之间存在着紧密联系，因此，本课过程型作业的两个史料研习的学习任务是"变局下的天国探索"和"变局下的天朝自救"。

在"变局下的天国探索"的史料研习模块中，笔者提供了以下材料。

材料一　况今日和议既成，中外贸易，有无交通，购买外洋器物，尤属名正言顺。购成之后，访募覃思之士，智巧之匠，始而演习，继而试造，不过一二年，火轮船必为中外官民通行之物，可以剿发逆，可以勤远略。

——咸丰十一年（1861 年）七月十八日曾国藩《复陈购买外洋船炮折》

材料二　1862 年 4 月上海一家洋行供给太平军步枪 3046 枝，野炮 795 尊，火药 484 桶万余磅，子弹 18000 发。太平军的洋武器除向洋行购买外，从敌军那里缴获的也不在少数，如 1860 年李秀成在解青浦之围中，杀洋兵600余人，得洋枪2000余条、炮10余尊。以故，李秀成部的战斗力大增，当他于1862年率13万大军赴援金陵以解天京之围，轰击湘军时，"洋枪洋炮子密如雨，兼有开花炸炮打入营中，惊心动魄"。

——夏东元《洋务运动史》

问题1：材料一反映了19世纪60年代清廷面临怎样的形势？

问题2：材料二反映了太平天国运动具有怎样的新特点？其反映的历史实质性问题是什么？

问题3：如何认识太平天国运动是新形势下的农民对国家出路的探索？

问题4：农民阶级对国家出路的探索为何没能成功？

问题5：农民阶级对国家出路的探索产生了怎样的影响？

设计意图："三新"（新课标、新教材、新高考）背景下高考历史试题注重呈现新材料、新情境，特别是考查学生在陌生情境中获取和解读历史信息的能力，包括辨析历史信息、提取有效信息和解读历史信息，这一思维过程涉及判断信息的重要程度、真伪等，要求考生运用概括、归纳、演绎等方法对史料所提供的信息进行提炼和整理，同时调用必备知识，做出相应的历史解释。

随着资本主义的入侵，中国的民族危机不断加深，中国农业和家庭手工业构成的自然经济遭到瓦解。残酷的压迫和剥削，迫使广大人民群众特别是农民走上反抗的道路。爆发于鸦片战争后的太平天国运动，是中国历史上最后一次也是规模最大的一次农民起义，具有鲜明的反封建性质。太平天国政权与清王朝对峙十余年，沉重打击了清王朝的封建统治，有力地抗击了西方侵略者，显示了农民阶级的反抗精神和战斗力量。但是，农民阶级不是新生产力和生产关系的代表，他们无法克服小生产者固有的阶级局限性，不可能提出科学的政治纲领和社会改革方案。太平天国运动爆发于中国社会主要矛盾开始变化之际，民族矛盾开始上升为社会的主要矛盾，争取民族独立和国家富强的新的历史任务已经摆在中华民族面前。

如何通过史料研习，让学生对变局之下农民阶级的探索进行历史理解，做出历史解释，过程型作业依托两段材料，引导学生感知变局之下农民阶级的反应。在中国半殖民地半封建化的进程中，农民阶级奋起反抗，具备了新的时代特征，学习西方科技，提出发展资本主义的方案，在反封建的同时肩负起反侵略的任务。通过"变"的时代特征来体会太平天国"新"的特点。

在"变局下的天朝自救"的史料研习模块中，笔者除上述的材料一外，还提供了以下材料。

> 材料三　故在马尾船政局开工前半年即开艺局，建厂开工之后，学堂房屋也优先建造。1868年迁入马尾船厂后，将开艺局分为前、后学堂（下简称"学堂"），前学堂学法文，设造船、设计专业，后学堂学英文，设驾驶、轮机专业。"后添绘事院、驾驶学堂、管轮学堂、艺圃四所，艺童、艺徒共三百余名。"分别设数学、物理、化学、地理、制图、航行理论、造船学以及实际操作规则等课程。
>
> ——夏东元《洋务运动史》

问题设计：

问题6：根据材料一，概括地主阶级洋务派所认为的国家的出路。

问题7：根据材料一、三，结合所学知识，评价地主阶级洋务派的救国探索。

问题8：根据材料一、三，结合所学知识，分析地主阶级洋务派的探索未能成功的原因。

设计意图：在历史教学中，深度学习强调学生通过批判性思维和创造性活动，深入理解历史事件的背景、过程、影响及背后的复杂因素。史料研习则是实现深度学习的重要途径，通过阅读和分析原始史料，学生能够更真实地触摸历史，培养历史解释和证据意识。补充材料三旨在通过三个递进式问题，引导学生深入探究地主阶级洋务派对国家出路的探索，评价其历史作用，并分析其失败原因，从而提升历史学科核心素养。

在探究模块中，通过展示材料一和材料三，引导学生初步阅读，识别关键信息，如"购买外洋器物""访募覃思之士，智巧之匠""学堂房屋也优先建造"

等，理解洋务派的基本主张和实践措施。学生则可以从材料中提炼洋务派对国家出路的认识，即"学习西方技术，自强求富"。此环节旨在培养学生的信息提取和概括能力。在理解洋务派主张的基础上，引导学生结合所学知识，从积极（如引进技术、培养人才、促进近代工业发展）和消极（未触动封建制度根本、对外国依赖性强）两方面进行评价。此环节鼓励学生从多角度思考，形成批判性思维。深入分析洋务派探索失败的原因，学生需要结合材料中的线索（如缺乏制度变革、西方列强的压制、内部保守势力的阻挠等），以及更广泛的历史背景（如国际环境、国内政治经济结构等）进行综合分析。此环节旨在培养学生的历史分析能力和证据意识。在两个史料研习模块中，笔者都引用了材料一，旨在引导学生从不同角度对同一史料进行观察，以提升史料的应用效益，避免课堂中史料堆砌的现象，同时鼓励学生思考史料选择、解读角度对历史认知的影响，进一步加深对历史复杂性的理解。通过"变局下的天国探索"和"变局下的天朝自救"的史料研习，培养学生信息提取、概括归纳、批判性思维、历史分析和证据意识等历史学科核心素养，引导学生认识历史发展的多样性和复杂性，理解改革与变革的艰难，培养开放包容、勇于探索的精神。

（三）拓展型作业

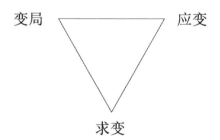

根据图示，结合中国近代史的有关知识，围绕"变局""应变""求变"之间的关系，自拟论题，并加以论述。（要求：论题明确，史论结合，逻辑严密，条理清晰）

设计意图：此拓展型作业旨在引导学生围绕"变局""应变""求变"之间的关系，自拟论题加以论述，从而深化对中国近代史的理解，提升历史学科核心素养。拓展型作业属于课后作业，鼓励学生利用图书馆、网络等渠道，搜集与中国近代史相关的史料，特别是关于"变局""应变""求变"的实例，然后对搜集到的史料进行整理，提炼关键信息，为论题的构建和论述提供支撑。在理解史料的基础上，学生需要自拟一个与"变局""应变""求变"相关的论题。论题应明确、具体，能够体现对史料的深入分析和理解。随后，学生需要运用史论结合的方法，对论题进行论述。论述过程需要注重逻辑严密、条理清晰，能够清晰地展示"变局""应变""求变"之间的内在联系。教师需要鼓励学生之间进行交流与讨论，分享各自的论题和论述思路。通过交流，学生可以相互启发，拓宽思路，完善自己的论述。教师需要提供及时的反馈和指导，帮助学生解决在论述过程中遇到的问题和困难。

通过完成此拓展型作业，学生能够深入理解中国近代史中"变局""应变""求变"之间的关系，掌握相关历史事件和人物；增强史料搜集与整理能力、论题构建与论述能力、批判性思维能力和历史解释能力；形成尊重历史的态度，培养开放包容、勇于探索的精神，以及对国家命运的责任感和使命感。

三、史料研习作业设计原则

深度学习与史料研习是紧密相连、相互促进的。史料研习是深度学习的基础，通过搜集、整理和分析史料，学生能够更深入地理解历史事件和人物，为构建论题和论述提供支撑。深度学习则是史料研习的升华，通过运用批判性思维、参与创造性活动，学生能够更深入地挖掘史料背后的意义和价值，形成自己的历史解释和观点。史料研习作业设计应遵循以下原则。

（一）情境化设计

通过创设贴近学生生活或历史情境的学习任务，如模拟历史辩论、撰写历史小论文等，让学生在具体情境中运用史料，增强学习的代入感和兴趣，促进深度学习的发生。

（二）探究性任务

设计开放性问题，鼓励学生自主搜集、筛选和分析史料，通过小组合作、项目式学习等形式，探究历史事件的多元解释和深层原因，培养批判性思维和史料分析能力。

（三）反思性评估

建立作业反馈机制，引导学生进行自我评估和同伴互评，通过总结反思性学习过程中的得失，深化对史料的理解和应用，提升历史思维能力。

深度学习驱动下的史料研习作业创新设计，不仅能丰富作业形式，提升学生的学习兴趣和参与度，更重要的是能有效促进学生历史思维能力、批判性思考能力和史料分析能力的全面提升。通过情境化、探究性和反思性的作业设计策略，构建以学生为中心、过程与结果并重的历史教学模式，为历史教学改革提供了新的思路和方向。未来，随着人工智能技术的不断进步和深度学习理论的深入发展，深度学习驱动下的史料研习作业创新设计将更加多元化、个性化和智能化，从而为培养具有深厚人文素养和较强创新能力的人才奠定坚实基础。

参考文献

[1]中华人民共和国教育部.普通高中历史课程标准(2017年版2020年修订)[S].北京：人民教育出版社，2020.

[2]普通高中历史课程标准修订组.普通高中历史课程标准（2017年版）解读[M].北京：高等教育出版社，2018.

[3]苏泽.教育与脑神经科学[M].方彤，黄欢，王东杰，译.上海：华东师范大学出版社，2014.

[4]赫拉利.人类简史：从动物到上帝[M].林俊宏，译.北京：中信出版社，2017.

[5]黄仁宇.中国大历史[M].北京：生活·读书·新知三联书店，2015.

[6]葛家梅.基于历史逻辑的学科育人路径探究：以统编新教材"全球航程的开辟"一课为例[J].历史教学（上半月刊），2021（3）：63-66.

[7]徐奉先，刘芃.新课程标准背景下的开放性试题开发[J].历史教学（上半月刊），2021（1）：22-26.

[8]宁可，汪征鲁.史学理论与方法[M].北京：中央广播电视大学出版社，1991.

[9]李杰.历史课标解析与史料研习：世界现代史[M].上海：复旦大学出版社，2018.

[10]斯塔夫里阿诺斯.全球通史：从史前到21世纪[M].吴象婴，梁赤民，译.北京：北京大学出版社，2006.

[11] 何成刚，邢新宝，夏辉辉 . 历史课标解析与史料研习：中国近现代史 [M].
上海：复旦大学出版社，2018.

[12] 方美玲 . 用历史要素分析法认识历史规律：以初高中"理解 / 解释历史杰
出人物"单元为例 [J]. 历史教学（上半月刊），2018（6）：3-12.

[13] 老任 . 初中课程"史学入门"举例 [J]. 历史教学（上半月刊），2018（9）：
19-24.

[14] 毛经文 . 落红不是无情物 化作春泥更护花：基于"历史解释"评析 2018
年高考文综 I 卷历史题 [J]. 历史教学（上半月刊），2018（8）：20-25.

[15] 马巧高，王生 . 应重视历史辨识能力的培养：2018 年全国文综 III 卷第 42
题的启示 [J]. 历史教学（上半月刊），2018（10）：53-57.

[16] 乔传宁，李雪灵 . 基于高考考查的教材利用与整合 [J]. 历史教学（上半月刊），
2019（2）：55-60.

[17] 魏勇 . 如何设计历史教学问题 [J]. 历史教学（上半月刊），2019（1）：3-12，
24.

[18] 郭子其 . 何以为学生构建起一幅历史图景 [J]. 历史教学（上半月刊），
2018（4）：58-65.

[19] 徐奉先，刘芃 . 基于核心素养的学业质量评价 [J]. 历史教学（上半月刊），
2018（4）：3-7.

[20] 张汉林 . 史料研习中的三层次对话 [J]. 历史教学（上半月刊），2018（6）：
31-34.

[21] 李稚勇 . 简论我国中学历史学科教育目标之发展：聚集"三维目标"到"核
心素养"的探讨 [J]. 历史教学（上半月刊），2018（3）：10-16.

[22] 袁廷虎 . 历史核心素养视阈中的"学术型"课堂 [J]. 历史教学（上半月刊），
2018（6）：18-24.

[23] 张克州 . 阅读教学：历史解释的有效路径：以"华工出国"为例 [J]. 历史
教学（上半月刊），2018（3）：58-61.

[24]陈志刚,杜芳.新版高中历史课程标准带来的挑战 [J].历史教学（上半月刊）,2018（7）：3-8.

[25]方美玲.历史学科范畴及其教育价值 [J].历史教学（上半月刊）,2018（4）：20-28.

[26]彭慕兰,托皮克.贸易打造的世界:1400年至今的社会、文化与世界经济 [M].黄中宪,吴莉苇,译.上海：上海人民出版社,2018.

[27]卢梭.爱弥尔 [M].庄澜,译.呼和浩特：远方出版社,2006.

[28]高黎明.试论历史的空间性与历史学习 [J].历史教学（上半月刊）,2018（3）：26-33.

[29]斯伯克特,迈瑞尔,迈里恩波.教育传播与技术研究手册 [M].3 版.任友群,焦建利,刘美凤,等译.上海：华东师范大学出版社,2012.

[30]刘月霞,郭华.深度学习：走向核心素养（理论普及读本）[M].北京：教育科学出版社,2018.

[31]夏东元.洋务运动史 [M].上海：华东师范大学出版社,1992.

[32]魏定榔.船政与福州 [M].福州：福建人民出版社,2016.

[33]郑勇.福州教育史 [M].福州：福建教育出版社,2013.

[34]江冰.船政文化 [M].福州：福建人民出版社,2018.

[35]沈葆桢.沈文肃公政书 [M].北京：朝华出版社,2017.

[36]戴逸,顾廷龙.李鸿章全集 [M].合肥：安徽教育出版社,2007.

[37]陈旭麓.近代中国社会的新陈代谢 [M].上海：上海人民出版社,1992.

[38]阿姆布罗斯,佩恩.博物馆基础 [M].郭卉,译.南京：译林出版社,2016.

[39]郑士璟.历史知识建构的实践路径 [J].历史教学（上半月刊）2022（1）：42-47.

[40]钟启泉.深度学习 [M].上海：华东师范大学出版社,2021.

[41]张荫麟.中国史纲 [M].上海：上海古籍出版社,1999.

[42]徐中舒.先秦史十讲 [M].北京：中华书局,2009.

[43]严文明.中华文明史：第一卷 [M].北京：北京大学出版社,2006.

参考文献

[44] 杨晓伟 . 从"二重证据法"到"史料实证":历史教学中学生实证思维和求真意识的培养 [J]. 中学历史教学,2018(11):20-22.

[45] 杨宽 . 我国历史上铁农具的改革及其作用 [J]. 历史研究,1980(5):89-98.

[46] 王德民 . 历史教育哲学 [M]. 北京:中国社会科学出版社,2022.

[47] 梁启超 . 中国历史研究法补编 [M]. 北京:中华书局,2016.

[48] 古奇 . 十九世纪历史学与历史学家(上册)[M]. 耿淡如,译 . 北京:商务印书馆,1989.

[49] 方臻,夏雪梅 . 作业设计:基于学生心理机制的学习反馈 [M]. 北京:教育科学出版社,2014.

[50] 姜明昕,何引芬 . 围绕"学科素养"的同课异构 [J]. 中学历史教学,2022(12):51-53.

[51] 张江 . "阐""诠"辨:阐释的公共性讨论之一 [J]. 哲学研究,2017(12):12-25,123.

[52] 沈志华 . 中苏关系史纲:1917—1991 年中苏关系若干问题再探讨 [M].3 版 . 北京:社会科学文献出版社,2016.

[53] 刘德喜 . 从同盟到伙伴:中俄(苏)关系 50 年 [M]. 北京:中共党史出版社,2005.

[54] 王春茂 . 历史教学中史料探究的着力点 [J]. 教学与管理,2019(1):71-73.

[55] 保罗,埃尔德 . 批判性思维工具 [M].3 版 . 侯玉波,译 . 北京:机械工业出版社,2013.

[56] 丁建弘 . 德国通史 [M]. 上海:上海社会科学院出版社,2012.

[57] 邢来顺 . 迈向强权国家:1830 年—1914 年德国工业化与政治发展研究 [M]. 武汉:华中师范大学出版社,2002.

[58] 卞姗姗 . 批判性思维与历史核心素养的建构 [J]. 历史教学(上半月刊),2017(8):19-25.

[59] 庞卓恒,李学智,吴英 . 史学概论 [M]. 北京:高等教育出版社,2006.

[60] 钟启泉 . 课堂转型 [M]. 上海:华东师范大学出版社,2018.

[61] 张悦, 刘玉萌, 吴丹丹. 新文化运动与传统文化 [M]. 合肥: 安徽大学出版社, 2016.

[62] 常丕军. 五四运动史话 [M]. 北京: 社会科学文献出版社, 2011.

[63] 李哲. "骂" 与《新青年》批评话语的建构 [M]. 济南: 山东文艺出版社, 2015.

参考文献

后　记

在人工智能日新月异的今天，教育领域也深受其影响，因此，探索如何让历史学科核心素养的培育在实践中落地，是中学历史教师的时代课题。深度学习与人工智能紧密关联，指向深度学习的史料研习是笔者在人工智能时代对中学历史教与学的一次实践探索，在探索中进行总结提升是笔者撰写本书的初衷，希望本书能给中学历史教育工作者带来一定启发。

受新高考改革的影响，历史学科面临前所未有的挑战，突出表现为近几年高中选科选择历史学科的学生呈明显下降的趋势。下降的原因是综合的、复杂的，但让学生在学习历史的过程中感受历史学科的价值与乐趣，让学生辩证地看待科技时代"究天人之际，通古今之变"的价值追求，或许是历史教师应对学生学习历史热情下降的策略之一。基于历史教学实践的史料深度研习、指向历史学科深度学习的实践路径、基于深度学习的史料研习教学设计与作业设计等，是笔者尝试给出的具体应对策略。

在本书的撰写过程中，感谢福建教育学院文科研修部教授、国家级培训计划专家陈超老师为本书作序，同时感谢陈老师对本书的悉心指导。此外，还要感谢北京教育出版社编辑的辛勤付出。

纪业　刘新明